La Parisienne

DAS NEUE PARIS –
DIE STADT DER FRAUEN

LINDSEY TRAMUTA

FOTOS VON JOANN PAI

ILLUSTRATIONEN VON AGATHE SINGER

MIDAS COLLECTION

Für L.D. und die Pariser Frauen.

Vorherige Seite: Die Confiserie Fou de Pâtisserie, 36 Rue des Martyrs, Paris.
Gegenüberliegende Seite: Das Büro von Aline Asmar d'Amman in ihrem Unternehmen Culture in Architecture.

INHALT

- 13 **EINLEITUNG**
- 23 **VORBEMERKUNG: EIN KULTURELLER LEITFADEN**

LES FEMMES

Aktivistinnen
- 35 **LAUREN BASTIDE** *Journalistin und Podcasterin*
- 40 **ELISA ROJAS** *Rechtsanwältin und Aktivistin für die Rechte Behinderter*
- 47 **ROKHAYA DIALLO** *Journalistin, Filmemacherin und Antirassismus-Aktivistin*
- 55 **REBECCA AMSELLEM** *Autorin und Gründerin von Les Glorieuses*
- 60 **CLÉMENCE ZAMORA CRUZ** *Inter-LGBT-Sprecherin und Aktivistin für Transsexualität*

Kunstschaffende
- 70 **ALINE ASMAR D'AMMAN** *Architektin und Designerin*
- 77 **ELENA ROSSINI** *Filmemacherin und Kamerafrau*
- 84 **INNA MODJA** *Singer-Songwriterin*
- 91 **AMÉLIE VIAENE** *Schmuckdesignerin*
- 97 **AJIRI AKI** *Gründerin von Madame de la Maison*
- 102 **VICTOIRE DE TAILLAC** *Mitbegründerin von L'Officine Universelle Buly*

Innovatorinnen
- 111 **ANNE HIDALGO** *Erste Bürgermeisterin von Paris*
- 117 **CHRISTELLE DELARUE** *Geschäftsführerin der Werbeagentur Mad&Women*
- 124 **DELPHINE DIJOUD** *Luftfahrtingenieurin*
- 130 **SARAH ZOUAK** *Soziale Unternehmerin, Filmemacherin und Mitbegründerin von Lallab*
- 136 **DELPHINE HORVILLEUR** *Rabbinerin und Autorin*
- 145 **DR. GHADA HATEM-GANTZER** *Gynäkologin und Gründerin von La Maison des Femmes*
- 151 **SARAH OURAHMOUNE** *Olympia-Boxerin und Unternehmerin*

- 159 **IMAGE UND INTERESSENVERTRETUNG**

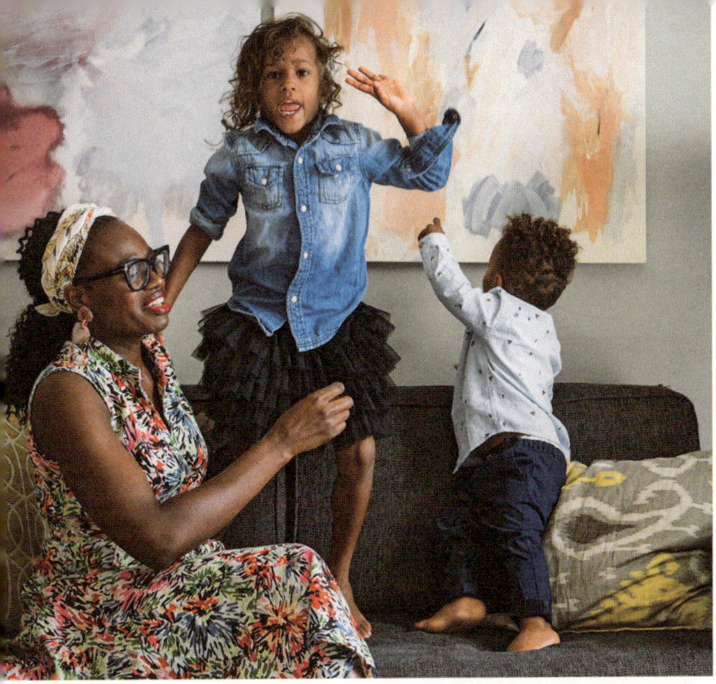
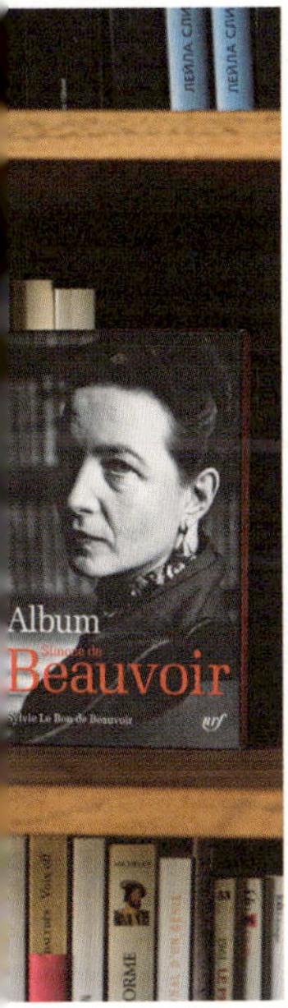
Album
Beauvoir
LUBITEL 166
UNIVERSAL

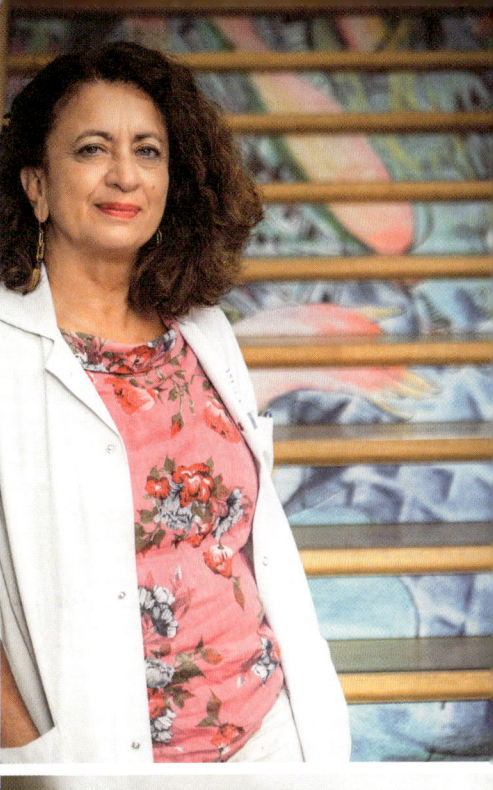

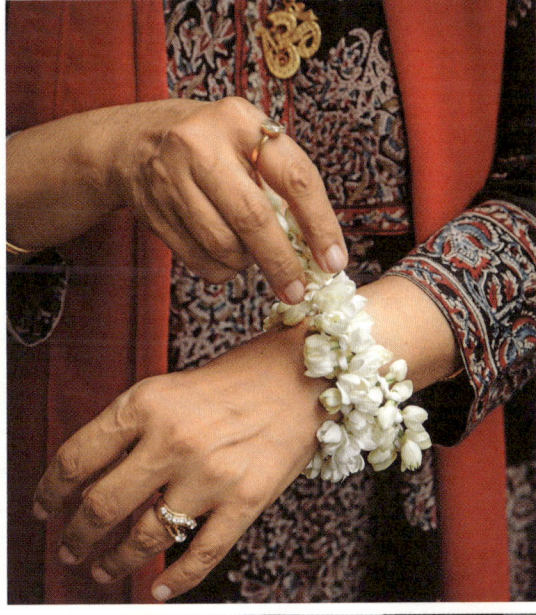

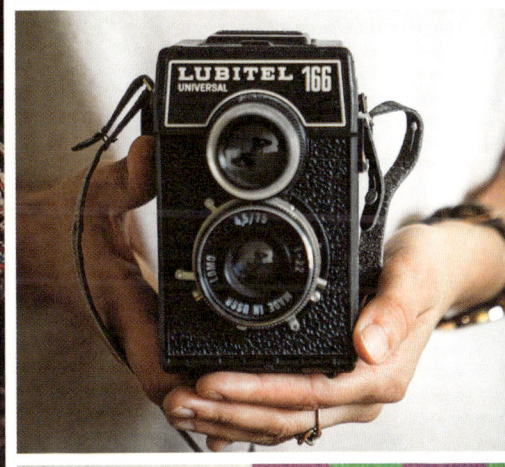

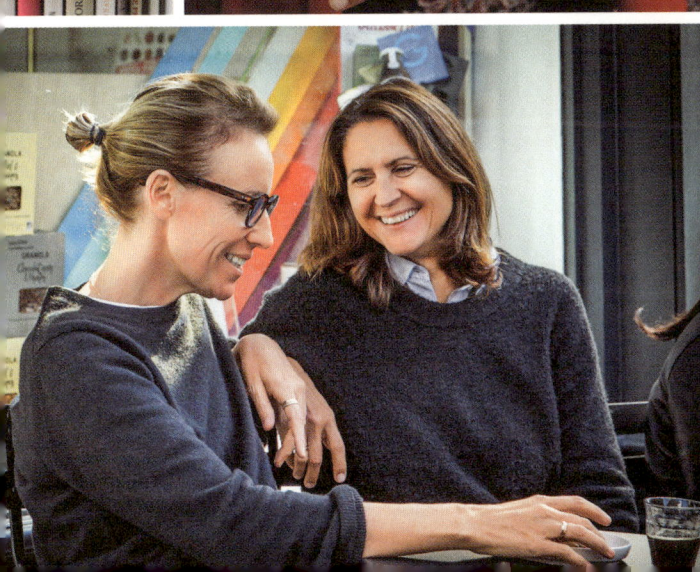

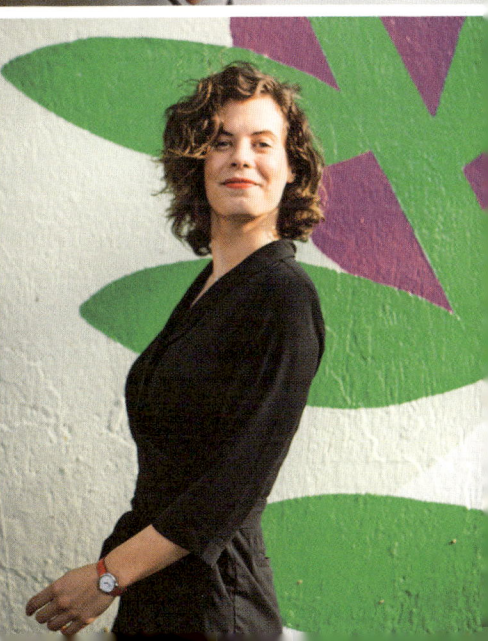

CHOCOLAT
GLACES
LE GRAND CAFÉ TORTONI
GLACIER
CRÈMES GLACÉES
FEUILLES DE GLACE
CAFETIER
CHOCOLATS
CAFÉS
THÉS

LEÏLA SLIMANI
CHANSON DOUCE
roman
nrf
GALLIMARD

Simone Weil

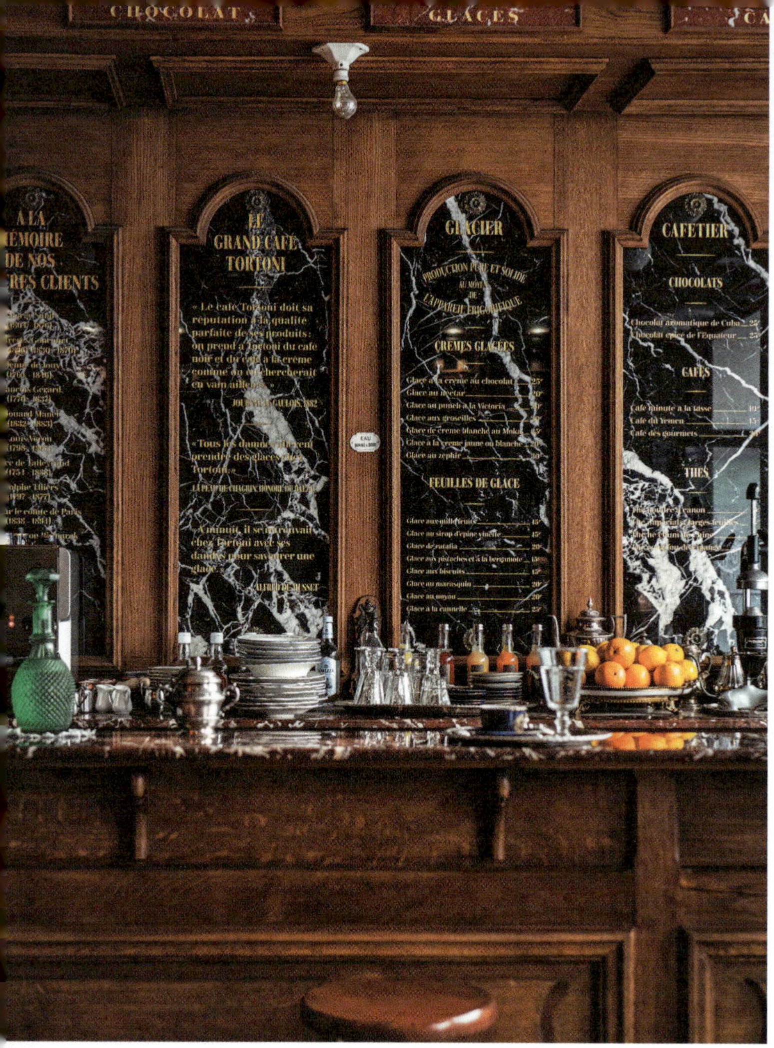

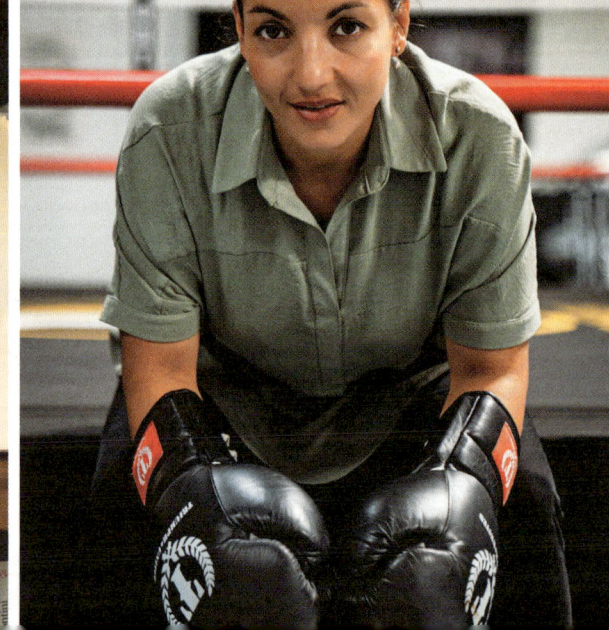

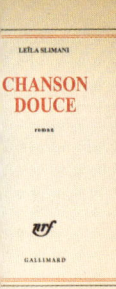

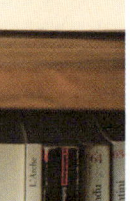

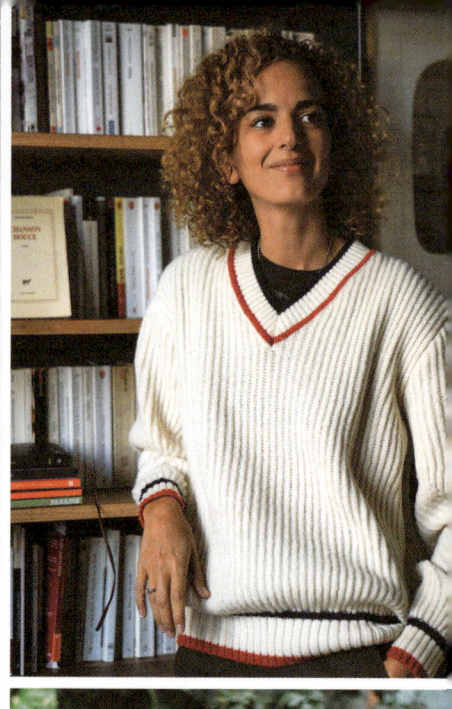

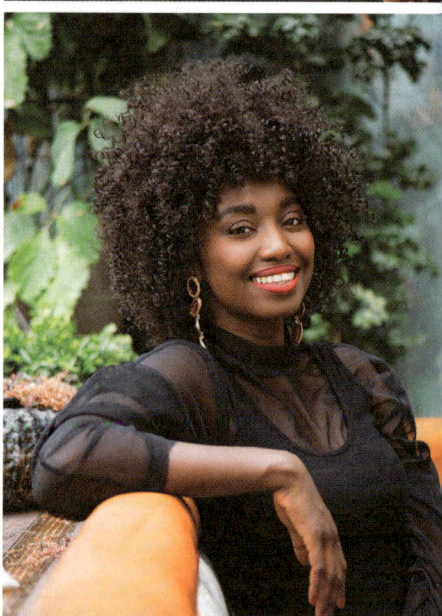

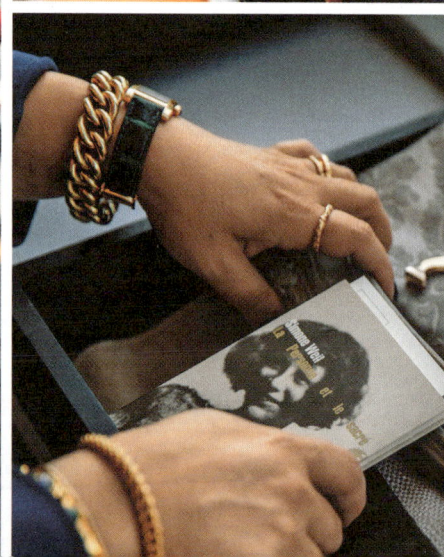

Geschichtenerzählerinnen

- 169 **ARIANE BERNARD** *Ehemalige Leiterin Digitalisierung bei Le Parisien*
- 174 **HEIDI EVANS** *Gründerin von Women of Paris tours*
- 181 **LEÏLA SLIMANI** *Autorin und Gewinnerin des Prix Goncourt*
- 189 **SARAH SAUQUET** *Lehrerin und Gründerin von Un Texte Un Jour*
- 194 **NATHALIE MILTAT** *Galeristin*
- 201 **POONAM CHAWLA** *Kulturführerin, Autorin und Übersetzerin*

Genussbereiterinnen

- 208 **MIHAELA IORDACHE** *Kaffeerösterin*
- 214 **MURIEL TALLANDIER** *Verlegerin und Mitbegründerin der Confiserie Fou de Pâtisserie*
- 221 **JULIE MATHIEU** *Chefredakteurin und Miteigentümerin der Zeitschrift und der Confiserie Fou de Pâtisserie*
- 227 **MYRIAM SABET** *Konditorin & Gründerin von Maison Aleph*
- 233 **MARGOT LECARPENTIER** *Mitbegründerin der Cocktailbar Combat*
- 239 **MOKO HIRAYAMA** *Bäckerin und Miteigentümerin von Mokonuts*

- 247 **MUTTERSEIN**

Visionärinnen

- 255 **ALICE CABARET** *Stadtentwicklerin und Gründerin von The Street Society*
- 262 **RAHAF HARFOUSH** *Digital-Anthropologin und Autorin*
- 269 **SANDRA REY** *Biolumineszenz-Designerin und Geschäftsführerin von Glowee*
- 275 **KAT BORLONGAN** *Direktorin von La French Tech*
- 280 **NIDA JANUSKIS** *Stellvertretende Dekanin für Fortschritt der INSEAD*
- 287 **ANNE RAVANONA** *Gründerin von Global Invest Her*

Ein Tag im Leben einer Pariserin

- 294 **SARAH ANDELMAN** *Mitbegründerin von Colette und Just an Idea*
- 297 **ELIANE CHEUNG** *Illustratorin und Autorin*
- 298 **BENEDICTE REITZEL-NIELSEN** *Mitbegründerin von der #SeeMyParis-Community*
- 301 **CÉLINE PHAM** *Chefin auf Wanderschaft und Mitbegründerin von Tontine*
- 303 **EMILIE FRANZO** *Lebensmittelfotografin und Kochbuchautorin*
- 306 **PARIS – ADRESSEN VON UND FÜR FRAUEN**

- 313 **DANKSAGUNGEN**
- 314 **FUSSNOTEN**

»Das Bild der Pariserin braucht ein Update, denn die Zeiten von Brigitte Bardot oder Edith Piaf sind längst vorbei. Paris ist heute eine der wichtigsten multikulturellen Städte Europas.«

—ROKHAYA DIALLO, JOURNALISTIN, FILMEMACHERIN UND ANTIRASSISMUS-AKTIVISTIN

Gegenüberliegende Seite: Fußgängerüberwege im Marais sind zum Zeichen der Unterstützung der LGBTQ-Szene mit Regenbögen markiert.

EINLEITUNG

ES IST VIEL PASSIERT in den neun Monaten nach der Veröffentlichung meines ersten Buches *The New Paris*. Ein Mensch, der ein Buch schreibt, verändert sich. Aber auch das Buch verändert seinen Autor. Mein Buch hat mich mit Lesern und Reisenden aus der ganzen Welt zusammengebracht, aber auch mit Menschen, die in meiner direkten Umgebung leben und ausgesprochen inspirierende Frauen sind. Über einige von ihnen habe ich geschrieben. Je mehr ich über diese Frauen schrieb, desto wichtiger wurde es mir, die Geschichten über das Leben der Frauen in und um Paris mit Ihnen zu teilen. Ich möchte zeigen, wie diese Frauen – häufig auf ganz subtile Weise – die Gesellschaft und Kultur formen.

Gleichzeitig habe ich mich immer mehr mit der Stadt und der Marke Paris beschäftigt. Jedem Artikel, in dem ich diese Stadt im Wandel beschrieben habe, lagen mindestens fünf alte Geschichten über die Hauptstadt als makelloses, lebhaftes Museum zugrunde, alle vollgepackt mit den gleichen beliebten Touristenzielen. Dazu fand ich immer mehr Geschichten über Frauen (die konsequent als Pariser Frauen bezeichnet wurden, als ob es ein Synonym sei), die in allem perfekt sind – vom Pudern ihrer Nase bis zum Kampf gegen den natürlichen Verfall mithilfe von Anti-Aging-Methoden.

Ich habe das erste Buch geschrieben, weil die Stadt meiner Meinung nach etwas Besseres verdient hat. Ich wollte die Gründe, warum die Stadt für die einen ein Traumziel und für viele andere eine Heimat ist, möglichst vollständig auflisten. Der zündende Funke für dieses Buch war mein Wunsch, ein repräsentatives Bild der Pariser Frau in ihrer gesamten Vielfalt zu zeichnen, denn der Kanon der Lebensratgeber hatte sich überholt.

Gegenüberliegende Seite: Der Parc des Buttes-Chaumont gibt einen anderen Blick auf die uns vertraute Stadt frei.

Im Grunde möchte dieses Buch ein neues Bild davon entwerfen, wie eine sehr bekannte und weitgehend romantisierte Gruppe von Frauen heute lebt:

Wie finden diese Frauen ihr Glück und ihre Erfüllung, wie spüren sie Unglück und Demütigung auf, die ihnen wiederum neue Kraft verleihen, und welchen individuellen Beitrag leisten sie für die Stadt Paris – z. B. in Form einer Mahlzeit, eines Films, eines Boxkampfes, einer Kunstausstellung, eines Podcast-Beitrags oder einer Schmuckkollektion. Aber gleichzeitig bewege ich mich weg von den restriktiven Stereotypen, über die DIE Frau über Generationen hinweg definiert wurde. Eine Frau, deren Aura man sich offenbar nicht entziehen kann, die aber endlos analysiert werden muss. Ich möchte ein neues Bild von dieser Frau zeichnen und mit zahlreichen Geschichten illustrieren.

DER MYTHOS

Schließen Sie Ihre Augen und denken Sie an Paris. Was sehen Sie? Und was sehen Sie, wenn Sie an die Frauen von Paris denken? Wahrscheinlich ein vertrautes Bild, denn die Pariser Frau ist uns genauso bekannt wie jedes andere Pariser Symbol – eine Marke oder ein markenähnliches Symbol für nationale Größe. Aber bei aller Bekanntheit ist die Pariserin nicht das, was sie zu sein scheint.

Verführung, Stil, Schönheit und Haltung waren über Generationen hinweg die Eigenschaften und Maßeinheiten für das Geheimnis der Pariser Frauen. Wenig aber wurde über ihren Verstand, ihre Ziele, ihre Karriere oder ihre Lebenserfahrung jenseits ihres Körpers erzählt.

Stattdessen konzentrieren wir uns auf ihre Sammlung an Handtaschen und gestreiften Marine-Shirts, ihre natürliche Begabung, in High Heels Fahrrad zu fahren oder ihr Haar in beabsichtigter Unordnung offen zu tragen. Selbst ihr nüchterner Alltag ist von mystischem Elan geprägt, ihr Gesicht strahlt vor eleganter Tiefe und ihre roten Lippen zeugen von lebhafter Anmut und standhaftem Mut – egal, ob sie Wäsche in der Reinigung abholt oder zu einem schicken Abendessen geht.

Doch das ist ein konstruierter, weit verbreiteter und zutiefst problematischer Mythos, der nicht nur Frauen aus anderen Ländern das ständige Gefühl gibt, der Pariserin nicht das Wasser reichen zu können. Sie kaufen diesem Mythos die Vorstellung ab (»abkaufen« im wahrsten Sinne des Wortes), dass eine Creme, ein Oberteil oder eine Bürste Wunder wirken. Zugleich wirft er ein falsches Licht auf die Pariser Frauen, die keinen Wert auf diese wohlgeformte »Popkultur« legen. Schwarze, Asiaten, Behinderte, Transsexuelle und all die anderen zahllosen Mitglieder der Bevölkerung sind so wenig in diesem Archetyp vertreten, dass Sie als Reisende und Konsumentin nach Paris kommen und die Vielfalt mit offenem Mund bestaunen. Die Pariserin wurde zu einer Karikatur verflacht, die ihr selbst genauso schadet wie all den anderen Frauen, die so sein möchten wie sie.

Das alles haben wir Marken, Marketingexperten, Frauenmagazinen und Büchern zu verdanken – den größten Machern der Marke der »Pariser Frau«. Selbst die bekanntesten Pariser haben dieses Trugbild gepflegt, um einen Traum zu verkaufen. Und genau das hat funktioniert: Die hegemoniale Figur – intellektuell, meist verführerisch, in jeder Situation ausgesprochen elegant, immer perfekt gestylt – hat Parfüms, Lippenstifte, ganze Kleiderschränke und sogar Haltungen in Höhe von mehreren Milliarden Dollar verkauft.

Unzählige Marken bauen heute darauf, dass sie sich französisch *anhören* und *anfühlen*. Die Marken French Girl Organics, Glossier, Ouai Haircare, Être Cécile und La Garçonne u.v.m. sollen alle einen Lebensstil vermitteln, der über Generationen hinweg definiert wurde, und bauen ausschließlich auf den vom Kunden wahrgenommenen Wert auf.[1] Auf der ganzen Welt fällt der durchschnittliche Leser und Verbraucher dem Effekt der illusorischen Wahrheit zum Opfer: Wir glauben umso mehr an eine Sache, desto mehr sie uns präsentiert wird, egal, ob sie wahr ist oder nicht. Und die Schönheit der Pariserin übertrifft dabei alles andere.

Dieses Stereotyp hatte sich schon im 18. Jahrhundert etabliert. In den Arbeiten von Jean-Jacques Rousseau und seinen Vorgängern wurden bereits Bilder der Pariserin gezeichnet, deren Ruf in enger Verbindung zur ihrer Nähe zum königlichen Hof stand. Doch vor allem Rousseau stellte die Pariserin aller sozialen Klassen in einem seiner bekanntesten, 1761 veröffentlichten Werke, *Julie oder Die neue Héloïse*, als über alle Maßen interessiert an Mode und modischen Tricks als Statussymbole dar. Sie legt Wert darauf, Aufmerksamkeit zu erregen und hat Talent zur Verführung.[2] Damit war der Grundstock für viele Assoziationen gelegt, die sich später entwickelten.

Die Pariser Eleganz und Raffinesse in Kleidung, Auftreten und Verhalten, die im folgenden Jahrhundert gepriesen (und ausgeschmückt) wurde, war nicht der Elite vorbehalten. Dieser Nimbus hielt sich bis hinunter zu den bescheidensten Mädchen der Arbeiterklasse. Mit dem Aufkommen einer immer organisierteren Prostitution bis zur Belle Époque wurde der Mythos der *erotischen* Pariserin genährt – eine Assoziation, die sich mit der Einrichtung von Freudenhäusern und hedonistischen Theatern weiter entwickelte. Und auch das erste moderne Kaufhaus Le Bon Marché hat dieses Bild der modernen, modischen Pariserin kultiviert und über die Grenzen Frankreichs hinaus verbreitet.

Dieses 1852 von Aristide und Marguerite Boucicaut eröffnete Kaufhaus revolutionierte den Einzelhandel und schuf ein Modell des modernen Kommerzes, das zum Grundstein für Geschäfte auf der ganzen Welt wurde, vom KaDeWe in Berlin bis Harrods in London. Aristide und Marguerite Boucicaut wollten, dass die Frauen alle Produkte anfassen und ausprobieren können. Sie arbeiteten mit festen Preisen und gelegentlichen Sonderangeboten. Mit vollen Regalen und saisonalem Modeangebot spornten sie die Pariser Frauen an, sich kontinuierlich selbst neu zu erfinden.[3] So strömten Frauen auch von außerhalb in das Geschäft nach Paris, manche bewarben sich sogar um Arbeitsstellen. Schnell wurde die Pariser Frau für zahlreiche Eigenschaften bewundert, die ihr Schriftsteller, Maler und die Volkskultur zuschrieben. Und dieses Bild in seinen unterschiedlichen Ausprägungen wurde sie bis nach dem Zweiten Weltkrieg nicht mehr los. In den 1920er Jahren trat Chanel mit ihrem Garçonne-Stil auf die Bühne und revolutionierte die Modewelt, indem sie die Frauen von Korsetts und engen Kleidungsstücken befreite. Die unverbesserlich kokette Brigitte

Bardot verknüpfte die Pariserin dann in den 1960er und 1970er Jahren mit dem Bild der sexuellen Revolution und Freiheit, das für die ausländische Zielgruppe noch abgeschüttelt werden musste.

Eine Kombination dieser etablierten Assoziationen prägt bis heute das moderne Bild der Pariser Frau, das unaufhörlich aufgewärmt, mit dem Bild der Stadt verknüpft und romantisiert wird. In der Werbekampagne für das Parfum Parisienne von Yves Saint Laurent zum Beispiel ist Paris der Co-Star von Kate Moss, wobei die beiden Mythen – Stadt und Frau – mit unverwechselbaren Werten zusammengeführt werden: Luxus, Eleganz, Weiblichkeit und Geld. »Der Mythos behält seine Kraft, findet Wege, um sich über sein Erbe und eine Vielzahl an Bildern und Klischees, die in der Mode-, der Werbe- und der Tourismusbranche verwendet werden, immer wieder neu zu erfinden«,[4] schreibt die Historikerin Emmanuelle Retaillaud-Bajac. Mit anderen Worten: Es spielt keine Rolle, ob die Stereotypen wahr sind, denn sie bieten genug Material, um lebendig zu bleiben.

DIE PARISERIN VON HEUTE

Und wo stehen wir heute? Wenn komplexe Menschen auf ein ein bestimmtes Bild reduziert werden, spricht die nigerianische Schriftstellerin und Feministin Chimamanda Ngozi Adichie in ihrem TED-Talk »The Danger of a Single Story« von einem »Einzelnarrativ«. Der schädliche, viel zu enge Blick auf die Pariserin als weiße, heterosexuelle, schlanke, verführerische und mit Oberflächlichkeiten beschäftigte Frau wird von Tourismusverbänden, Magazinen, Büchern und Marken ständig gepflegt, neu erfunden und als Neuheit weiterverbreitet. Und das ist genauso gefährlich, wie wenn man Menschen ihr Menschsein nimmt. »Das Problem von Stereotypen ist nicht, dass sie nicht wahr sind, sondern dass sie unvollständig sind. Sie erzählen lediglich eine einzige Geschichte.«[5]

Die französisch-britische Journalistin und Autorin Alice Pfeiffer beleuchtete in ihrem Buch *Je ne suis pas Parisienne* den Mythos der Pariserin in der Geschichte der Mode. Für sie bedient diese Geschichte genau das Bild, das das Land zeichnen möchte. »Mit dieser Geschichte kann Frankreich sein Image reinwaschen. So muss sich das Land nicht mit seiner kolonialen Vergangenheit auseinandersetzen«, erklärt sie. Und wie sieht das Ideal heute aus? »Der schwangere Bauch, der im Mai 1968[6] auf Bildern von Jane Birkin, Françoise Hardy oder France Gall zu sehen war, wurde zu einem Symbol der Befreiung, das sich für immer hält und das niemand erreichen kann.« Oder zumindest beruht es nur auf wenigen Auserwählten, die in der Lage sind, es zu imitieren. Dennoch ist jede andere Frau davon überzeugt, dass auch sie dieses Bild erfüllen kann.

Damit wird ein verzerrter Standard persönlicher Wertschätzung geschaffen, in dem das Unerreichbare dauerhaft als das goldene Ticket zum Glück dargestellt wird. Zu viele Jahre lang habe ich geglaubt, dass ich nur den Trends folgen, eine bestimmte Tasche kaufen und mich selbst

---

Gegenüberliegende Seite: La Rotonde Stalingrad, ein beliebter Ort für viele der in diesem Buch vorgestellten Frauen.

ausreichend im Fitnessstudio quälen muss, um in die vorgegebene Form zu passen und die ultimative Version meiner selbst zu werden. Schwer zu sagen, was der größte Betrug war: die Lügen, die ich über das Verhalten und das Leben der Pariser Frauen gehört habe, oder die Tatsache, dass ich mich so lange habe täuschen lassen.

Die Gefahr der irrsinnigen Verknüpfung der Pariser Frau mit einem weißen, heteronormativen Standard besteht darin, dass wenig bis gar kein Platz für den Rest der Bevölkerung bleibt. Die Gesellschaft ist mit ihrem Universalportrait der Frau in einer Sackgasse gelandet. Wenn Frauen auf der ganzen Welt aktiv Veränderungen einfordern, warum sollte das in Paris anders sein? Warum sollte eine ganze Gruppe der französischen Bevölkerung auf eine oder zwei Eigenschaften reduziert werden?

Wenn ich durch die Stadt fahre und mich umschaue, sehe ich fast keine Frau, die dem feinsäuberlich erfundenen, aber erschöpften Avatar gleicht. Die Frau, die ich sehe, ist weiß, schwarz, Araberin, Jüdin, Muslima, Asiatin, Afrikanerin, Südamerikanerin, schlank, mollig, klein und hochgewachsen. Manche sitzen in Rollstühlen. Manche legen Wert auf Stil, manchen ist es egal, was der westliche Stil vorschreibt. Manche glauben, Make-Up ist eine Form des eigenen Ausdrucks, andere scheuen sich vor der ungewollten Aufmerksamkeit, die sie damit erregen könnten. Es sind Lehrerinnen, Ladenbesitzerinnen, Unternehmerinnen, Mütter, Mentorinnen, Schriftstellerinnen, Sängerinnen, Künstlerinnen, Innovatorinnen, Chefs – und alle sind sie weit mehr als die Summe ihrer Erfahrungen. Es sind Pariserinnen –, die nicht unbedingt in der Stadt oder selbst in Frankreich geboren, aber Einwohnerinnen der Stadt Paris und ihrer angrenzenden Vorstädte sind.

Die Frauen in diesem Buch sind – wie Millionen anderer Frauen, die mit ihnen durch die Stadt gehen –, nicht neu im Sinne einer Neuheit. Sie waren schon immer hier. Aber sie standen nur selten in dem Rampenlicht, das sie verdienen.

DIE FRAUEN

Ich bin nicht religiös, aber ich glaube an zufällige Kontakte, einige, die aufgrund professioneller Vielfalt zustande kommen, andere eher spiritueller Art. Und von solchen Kontakten erzählt dieses Buch. Als ich darüber nachdachte, welche Frauen ich für mein Projekt interviewen sollte, wurde mir schnell klar, dass es eine kleine Auswahl außergewöhnlicher Frauen aus Paris und der Umgebung von Paris sein sollte. Zuerst schaute ich mich in meinem eigenen Umfeld um, dem ich von inspirierenden Unternehmerinnen, Expertinnen, Kreativen und Innovatorinnen umgeben war wie z. B. Elena Rossini, Rahaf Harfoush, Nida Januskis, Julie Mathieu, Muril Tallandier und Ajiri Aki. Und danach fielen mir all die Frauen ein, deren Arbeit ich schon lange bewundere, über die ich gelesen habe oder die mich irgendwie inspiriert haben (und es war nicht leicht, diese Liste kurz zu halten!). In die endgültige Auswahl kamen sowohl Frauen, die ich seit vielen Jahren kenne und in unseren Gesprächen zu diesem Buch viel genauer kennengelernt habe, als auch Frauen, die ich mit großer Freude zum ersten Mal getroffen habe. In den meisten Fällen habe ich meine Verbindungen

»Das Auftreten einer Frau ist die Quelle nationalen Stolzes eines Landes und daher gehört ihr Körper in den Blick der Nation.« —ALICE PFEIFFER

zu und meine Eindrücke von den einzelnen Frauen in die Geschichten einfließen lassen, damit Sie einen möglichst genauen Hintergrund erhalten.

Nicht alle Frauen, mit denen ich gesprochen habe, haben ein glückliches Leben geführt oder hatten eine leichte Kindheit. Aber alle diese Frauen genauso wie alle Frauen, die ich kenne, kämpfen für etwas und arbeiten auf ein Ziel hin. Dabei werden sie getragen von ihrem eigenen moralischen Kompass und der Moral der Frauen, die sie unterstützen. Besonders inspiriert und bereichert hat mich zu sehen, wie andere Frauen ihren Schmerz und ihre Frustrationen in Größe umwandeln – in ihre persönliche Kraft in all ihren unterschiedlichen Ausprägungen.

Meine Auswahl ist auf keinen Fall vollständig – wenn es möglich gewesen wäre, hätte ich noch Hunderte von Frauen aus anderen Branchen und mit anderen Hintergründen interviewt. Aber ich hoffe, mit diesem Buch ein neues Denken über die Frauen von Paris und Frauen im Allgemeinen zu eröffnen und die Art, wie sie ihre Stadt beleben. Von diesen Frauen habe ich viel über mich selbst und mein Zuhause gelernt. Dabei geht es nicht nur um die Herausforderungen und Nachteile der Stadt, sondern auch um die Energie, Dinge zu verändern. Ich hoffe, dass Sie genauso viel Freude am Lesen der Geschichten haben, wie ich beim Kennenlernen der Frauen.

PRAKTISCHE HINWEISE

Jede Frau hat mir ganz persönliche Orte und Plätze in der Stadt preisgegeben, die sie liebt. Eine kurze Beschreibung sowie Fotografien dieser Orte finden Sie in diesem Buch. So wie bereits in *The New Paris* wollte ich Ihnen die Stadt aus einer neuen Perspektive vorstellen. Daher habe ich auch einige praktische Tipps in dieses Buch aufgenommen:

Reisehinweise, die neue und wiederkehrende Besucher und Besucherinnen einladen sollen, Paris auf eine neue Weise zu erkunden und auf ihrem Weg Frauen und ihre Geschäfte zu unterstützen. Eine vollständige Liste der Adressen dieser Geschäfte finden Sie auf Seite 306 unter »Paris – Adressen von Frauen für Frauen«. Ich hoffe, Sie lassen sich bei Ihrem nächsten Besuch in Paris davon inspirieren.

Nächste Seite: L'Officine Universelle Buly, Mitbegründerin ist Victoire de Taillac (siehe Seite 102).

VORBEMERKUNG: EIN KULTURELLER LEITFADEN

EINIGE THEMEN, Begriffe und Ideen, die in den Profilen und Gesprächen in diesem Buch auftauchen, sind Ihnen möglicherweise unbekannt. Damit Sie diese Begriffe beim Lesen leichter einordnen können, habe ich sie im Folgenden erläutert, sodass Sie sie jederzeit wieder nachschlagen können.

LAÏCITÉ

Wenn Sie die Kultur Frankreichs erkunden oder eine Weile in Frankreich leben, werden Sie sehr schnell erkennen, wie wichtig es für die Franzosen ist, Kirche und Staat voneinander zu trennen. Diese Trennung wird Laïcité (Laizismus) oder staatlicher Säkularismus genannt. Aber es geht um mehr als um Säkularismus: Die französische Laïcité bezieht sich auf die »Rolle des Staates, jeden Einzelnen vor den Ansprüchen einer Religion zu schützen.«[7] Es handelt sich um ein unantastbares Prinzip republikanischen Universalismus und wird sowohl heiß debattiert als auch umfassend geschützt. Die Wurzeln dieses Konzepts liegen in der Französischen Revolution. Es wurde 1905 gesetzlich festgeschrieben und ursprünglich eingeführt, um die Religion, insbesondere die Katholische Kirche, aus Staatsangelegenheit herauszuhalten und gleichzeitig die Religionsfreiheit des Einzelnen zu bewahren.

Zu den Grundprinzipien gehören Artikel 1 und 2 des Gesetzes: *Die Republik gewährleistet die Glaubensfreiheit, anerkennt, fördert oder unterstützt aber keine Religion.* Der Staat muss also neutral bleiben, um die Glaubensfreiheit zu fördern und jedem Bürger die Möglichkeit zu geben, atheistische Überzeugungen zu praktizieren und zu pflegen. Mitarbeiter des öffentlichen Dienstes von Lehrern bis hin zu Transportunternehmen, Beamten in Behörden und sogar Krankenschwestern dürfen keine offenkundig religiösen Merkmale tragen.

Gegenüberliegende Seite: Ein bekanntes Café in Belleville. Hier treffen zahlreiche Kulturen, Religion und Lebensstile aufeinander.

Als der Islam sich zur zweitwichtigsten Religion des Landes entwickelt hatte, kamen kritische Stimmen zu den Erweiterungen des Gesetzes von 1905 auf: Es diene weniger dem Schutz der Freiheit der französischen Bürger, als dass es versuche, die wahrgenommene Bedrohung der Nation durch den Islam zu unterdrücken. Seit 1989 (der ersten Verschleierungsaffaire *Affaire du voile*) ist in Frankreich stark umstritten, ob Mädchen in Schulen ein Kopftuch tragen dürfen. Diese Diskussion führte zu dem inzwischen berühmt-berüchtigten Gesetz von 2004, das »auffällige« Zeichen einer religiösen Zugehörigkeit wie große Kreuze, Kopftücher, Kippahs und Turbane in öffentlichen Schulen verbietet. Später, im Jahr 2011, wurde auch das Tragen von Sportburkas und Niqabs an öffentlichen Plätzen verboten. Frankreich war die erste Nation in Europa, in der dieses Verbot offiziell wurde.

In meinen Interviews vor allem mit Sarah Zouak, Rokhaya Diallo und Delphine Horvilleur kam dieses Thema immer wieder auf. Aus ihrer Sicht ist das Prinzip des Laizismus richtig, seine Bedeutung aber in vielen Fällen verloren gegangen, um Assimilation und Gleichmacherei der Bevölkerung zu erzwingen.

Woher kommt diese Besessenheit hinsichtlich des Themas Kopftuch? Zahlreiche Bücher widmen sich diesem Thema, aber Joan Wallach Scott arbeitet in ihrem Werk *The Politics of the Veil* z. B. heraus, dass die Gründe tiefer gehen als bis zur Wahrnehmung des Kopftuches als ein »Emblem radikaler islamischer Politik« oder ein Symbol für Unterdrückung. Beim Verschleierungsverbot geht es ihrer Meinung nach um »den Wunsch, eine wachsende Herausforderung für den französischen Republikanismus, die aus den Nachwirkungen seiner Kolonialgeschichte entstanden ist, eher zu umgehen als zu meistern.«[8]

Andere Theoretiker wie Andrew Aguilar, promovierter Wirtschaftswissenschaftler und Mitglied des Thinktank, gehen davon aus, dass das Problem Ausdruck des traditionellen Wachstumsschmerzes aller Nationalstaaten ist. »Obwohl diese Diskussion [in Frankreich] als eine Krise der vorhandenen politischen Ordnung eingeordnet wird, kennen alle entwickelten Nationalstaaten dieses Problem auf die eine oder andere Weise, weil Minoritäten neue Werte einführen oder zusätzliche Rechte fordern«, erklärte er mir per E-Mail. »Der französische Staat hat sich intensiv bemüht, die Lebens- und Bildungssituation von Migranten zu verbessern. Diese ist zwar bislang nicht perfekt, aber der Staat möchte die kulturelle Vielfalt auch auf keinen Fall eliminieren.«

Der Begriff des Laizismus ist also weit mehr ist als die Bezeichnung für die *Trennung von Kirche und Staat*. Aus diesem Grund habe ich mich dafür entschieden, den Begriff Laïcité immer dann zu verwenden, wenn es um dieses Thema in seiner ganzen Komplexität geht.

IDENTITÄT

Viele herausragende Philosophen und Politiker haben sich schon an der Frage abgearbeitet, was es bedeutet, Franzose zu sein. Eine Frage, die sich bis zum verheerenden Krieg um die Unabhängigkeit Algeriens von Frankreich (1954–1962) zurückverfolgen lässt. Nach Erlangen der

Unabhängigkeit fand eine große Migration algerischer Familien nach Frankreich statt (obwohl dies nicht die erste Migrationswelle war, denn die startete bereits im Vorfeld des ersten Weltkriegs). Damit setzte sich bei den Algeriern das Gefühl fest, Außenseiter zu sein, das auch heute in der zweiten und dritten Generation von in Frankreich geborenen Algerien zu beobachten ist. Aber erst in den 1980er Jahren, als die Jahrzehnte nordafrikanischer Immigration dank der Antirassismusbewegung und durch das Erstarken der Rechtsextremen weiter ins öffentliche Bewusstsein rückten, entwickelte eine Gruppe von Philosophen und Historikern, darunter Marceau Long und Dominique Schnapper, ein Verständnis der nationalen Identität.[9] Während die historische Tradition des Republikanismus die Bedeutung eines staatsbürgerlichen Engagements häufig in den Vordergrund schiebt, arbeitete diese Gruppe die genaue historische und kulturelle Dynamik des französischen Bürgertums heraus. Seither hat sich herauskristallisiert, dass das Franzose-Sein eher eine staatsbürgerliche Aufgabe als eine Frage der ethnischen Zugehörigkeit ist – eine Erkenntnis, die eng mit den nächsten beiden Themen verflochten ist.

RASSE, MODELLMINDERHEITEN UND DAS PROBLEM DES KOMMUNITARISMUS

Communautarisme (oder Kommunitarismus) bedeutet, dass der Einzelne nicht unabhängig von seiner ethnischen, kulturellen, religiösen, sexuellen oder sozialen Zugehörigkeit existieren kann. Der Begriff ist definiert als die »Priorität der Gruppe über der nationalen Identität im Leben des Einzelnen.«[10] Im Wesentlichen handelt es sich um ein multikulturelles Modell, das in Ländern wie den USA, England und Australien vertreten wird und in dem »die persönliche Identität der einzelnen Menschen zu einem großen Teil von seinem Hintergrund und seiner Vorgeschichte abgeleitet ist«.[11] Dennoch leben diese Menschen als Teil einer Nation zusammen. Der Begriff wird in Frankreich weitläufig – wenn auch immer abwertend – verwendet. Denn Multikulturalismus ist unvereinbar mit dem engeren Konzept der französischen Identität, die »eine einzelne untrennbare Republik bevorzugt, die keine Unterscheidung zwischen den Bürgern macht.«[12] Man ist zuerst Franzose und dann alles andere, z. B. Jude, Muslim, schwarz, Asiate, Araber, lesbisch, transsexuell. Diese Eigenschaften sind, wie alle anderen möglichen Zugehörigkeiten, zweitrangig.

In dieser Theorie ist jeder gleich und gleichsam Franzose – »jede Unterteilung der Republik in einzelne Identitätsgruppen«[13] muss verhindert werden. Folglich führt der Staat keine Volkszählungen durch und erfasst keine Daten zu Rasse, ethnischer Abstammung oder Religion (denn solche Statistiken werden mit dem deutschen Naziregime und seinen Kollaborateuren in Zusammenhang gebracht).[14] Folglich sind die ethno-religiöse Unterschiede der Bürger für die Werte des Landes gefährlich und »dienen nur dazu, sie von ihrem eigentlichen Franzose-Sein zu distanzieren«.[15] Wenn Frankreich farbenblind ist, muss die Bevölkerung nicht kategorisiert werden, so dass es keine Grundlage für und keine Probleme mit Rassismus gibt. Doch diese Annahme hängt nicht nur mit der »unterwürfigen Treue zur Nation zusammen, sondern auch mit der Assimilation der Normen ihrer Kultur.«[16]

Natürlich ist das Land nicht farbenblind. Aber viele ernsthafte Probleme mit Diskriminierung und Rassismus haben sich wegen dieses universalistischen Ansatzes vertieft, und es fehlen Werkzeuge, mit denen sie sich ausreichend messen und bekämpfen lassen. Doch als im Jahr 2018 das Wort *Rasse* aus der französischen Verfassung gestrichen wurde (ein Versprechen des früheren Präsidenten François Hollande), wurde eine Menge Öl in das Feuer dieser tabuisierten Debatte gegossen.[17] Im ersten Artikel des Textes wurde »Rasse« durch »Geschlecht« ersetzt, sodass es nun heißt: Frankreich »soll die Gleichheit aller Bürger vor dem Gesetz sicherstellen, unabhängig von Geschlecht oder Religion.«

Kritiker sahen in dieser Änderung lediglich ein weiteres Zeichen für einen tiefes »Unwohlsein mit dem Begriff der Rasse«, das sich nicht nur in Frankreich, sondern in ganz Europa breit macht. Wenn wir den Begriff der Rasse verleugnen, so Rokahya Diallo (siehe Seite 47), dann eliminieren wir nicht den Rassismus oder die Diskussionen darum, sondern »leugnen die Realität rassistischer Diskriminierung. Der konstitutionelle Rahmen hat tiefgreifenden Einfluss auf die Richtlinien, die von der Regierung definiert werden. Und es gibt nichts Gefährlicheres als ein Land, das die Augen vor seinen offensichtlichsten Problemen verschließt.«[18]

Zwischen der Idee des Franzose-Seins, die sich meist in einer unverrückbaren Loyalität gegenüber der Republik äußert, und der Realität, in der Minderheiten häufig als unterlegen behandelt werden, unabhängig davon, ob sie assimiliert sind oder nicht, herrscht eine große Diskrepanz. Es gibt zahlreiche Beispiele von farbigen französischen Männern und Frauen, die als gleichberechtigt angesehen werden, weil sie sich »vorbildlich« verhalten – z. B. weil sie Fußballspiele gewinnen, Babys retten, die aus einem Fenster zu fallen drohen, oder hervorragende Universitätsabschlüsse erreichen. Aber sobald sie einen Fehler begehen, sich ungeschickt verhalten oder in schlechte Gesellschaft geraten, werden diese Männer und Frauen ganz schnell auf ihre Herkunft reduziert. Der enorme Druck, der sich für »Modellminderheiten« aufbaut, um ihre Legitimität zu rechtfertigen, ist ein großes Thema im Gespräch mit Leïla Slimani (Seite 181) und Sarah Zouak (Seite 130) – beide Frauen sind Bürgerinnen Frankreichs.

Auf dem Papier fordert der Franzose nicht, dass andere Identitäten ausgelöscht werden. Ein Mensch, der im Senegal geboren ist oder Kind senegalesischer Eltern in Frankreich ist, muss nicht alle Verbindungen zu seiner Herkunft kappen. Doch für den ehemaligen Botschafter der USA in Frankreich, Gérard Araud, sind Wurzeln eine »individuelle Realität«. Diese Worte schrieb er dem Komiker Trevor Noah, nachdem dieser in der *Daily Show* spaßhaft erklärte, dass der Sieg der französischen Fußballmannschaft in der Weltmeisterschaft 2018 eigentlich ein Sieg für Afrika war, weil 80 Prozent der Spieler afrikanischer Herkunft waren. Araud erwiderte: »Wenn Sie die Fußballer als afrikanische Mannschaft bezeichnen, leugnen sie, dass sie Franzosen sind. Selbst in einem Scherz legitimiert dies die Ideologie, nach der in die Definition von Franzosen nur Weiße eingehen.«[19] Das amerikanische multikulturelle Modell gibt den Menschen die Freiheit, anders zu sein und dennoch Amerikaner zu sein. In Frankreich dagegen bleibt Assimilation die einzige Haltung gegenüber Diversität und Immigration.

Aber Assimilation und Staatsangehörigkeit sind keine angeborenen Schutzmaßnahmen, wie Grégory Pierrot in einem großartigen Artikel über die Reise eines Franzosen, dessen Mutter aus Martinique stammt, durch Frankreich erklärt. »Egal, wie französisch ich mich verhielt, wie gut ich die französische Geschichte beherrschte, wie gut ich Französisch sprach oder schrieb, wie sehr ich die französischen Werte *Freiheit, Gleichheit, Brüderlichkeit* vertrat und wie vertraut mir die Kultur war –, es gab immer einen Franzosen, der mir die Trikolore vor das Gesicht hielt, um mich daran zu erinnern, dass ich wegen meiner Hautfarbe trotz aller dieser Beweise eindeutig nie ein richtiger Franzose sein kann.«[20]

Ein zentraler Punkt der Debatte über das Franzose-Sein ist heute das philosophische Dilemma zum Thema Identität, das nie so richtig gelöst wurde. Handelt es sich um eine angeborene, eine genetische oder eine vererbte Eigenschaft? Einige der Gespräche in diesem Buch zeigen deutlich, wie schmerzlich diese Diskussion noch heute ist, vor allem für die Frauen, die mit dem Unbehagen kämpfen, *presque* (fast) Französin zu sein.

ANTIRASSISMUS

Einige Frauen in diesem Buch, darunter Rokhaya Diallo (Seite 47), bezeichnen sich selbst als Antirassistinnen. Gemeint sind alle Menschen »mit ethnischem Hintergrund, die eine persönliche, aktive Rolle im Kampf gegen systembedingten Rassismus übernehmen«.[21]

FEMINISMUS UND INTERSEKTIONALER ANSATZ

Der Feminismus hat sich in Frankreich nach der Veröffentlichung des Buches *Das andere Geschlecht* von Simone de Beauvoir entwickelt. Viele feministische Aktivistinnen im vorliegenden Buch haben gezeigt, dass das Wort Feminismus an sich langsam, aber sicher kein Tabu mehr ist. Noch immer müssen Feministinnen wiederholen, dass es sich beim Feminismus nicht um einen Geschlechterkampf, sondern um eine soziale Bewegung handelt, die für Gleichheit und gegen sexuelle Benachteiligung kämpft. Dabei zeigt dieser Kampf viele verschiedene Gesichter.

Heute hat das Wort Feminismus genauso viele Interpretationen, wie es Frauen gibt, und es existieren zahlreiche Mikrobewegungen. Dennoch gibt es eindeutige Unterschiede zwischen den Ideologien. Die Frauen in diesem Buch, die sich selbst als Feministinnen bezeichnen, folgen in der Regel einem intersektionalen Ansatz. Sie gehören zu den vehementesten Verfechtern, wissen aber, dass nur wenig fehlt, um die Waage in Richtung einer Mehrheit ausschlagen zu lassen.

Der französische Feminismus hatte lange Zeit den Ruf, universalistisch zu sein und ausschließlich für das weibliche Geschlecht zu kämpfen (und wurde daher in der Regel in einem Atem mit einer patriarchalischen Ideologie genannt). Die bekanntesten Verfechterinnen waren weiße, bürgerliche, zissexuelle und leistungsfähige Frauen, für die der Kampf mehr oder weniger wie für alle

Frauen der gleiche ist. In den Augen der feministischen Modejournalistin und Autorin Alice Pfeiffer hingegen zeichnen sich die französischen Feministinnen besonders dadurch aus, dass sie eher für die privilegierte Klasse sprechen (und damit ihre Position in dieser Klasse sichern) als für das gesamte weibliche Geschlecht. Sie sagt, dass der größte Teil »gegen das Kopftuch, gegen Pornografie und gegen Prostitution ist, eine männliche Sexualität rechtfertigt und glaubt, aufreizende Kleidung sei ein Zeichen für den Verrat am eigenen Geschlecht und Feminismus Grenzen haben sollte«. (Schauen Sie sich das 2018 von Catherine Deneuve und Catherine Millet unterzeichnete Manifest in *Le Monde* an, in dem #MeToo verurteilt und das *für die sexuelle Freiheit unabdingbare Recht auf Belästigung* verteidigt wird. Laut diesem Manifest sollen Männer das Recht auf »Belästigung«, auf »Verführung« haben).[22]

Die überzeugendste Vertreterin dieser Philosophie ist wahrscheinlich Élisabeth Badinter, eine der bekanntesten universalistischen Feministinnen und Intellektuellen des Landes, deren häufig kontroverse Bücher zur Kultur der Mutterschaft und der Unabhängigkeit von Frauen in Frankreich Bestseller waren. Die Debatten, die sie über viele Jahre geführt hat, sind nicht unumstritten gewesen, etwa als sie 2005 das Kopftuchverbot oder 2011 das Burka-Gesetz öffentlich mit der Begründung unterstützte, diese Art der Kleidervorschriften seien schon allein deshalb eine Unterdrückung, weil sie »traditionell« sind.[23] Élisabeth Badinter schrieb in einem offenen Brief an die muslimischen Frauen: »Ich glaube, dass das, was gut für mich ist, also die Freiheit, auch gut für Euch ist.«[24] Für Élisabeth Badinter schränken die Traditionen der »anderen« Kulturen die Freiheiten der Frauen also zwangsläufig ein, und daher muss alles getan werden, um sie zu schützen.

Für die neue Generation Feministinnen, von denen Sie einige in diesem Buch kennenlernen werden, geht es nicht darum, ob eine Frau ein Kopftuch trägt, Kosmetika oder Schmuck ablehnt, abnimmt oder zunimmt, ihren Körper durch chirurgische Eingriffe verändert, ob sie einen Karriereweg geht oder Hausfrau und Mutter ist – es geht um die Freiheit, die *Wahl* zu haben, ohne verurteilt zu werden. Unerbittlich verteidigen sie die Intersektionalität – eine Theorie, die in den USA Ende der 1980er Jahre von der Juristin und Wissenschaftlerin Kimberlé Crenshaw entwickelt wurde und erst in den letzten Jahren in Frankreich Fuß gefasst hat, – als den einzige richtigen Weg.

Im Feminismus bedeutet Intersektionalität, dass der Kampf für die Gleichberechtigung nicht durch die natürlichen Nachteile und Benachteiligungen entsteht, mit denen sich viele nicht weiße, nicht heterosexuelle Frauen, die keinen perfekten Körper haben, auseinander setzen müssen. Die Unterdrückungen äußern sich in unterschiedlichen und häufig vermischten Formen, genau wie die Möglichkeiten der einzelnen Frauen, sich dagegen zu wehren. Zu einem großen Teil basieren diese Unterdrückungen auf Zwängen, die durch die Klasse, die Rasse, die sexuelle Orientierung, die Nationalität und die Religion einer Person entstehen. Die Anerkennung und das Verständnis für diese unterschiedlichen Dimensionen sind laut Rebecca Amsellem (Seite 55) ein Akt der Solidarität.[25]

Gegenüberliegende Seite: Eine belebte Kreuzung im dynamischen und multikulturellen Stadtteil Belleville.

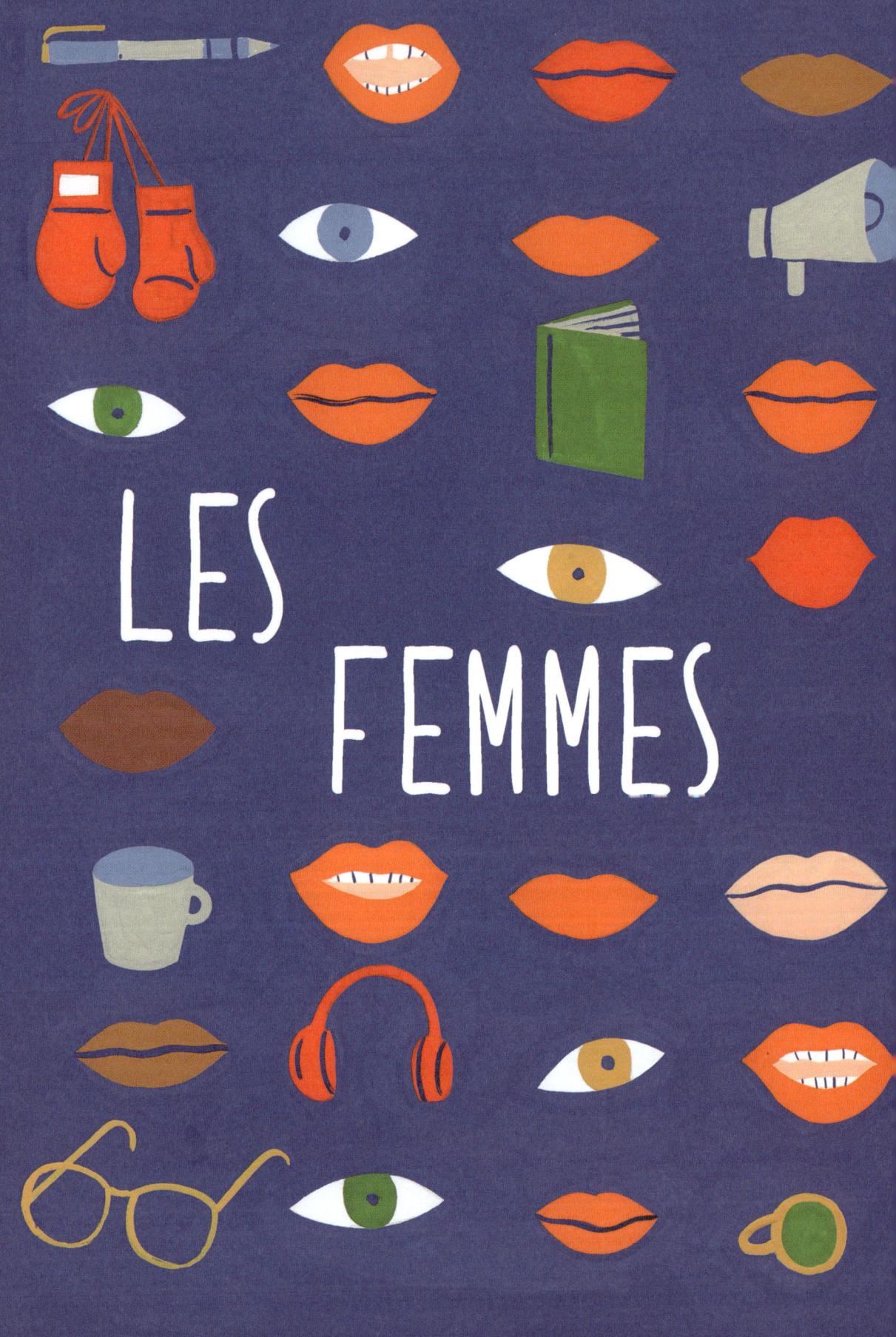

Hé toi
Qu'est-ce que tu regardes?
T'as jamais vu une femme qui se bat
Suis-moi
Dans la ville blafarde
Et je te montrerai
Comme je mords, comme j'aboie

Hey du
Was schaust du so?
Hast du noch nie eine Frau gesehen, die kämpft?
Folge mir
In die fahle Stadt
Und ich werde dir zeigen
Wie ich beiße, wie ich belle

—CLARA LUCIANI, STROPHE AUS DEM LIED »LA GRENADE«

Aktivistinnen

Anhängerin des neuen französischen Feminismus

LAUREN BASTIDE

AUTORIN DES PODCASTS *LA POUDRE*

SIE GEHÖRT ZU DEN VORREITERINNEN DES INTERSEKTIONALEN KAMPFES um die Gleichberechtigung der heutigen Generation (eine Erläuterung dieses Begriffs finden Sie auf den Seiten 27–28). Selbst Menschen, die Lauren Bastide und ihren in Frankreich ausgesprochen beliebten Podcast *La Poudre* kaum kennen, wissen, dass sie eine Vertreterin der unerschrockenen Gruppe moderner Feministinnen ist, die offen über Geschlecht, Rasse, Klasse und Sexualität diskutieren. Da sie schon früh und sehr umfassend digitale Plattformen nutzte, konnte sie mit jedem ihrer Artikel und Instagram-Beiträge den unterrepräsentierten Frauen eine ungefilterte Stimme verleihen und damit den Widerstand kultivieren.

Wir treffen uns im grünen Innenhof des Hotel Amour, einem Café, das sie als ihr zweites Büro nutzt, wenn sie nicht in den Räumen ihres 2016 gegründeten Podcast-Netzwerkes Nouvelles Écoutes arbeitet. Sie legt ihre blaue Baseball-Kappe auf die Bank, schüttelt ihr gewelltes, blondes Haar und bedankt sich warmherzig bei mir für mein Interesse an ihrer Geschichte. Ich verfolge ihre Arbeit seit 2009, als sie noch Journalistin beim Magazin *Elle* war, beständig. Damals tauchte ich in die Pariser Modewelt ein und suchte nach allen Informationen zu Pariser Frauen in all ihren Facetten. Modedesigner haben mich nicht wirklich interessiert, aber ich wollte unbedingt verstehen, welche Rolle materielle Kultur und ästhetische Kunst, Handwerk und Stil im Alltagsleben der Pariserinnen spielen. Und bereits damals war der Name Bastide nicht zu übersehen. Dieser Frau musste man einfach Beachtung schenken.

Bastide wuchs in Orléans auf, einer reichen, katholischen Stadt etwa eine Stunde von Paris entfernt, die sie mit einer Art Aversion beschreibt, die zeigt, dass sie sich auch in der Heimat als Außenseiterin fühlte. »Die Menschen organisierten Bälle für ihre adligen Nachkommen, damit die Kinder sich untereinander kennenlernen und heiraten sollten«, erklärt sie und hebt ihre Augenbrauen, als wollte sie sagen: »Weißt du, was ich meine?«

»Ich weiß nicht, was ich mit dem Mikro tun soll. Ich kann es nur jemandem geben, der keines hat.«

Sowohl vom ideologischen, als auch vom demografischen Hintergrund her passte sie einfach nicht dorthin. »Mein sozialer Status war in der Schule ein Handikap. Jeder war etwas Besseres, weil meine Eltern nicht den gleichen Bildungshintergrund hatten wie die Eltern meiner Mitschüler, deren Eltern Ärzte und Lehrer waren. Meine Familie hatte einen anderen Bildungshintergrund und führte kleine Geschäfte und Friseurläden in der Innenstadt.« Die Frauen in ihrer Familie trafen sich am Wochenende, um gemeinsam die *Elle* zu lesen und von den großen Modeshows und der »Grandeur« von Paris zu träumen. Während Religion und Tradition die beherrschenden Themen ihres Umfelds waren, fühlte sie sich zu Ästhetik und Kunst hingezogen. Sie wusste, dass ihr Platz in Paris ist.

Und obwohl ihre Community versuchte, ihr Grenzen zu setzen, tanzte sie immer nach ihrer eigenen Pfeife. Schließlich half ihr diese Eigenschaft, Journalistin zu werden und zehn Jahre für *Elle* zu arbeiten. Als sie mir zum ersten Mal auffiel, wurde sie gerade Chefredakteurin und war bekannt dafür, dass sie am Puls der Pariser Gesellschaft mit ihren beherrschenden kulturellen Geschichten arbeitete und die menschliche Seite der Mode hervorhob – nicht die frivole.

Ihre journalistische Genauigkeit hatte sie aus ihrer Ausbildung zur Nachrichtenjournalistin mitgenommen und ihre Artikel waren immer lesenswert. Während das Schreiben für andere eine Verpflichtung war, legte sie ihr ganzes Herz hinein. »Ausländer kennen *Elle* als monatliches Hochglanzmagazin. Aber in Frankreich erschien das Magazin wöchentlich, und hier gab es Nachrichten und recherchierte Geschichten zu lesen. Wir konnten in der gleichen Ausgabe sowohl über Designermode als auch über die Burka schreiben, und das hat mir gefallen.« Und trotzdem hatte sie für das Magazin noch höhere Ambitionen. Sie wollte Benachteiligte vorstellen, für die der Konsumrausch eine rein philosophische Frage war. Sie wollte Geschichten über Polizeigewalt, Rassismus, Prostitution erzählen und nicht nur die heiklen Themen der treuesten Leserinnen des Magazins: geborene Pariserinnen, weiß, heteronormativ, schlank und bürgerlich, mit Dreifach-Karriere, Ehemann und Kindern. *La totale.*

»Für die Frauen, die nicht in dieses Schema passen, ist es ein doppelter Fluch«, erklärt sie und fügt hinzu, dass ihr politisches Verständnis wuchs, als sie erkannte, dass ihr Zielpublikum eigentlich gar nicht existierte und schon gar nicht das Gros der Bevölkerung vertrat. Gab es denn keine Bewertungen für Kosmetika für dunklere Haut oder für Konfektionskleidung in großen Größen? Und mussten wirklich alle Models gleich aussehen? Antworten auf ihre Fragen nach dem eklatanten Fehlen von Darstellungen aller Frauen fand sie in den Schriften von Influencern wie Angela Davis und Édouard Glissant. Es kam zu Konflikten mit dem neuen Chefredakteur und der Druck der Anzeigenkunden stieg. Damit wurde die Idee einer Systemveränderung zur puren Fantasie. Sie wusste, dass es Zeit war, zu gehen.

In den nächsten, recht turbulenten Jahren arbeitete sie als Rednerin in der Abendsendung *Le Grand Journal*, wo sie darum kämpfen musste, vor und hinter der Kamera Gehör zu bekommen.

Gegenüberliegende Seite: Freier Blick auf Sacré-Coeur von der Pigalle im 9. Arrondissement, der Heimat von Lauren Bastide.

»Die Pariserin kommt aus den Vororten, aus dem Ausland oder hat immigrierte Eltern. Die Vielfalt rüttelt die Pariser Kultur auf.«

Ihre große Motivation schöpfte sie aus der Entwicklung von *La Poudre*. »Wenn ich sechzig Sekunden Redezeit hatte, war der Tag gut. Das hat mich zwar verrückt gemacht, aber ich wollte auf keinen Fall klein beigeben. Tagsüber arbeitete ich mit dem Mitbegründer von Nouvelle Écoutes Julien Neuville an meiner Sendung und verdiente damit mein Geld. Nach der Arbeit habe ich mich voller Freude an die eigentliche Arbeit gemacht. Dank der finanziellen Sicherheit durch die Auftritte konnte ich mein Geschäft aufbauen.«

Gleichzeitig war Bastide im Master-Studium für Geschlechterstudien an der Pariser Universität eingeschrieben und schaffte hier die Grundlage für ihr Podcast-Netzwerk Gimlet Media Frankreich. *La Poudre*, ihre Show, die heute über 2,5 Millionen Downloads verzeichnet, wurde zu ihrer Visitenkarte und dominierte den französischen Zeitgeist wie *This American Life* in den USA.

Am Ende des ersten Geschäftsjahres hatte sie eine große Gruppe an Followern und erlangte damit ein gesundes Selbstbewusstsein. Da Bastide in nettem, aber immer bestimmten Ton aktuelle Frauenthemen mit Künstlerinnen, Denkerinnen und Vorreiterinnen diskutierte, bekamen ihre Artikel eine entschiedenere Bedeutung. In der Abgeschiedenheit eines Pariser Hotelzimmers sprach sie mit der Afro-Feministin und Dokumentarfilmemacherin Amandine Gay über deren Kindheit als adoptiertes Kind und die Verehrung des schwarzen Körpers. Sie interviewte die Autorin Sophie Fontanel über Vergewaltigung, die Mutter-Tochter-Beziehung und sexuelle Orientierung und diskutierte mit der Aktivistin Daria Marx über die Abneigung gegen Dicksein in Frankreich und die Probleme der Bewegung für eine positive Körperwahrnehmung. 2018 veröffentlichte sie das erste in englischer Sprache aufgenommene Interview mit dem britischen Bestseller-Autor und Journalisten Reni Eddo-Lodge.

Fragt man ihre Zuhörerinnen und Zuhörer, was die von ihr moderierten Diskussionsrunden und Talks so erfrischend macht, bekommt man immer wieder dieselbe Antwort: Sie regt die Diskussion an, stellt die richtigen Fragen und hält sich dann aber angenehm zurück. Sie sorgt dafür, dass die Stimme der Gesprächspartnerinnen im Vordergrund steht. »Ich erzeuge eine Stimmung, die oberflächlich gesehen nett ist, aber eine tiefgründige und politische Botschaft überträgt. Die Stimmen, die ich einfange, wollen etwas verändern – genauso wie ich. Ich gebe den Aktivistinnen ein Megaphon, damit sie die jungen Mädchen aus allen Schichten des Landes direkt erreichen.« Mit anderen Worten: Um Bewusstsein zu wecken und Veränderungen einzuleiten, muss man unsichtbare Grenzen überwinden. Bastide ist eine Brücke, die Kämpferinnen, Benachteiligte und Diskriminierte mit Privilegierten verbindet. Mit ihrer Hilfe schauen die Pariserinnen in eine leuchtende Zukunft.

Zuhause in Paris

DEIN VON EINER FRAU GEFÜHRTES LIEBLINGSGESCHÄFT?
Das Carreau du Temple (siehe oben) von Sandrina Martins – sie ist einfach genial. Sie bietet einen sozialen und kulturellen Raum, der offen und kostenlos für alle Pariser ist.

DEIN LIEBLINGSSTADTTEIL?
Rund um die Rue des Martyrs. Ich habe dort fünfzehn Jahre gelebt und alle Veränderungen beobachtet. Ich bin ein Teil der Geschichte dieses Stadtteils. Er ist wie ein kleines Dorf: Meine Kinder sind mit dem Bäcker befreundet und ich treffe Menschen, die ich schon immer kenne, Familien mit Kindern, die mit mir aufgewachsen sind.

WOHIN GEHST DU, WENN DU ALLEIN SEIN MÖCHTEST?
Ich gehe gern alleine in Ausstellungen. Ich bin oft im Musée du Quai Branly, im Palais de Tokyo und besonders im Jeu de Paume. Hier finde ich interessante Anregungen zu den Fragen, mit denen ich mich beschäftige.

Kämpferin für die Emanzipation Behinderter

ELISA ROJAS

RECHTSANWÄLTIN UND AKTIVISTIN FÜR DIE RECHTE BEHINDERTER

ES IST KEINE ÜBERTREIBUNG, wenn Elisa Rojas sagt, dass sie Paris bewundert. Wir sitzen im Le Bistrot du Peintre, nippen an einem Latte Macchiato und genießen die glückselige Ruhe im August in Paris. Als ich Elisa frage, was ihr an Paris so gefällt, glänzen ihre Augen und sie lächelt breit. Sie gibt nicht viel Geld aus, erklärt sie mir, beobachtet aber sehr gern, wie die obere Gesellschaftsschicht von Paris lebt, schaut sich die Geschäfte an, in denen sie ein- und ausgeht, und die Kleider, die sie kauft. »Ein Beweis für die existierende Ungleichheit«, betont sie. Sie liebt schöne Dinge, fragt sich aber, ob man ein Interesse an flüchtigem Besitz haben kann, wenn man eine Aktivistin ist. Aber eine Antwort auf diese Frage hat sie noch nicht gefunden.

Als Kind kam sie aus Chile nach Paris und lebte am Rande der Stadt, bevor sie mit ihrer Familie in das sogenannte pulsierende Herz des echten Paris zog, einen individuellen Teil des 12. Arrondissements, in dem der Geist der Arbeiterklasse lebt, dessen wachsende Gourmetszene jedoch gleichsam einen bunt gemischten Haufen unterschiedlichster Menschen anzieht. »Ich verlasse den Stadtteil nur selten. Er bietet alles, was ich brauche!« Ein Stadtteil, der zwischen einer zu starken Gentrifizierung und einer Diversität, die seine Seele ausmacht, schwankt. Aber er ist ihre Heimat. Kein anderer Ort als diese Stadt erfüllt sie so sehr mit einem »verrückten« Stolz, wie sie es nennt. »Schau dir das doch einfach mal an«, sagt sie und zeigt dabei auf die Straße, als ob keine andere Erklärung nötig wäre. »Das ist eine Stadt, in der Schönheit und Kultur zusammenkommen – eine Mischung, von der viele Menschen träumen.«

Mit dieser tiefen Liebe zur Stadt und dem Wunsch, sich leichter in ihr zu bewegen, beschäftigt sich die Arbeitsrechtlerin, wenn sie schreibt, tweetet und mit einer engagierten Community an Aktivistinnen kommuniziert. Sie gehört zu den begehrtesten Stimmen zu den Rechten Behinderter und nutzt Twitter, ihren Blog und den von ihre gegründeten Verband CHLEE (Colletif Lutte et Handicaps pour l'Égalité et l'Émancipation, Behindertenverband zum Kampf für Gleichberechtigung und Emanzipation), um darauf aufmerksam zu machen, wie wenig das Land dafür tut, dass Behinderte als gleichberechtigte Bürger an der Gesellschaft teilnehmen können.

Eine Rolle, in der sie sich eigentlich gar nicht so richtig wohlfühlt. Sie steht nicht gern vor der Kamera und blickt kritisch auf Interviews mit der Presse. Um ehrlich zu sein, hat sie auch nur zögerlich zugestimmt, in diesem Buch aufgenommen zu werden. Aber vor dem Hintergrund, dass die Arbeitslosigkeit bei Behinderten bei 18 Prozent liegt – doppelt so hoch wie die durchschnittliche Arbeitslosenquote in Frankreich – und das mittlere Jahreseinkommen Behinderter bei ca. 18.500 Euro umherkriecht – und damit 11 Prozent niedriger ist als das mittlere Jahreseinkommen Nichtbehinderter[26] – erwacht bei ihr der Kampfgeist.

»Journalisten neigen dazu, ein bestimmtes Bild von Behinderten zu pflegen: Sie sind entweder traurige und verletzliche Menschen oder Helden, einfach deshalb, weil sie jeden Tag aufstehen und ihre Zähne putzen«, betont sie. Trotz ihrer Behinderung –, so lautet der ständige Refrain, als ob eine Behinderung grundsätzlich unvereinbar mit einer normalen Existenz wäre. »Bei jeder Gelegenheit wird uns eine fast pornografische Inspiration zugeschrieben«, erklärt sie und fügt hinzu, dass selbst ihr scheinbar unerklärlicher Erfolg – Schulabschluss, Jurastudium, Rechtsanwältin, erfolgreicher Kampf für ihre Ideen – als inspirierende Schnulze verwendet wird, um Nichtbehinderten in ihren Vorurteilen zu bestätigen. Ihre Botschaft ist eindeutig: Es ist wichtig, mit welchen Worten diese Geschichten erzählt werden.

Die Worte sind wichtig, wenn sie über Gesetze spricht, die verabschiedet, aber nie umgesetzt wurden. Wie bei Sophie Cluzel, der für Probleme von Menschen mit Behinderung zuständigen Staatssekretärin, die Scheinargumente für Inklusion vorbringt und dabei eine kaum verschleierte Behindertenfeindlichkeit zeigt, die aus jedem ihrer selbstgefälligen Tweets tropft. Und wie bei all denen, die mit ihren Plattitüden und punktuellen, aber wenig einflussreichen Marketingkampagnen ihre Gleichgültigkeit auf die Notlage Behinderter spucken. Ihre Wut über die systembedingte Vernachlässigung Behinderter und die Verleugnung ihres Menschseins kann verletzend sein. Angesichts eines Castings von Nichtbehinderten für die Rolle eines Behinderten verdreht sie die Augen, verurteilt aber vehement, dass der behinderte Körper allgemein als anormal oder deformiert dargestellt wird.

Doch noch viel schlimmer ist die Darstellung behinderter Frauen. »Zuerst werden wir wie Kinder behandelt, dann erkennt man vielleicht, dass wir Frauen sind, und behandelt uns daher zum zweiten Mal wie Kinder. Aber wir werden noch nicht einmal richtig als Frauen wahrgenommen, sondern immer nur als asexuelle kleine Mädchen.« Behinderte Frauen tragen eine doppelte Last.

Auf dem Papier scheinen alle Aspekte, für die sie kämpft, vernünftig. Behinderte Menschen müssen in Frankreich sichtbarer sein, müssen autonom leben und ihre Rechte müssen in der Gesellschaft und der Regierung die gleiche Bedeutung haben wie die Rechte Nichtbehinderter. Die Sorge um diese Rechte und um die Vertretung von Behinderten war sogar ein Pfeiler der Wahlkampagne von Präsident Emmanuel Macron. Und doch hinkt der Fortschritt in Richtung solcher Ziele weit hinter den USA her, wo die Aktivisten und Unterstützer der Rechte Behinderter

»Wenn ein Nichtbehinderter eine Behinderung erleidet, ist das nicht das Ende des Lebens. Das Leben IST lebenswert und wir arbeiten daran, dass die Bedingungen für Menschen mit vorhandener Behinderung und für Menschen, die behindert werden können, gut sind.«

seit den 1970er Jahren[27] Maßnahmen und eine Antidiskriminierungspolitik durchgesetzt haben, dank derer letztendlich 1990 ein Schwerbehindertengesetz verabschiedet wurde. Dank dieses Gesetzes wurden die Themen Handikap und Behinderung nicht mehr aus rein medizinischer Perspektive behandelt (in der Behinderung als ein Problem des Einzelnen gilt), sondern in ein soziales Modell eingebunden. Zwar gibt es in Frankreich ein Antidiskriminierungsgesetz, doch es weist zahlreiche Schwachpunkte auf. Außerdem gibt es im Land viel zu wenige Aktivisten, die eine langfristige, autonome Bewegung zur Emanzipation von Behinderten auslösen könnten. »Frankreich ist immer noch davon überzeugt, dass es Aufgabe der Behinderten ist, sich an das Leben anzupassen, und nicht Aufgabe des Landes, sich an Behinderte anzupassen. Das eigentliche Paradox ist ja nicht die Tatsache, dass ein Mensch behindert ist und sein Leben lebt. Sondern dass er aufgrund der hervorragend dokumentierten, systembedingten Unterdrückung nicht in der Lage ist, etwas zu tun. Dieser Fehler muss behoben werden.«

Diese Unterdrückung zeigt sich nach Meinung Elisa Rojas in Frankreich auf mehreren Ebenen. So wurde kürzlich ein Gesetz, mit dem bei Neubauten behindertengerechte Gebäude vorgeschrieben wurden, durch Veränderungen abgeschwächt.[28] Aber die eklatanteste Diskriminierung, die Rojas in ihrem Kampf um Bewusstsein für Behinderte zu ihrem Flaggschiff gemacht hat, ist die Institutionalisierung. Seit 1950 ist das sozialmedizinische System auf speziellen Institutionen aufgebaut, die von privaten, Nonprofit-Organisationen verwaltet werden, die wiederum größtenteils vom Staat subventioniert werden. Behinderte Menschen müssen den Weg durch diese Institutionen nehmen. Zwar war das behauptete Ziel, die besonderen Anforderungen Behinderter bestmöglich zu erfüllen, doch der Preis, den die Betroffenen zahlen, ist der totale Entzug ihrer Freiheit und Autonomie. »Neben dem dauerhaften Interessenkonflikt zwischen den Verwaltungsverbänden und dem Staat führen diese fachbezogenen Institutionen zu einer echten sozialen und räumlichen Trennung.« Rojas spricht aus Erfahrung: Sie verbrachte die ersten sieben Jahre ihres Lebens in oder mit einer dieser Institutionen.

Hier geht es nicht nur um eine Verletzung ihrer Rechte, sondern um die Förderung von Missbrauch, der häufig unerkannt bleibt, weil diese Institutionen und ihre Räumlichkeiten vom Rest der Welt abgetrennt sind. »Das ist Sabotage. Der juristische Hintergrund, den ich erworben habe, hat mir die Augen für meine Rechte geöffnet, die aber nicht respektiert wurden. Man will uns nicht finanziell oder beruflich unabhängig machen, denn damit würden diese Verbände ja ihre Macht verlieren.«

Ein Berichterstatter des Hochkommissars für Menschenrechte der Vereinten Nationen bestätigte bei seinem Besuch 2017 die Beobachtungen Rojas zur Fehlfunktion des paternalistischen Ansatzes Frankreichs. Laut seinem Bericht muss das Land sein System auf der Grundlage der Menschenrechte vollständig umwandeln und integrative Lösungen für Umgebung und Gesellschaft schaffen, die ein autonomes Leben begünstigen.[29]

Was das Leben in Paris betrifft, so werden tatsächlich infrastrukturelle Verbesserungen vorgenommen – jedoch in einem unfassbaren Schneckentempo. »Wir haben nicht die gleichen Freiheiten und nicht die gleichen Wahlmöglichkeiten wie andere Pariser. Ich schätze die Schönheit von Paris, kann aber nicht alles nutzen.« Dabei weist Elisa Rojas auf das markanteste Problem hin: Sie weiß nicht, wie es ist, die Straßen von Paris auf eigene Faust zu erkunden, und sie wird es auch nie wissen. Die Stadt bietet Alternativen und Lösungen, aber häufig mangelt es an Kleinigkeiten: spezielle Aufzüge in Gebäuden, die aber nicht funktionieren und nie repariert werden, Rampen in öffentlichen Verkehrsmitteln, die nicht vom Fahrer bedient werden können. Alles deutliche Zeichen dafür, dass Behinderte immer eine untergeordnete Rolle spielen. »Zugänglichkeit heißt nicht nur, dass die Ausrüstung zur Verfügung gestellt wird, sondern dass alle Beteiligten darin geschult werden, die Ausrüstung ordnungsgemäß zu nutzen und zu bedienen.«

Der Weg ist lang, aber Rojas unermüdlicher Kampf für ein breiteres Bewusstsein und eine umfassendere Unterstützung aller Bürger ist nicht vergeblich. Und obwohl sie einige Facetten von Paris im Moment nur als Beobachterin erfahren kann, kämpft sie weiter dafür, dass sie und alle Bürger ein möglichst erfülltes Leben leben können. »Ich glaube an uns«, sagt sie und schiebt ihre Kaffeetasse zur Seite. »Wir können richtig viel tun.«

Zuhause in Paris

DEIN VON EINER FRAU GEFÜHRTES LIEBLINGSGESCHÄFT?
Der Vintage-Shop Mamz'Elle Swing. Er wird von einer wundervollen Frau geführt, die sich von Kopf bis Fuß im Look der Vierziger/Fünfziger kleidet. Sie verkauft Kleidung und Accessoires. Ich liebe diesen Laden!

AN WELCHEM ORT BIST DU GLÜCKLICH?
Galeries Lafayette (siehe oben)! Aber nicht nur wegen des Warenangebots. Hier weht der Ehrfurcht erregende Geist der Vergangenheit: der wunderbare Art Nouveau-Stils des Gebäudes und die Anfänge des Geschäfts, als Frauen aus allen sozialen und wirtschaftlichen Hintergründen im Verkauf angestellt wurden, damit sie finanzielle Unabhängigkeit erlangten.

DEIN KULTURTIPP?
Ich gehe gern ins Musée des Arts Décoratifs und ins Centre Pompidou, aber nicht, um etwas zu lernen. Ich suche Erfahrungen, die mich aufrühren.

Gleiche Rechte für alle Rassen, Geschlechter und Religionen in Frankreich

ROKHAYA DIALLO

JOURNALISTIN, FILMEMACHERIN UND AKTIVISTIN FÜR ANTIRASSISMUS

EINE FRAU IM RAMPENLICHT: Rokhaya Diallo. Als eine der Vertreterinnen der neuen französischen Denkweise ist das Multitalent – sie ist Autorin, Journalistin, Dokumentarfilmemacherin – regelmäßig als Kommentatorin beim französischen Fernsehen und Radio tätig, Gastgeberin der Sendung *Talk* im französischen TV-Kanal BET, arbeitet mit an *Kiffe ta Race*, einem Podcast, der sich in persönlichen Geschichten und einer Portion Humor mit dem Rassismusproblem in Frankreich beschäftigt, und bereist die ganze Welt, um Vorträge über systembedingten Rassismus zu halten.

Sie ist eine der wenigen prominenten Vertreterinnen der schwarzen Community und hat die Rolle einer Brückenbauerin zwischen Frankreich und dem Rest der Welt übernommen. Sie schreibt Stellungnahmen zu Diskriminierung und ethnischer Profilierung z. B. für den *Guardian* und die *Washington Post* (wo ich sie für mich entdeckt habe), spricht auf Konferenzen, die unter anderem von den Vereinten Nationen organisiert werden, und macht Filme, die auch im Ausland ein großes Publikum erreichen. In ihrem Dokumentarfilm *De Paris à Ferguson: Coupables d'Être Noirs* (in den USA unter dem Titel *Not Yo Mama's Movement* erschienen) untersucht sie die Parallelen und Unterschiede zwischen Rassenspannungen und Polizeigewalt in den USA und Frankreich. Ausgangspunkt ist der Tod von Trayvon Martin und Michael Brown und der darauf folgenden »Black Lives Matter«-Bewegung in den USA. Der Film wurde 2016 in den USA mit großem Erfolg uraufgeführt.

Bei all diesen beeindruckenden Erfolgen könnte man glauben, antirassistischer Aktivismus wurde ihr bereits mit der Muttermilch eingeflößt. Aber als wir uns an einem milden, umwerfend schönen Nachmittag im September im Le Grand Marché Stalingrad treffen, um über ihr Leben und Schaffen zu sprechen, erzählt sie mir von einer Reihe von Inspirationen, die ihr politisches Erwachen genährt haben.

Rokhaya Diallo wurde als Kind senegalesischer Eltern in Paris geboren und verbrachte ihre Kindheit im 19. Arrondissement und ihre Jugend im Multikulti-Vorort La Courneuve, wo ihre

Hautfarbe kein Problem war. »Es gab so viele unterschiedliche Kulturen um mich herum, da fiel ich gar nicht auf.

Erst zum Ende meines Studium und zu Beginn meines Arbeitslebens in Paris habe ich erkannt, dass ich überall die einzige Schwarze war«, erzählt sie ganz sachlich. Schnell kamen Fragen auf wie *Wo kommst du her?*, die nie wieder aufhörten. Sie verstand zum ersten Mal, dass sie von anderen Menschen als andersartig wahrgenommen wurde. »Wenn ich gefragt werde, woher ich komme, heißt das, dass ich in der kollektiven Vorstellung nicht existiere. Ich werde mit etwas Fremdem in Zusammenhang gebracht, aber nicht mit Frankreich.«

Im Gegensatz zu ihrem Interesse an Feminismus und einer anderen Globalisierung, einer globalen Gerechtigkeitsbewegung, die sich auf »Arbeits- und Minderheitenrechte, Umwelt und wirtschaftliche Gerechtigkeit konzentriert«,[30] hat sich damit die Frage nach Rassismus ganz von allein gestellt. Das war in den frühen 2000er Jahren als die Kopftuch-Debatte an Fahrt aufnahm und ethnische Profilierung zwar schon verbreitet war, aber der Funke noch gezündet werden musste. Die Explosion erfolgte dann 2005. Damals löste der vermeidbare Tod zweier französischer schwarzer Teenager, Zyed Benna und Bouna Traoré, die sich aus Angst vor einer weiteren Kontrolle vor der Polizei versteckten, eine dreiwöchige Revolte aus, die die tiefe ethnische und soziale Spaltung der französischen Gesellschaft ans Licht rückte. Dieses Ereignis war auch die Triebfeder für den Aktivismus von Rokhaya Diallo.

Seither arbeitet sie in der Produktion von Disney Television France und engagiert sich neben dem Beruf für Themen, von denen sie überzeugt ist. 2007 war sie Mitbegründerin der Organisation Les Indivisibles, die sich auf humoristische und parodistische Weise für die Abschaffung von Vorurteilen und Diskriminierung einsetzt. »Wir haben sogar einen Preis für die rassistischste Bemerkung in den Medien ausgelobt, der jedes Jahr vergeben wird. Niemand war vor uns sicher!«, erinnert sie sich mit einem breiten Lächeln.

An dieser Stelle in unserem Gespräch wird mir nun auch deutlich, wie schnell Diallo von sehr ernsten Themen zu lustigen und leichten Themen wechseln kann. Und sie spricht sehr schnell, ganz wie eine Frau, die zu häufig unterbrochen wurde. Diese emotionale Bandbreite und Ausdruckskraft ihrer Überzeugungen haben den Casting-Direktor eines Fernsehsenders überzeugt, der sie zu einem Gespräch über den von ihr gegründeten Aktivismus in eine Sendung einlud. Damit sprang der Funke über: Dank ihrer unglaublichen Lockerheit vor der Kamera und ihren klugen Kommentaren erhielt sie schnell weitere Einladungen, in denen sie ihre Ideen erzählen, aufschreiben und entwickeln sollte. Binnen kurzer Zeit kündigte sie ihren Job und wurde zu einer der wenigen schwarzen Journalistinnen, die in den etablierten Medienplattformen von RTL Radio über BET bis hin zum französischen Nachrichtenkanal LCI zu sehen waren. Hier konnte sie jede Woche die soziopolitischen Probleme ihrer Generation diskutieren.

Dennoch hatte sie auf ihrem Karriereweg zahlreiche Hindernisse zu überwinden. Kern ihrer Arbeit ist der Kampf für ethnische, geschlechtliche und religiöse Gleichberechtigung. Sie möchte,

> »Frankreich kann die Rassenprobleme im eigenen Land nicht lösen, spricht aber über das Rassenproblem der USA. Die Probleme anderer sind immer leichter zu lösen. Schwarze Amerikaner profitieren vom Ansehen der Vereinigten Staaten. Das zählt mehr als die Tatsache, dass sie schwarz sind. Aber wir hier in Frankreich haben den Stempel des Andersseins. Und deshalb sind wir immer unterlegen.«

dass Frankreich zu *dem* inklusiven Land wird. In ihren Augen kann die Republik mit ihrem Wertegerüst der Einheit alle Bürger Frankreichs gegen Populismus schützen. Aber Identität ist in Frankreich eine unbequeme und kontroverse Wahrheit. »Wenn du in Frankreich Araber oder Schwarzer bist oder als Araber oder Schwarzer wahrgenommen wirst, ist die Wahrscheinlichkeit, dass deine Identität von der Polizei kontrolliert wirst, zwanzigmal höher. Das ist in meinen Augen staatlicher Rassismus«, erklärt sie, ein Begriff, der in den USA auch als »institutioneller Rassismus« ausgelegt wird.[31]

Und das ist ihr Problem: Sie bringt das Thema Rasse in die Diskussion um die französische Identität, aus der es absichtlich herausgehalten wurde. Damit stellt sie ein etabliertes Konzept vollkommen auf den Kopf. Nach einem Vortrag über institutionellen Rassismus in Frankreich wurde sie sofort mit Vorwürfen überschüttet. Auf Twitter deckt sie siedende Rassendiskriminierung auf, stellt die Fehler des Justizwesens dar und ermutigt ihre Leser, einen Blick hinter das mühsam kodierte Verständnis des Franzose-Seins zu werfen. Folglich vergeht kein Tag, an dem sie nicht Ziel von Beschimpfungen und Cyber-Mobbing ist.

Ihre Kritiker, die sich häufig hinter Computerbildschirmen, Avataren, erfundenen Benutzernamen und häufig auch politischen Ämtern verstecken, bezeichnen sie als radikale Communautariste (eine Erläuterung dieses Konzepts finden Sie auf den Seiten 25–27). Und dabei haben sie die Abschaffung der Privilegien Weißer und den unverrückbaren Glauben an die universalistische Vision Frankreichs im Blick. Ich habe gesehen, wie sie in einer Lawine von Tweets aufgefordert wurde, Verantwortung für die Grobheiten und das Fehlverhalten von Schwarzen, Arabern und aller Mitglieder von Randgruppen zu übernehmen und damit ihre Haltung gegenüber Ungerechtigkeit zu rechtfertigen. Und sobald der Anschein entsteht, sie habe zu bestimmten Ereignissen oder Katastrophen der Welt nicht öffentlich Position bezogen, wird sie beschimpft. »Sie schreiben unter #ouetiezvousrokhaya (#WoWarstDuRokhaya), um all diese Boshaftigkeiten in ein bisschen Humor zu verpacken«, erklärt sie, obwohl sie offensichtlich lieber keine Erklärung abgeben würde müssen.

»Wenn ich reise, fühle ich mich viel mehr als Pariserin und Französin, wie wenn ich zuhause bin. Denn hier muss ich mich immer rechtfertigen.«

Kommt es zu Online-Mobbing mit zweideutigen oder beleidigenden Äußerungen, läuft in der Regel der gleiche Prozess ab: Jemand überschreitet die Grenze, ihre Unterstützer melden den Missbrauch und das entsprechende Konto wird meist gesperrt. Doch wenn die Angriffe von den gängigen Medien oder öffentlichen Personen ausgeübt werden, kann sich das Lanzenstechen über mehrere Tage hinziehen. In einem dieser Fälle war ein Video von Rokhaya Diallo mit einem ihrer Gespräche in der Sendung *C Politique* wieder auf Twitter aufgetaucht. Darin erläutert sie, wie schwer es in Frankreich für Farbige ist, bestimmte Produkte zu finden, die zum Farbton ihrer Haut passen. »Ich sagte: ›Das Leben in einem Land, in dem sie den Eindruck haben, dass Sie nicht existieren, ist eine Herausforderung. Denn es gibt nichts, das Ihre Anforderungen erfüllt – keine Pflaster, keine Friseure, kein Make-Up. Wir können unsere Kosmetikprodukte nicht im Supermarkt kaufen.‹« Als ein Nutzer vorschlug, sie solle transparente Pflaster ausprobieren, gab sie sachlich zurück: »Die Kompresse ist und bleibt weiß und daher auf dunklerer Haut sichtbar.« Dieses Gespräch wurde viral und entwickelte sich zu einer Flut an höhnischen, rassistischen und frauenfeindlichen Tweets der üblichen Provokateure: *Ist sie auch wegen ihrer weißen Zähne beleidigt? Welche anderen Haushaltsgegenstände werden als nächstes von Rokhaya als rassistisch bezeichnet?*

Und ein solches Verhalten ändert sich nicht, denn es gibt nichts Gefährlicheres und Schrecklicheres für das Establishment als eine Frau, die ihre Stimme erhebt. Jahrhundertelang erwartete die Gesellschaft von Frauen, dass sie sich nicht selbst verteidigen, sondern ihren Ärger unterdrücken. Und als schwarze Frau, der immer wieder gesagt wird, dass sie nicht für Unruhe sorgen und sich nicht beschweren soll, sondern dankbar dafür sein soll, dass sie es »geschafft« hat, bricht Rokhaya Diallo mit der Etikette. Sie schlägt zurück, wohl wissend, dass ihre Worte Wirkung zeigen und auf Fehler aufmerksam machen, die das Land gerne unter den Teppich kehren würde. Und so bleibt sie allem und allen ein Dorn im Auge, die, wie sie sagt, »nicht bereit sind, mit der Wahrheit konfrontiert zu werden.«

Dennoch macht sie sich keine Sorgen um die Ernsthaftigkeit der online gegen sie ausgesprochenen Bedrohungen (in einer der abscheulichsten soll sie dem KKK ausgeliefert werden), insbesondere, weil sie davon ausgeht, dass es sich um bloßes Getue handelt. Und wenn sie zu Hause nicht frei sprechen kann, dann spricht sie im Ausland. »Frankreich steckt in einer Identitätskrise«, schrieb Diallo 2018 in einer Stellungnahme für den *Guardian* zu der Nachricht über die Führerin

---

Gegenüberliegende Seite: Minoi (Faubourg 43), eines der Lieblingsbekleidungsgeschäfte von Diallo.

einer Studentenvertretung, die einen Hidschab trug und von den Medien attackiert wurde. »Das Land ist nicht in der Lage, alle seine Bürger anzuerkennen, und hat offensichtlich Angst vor seinem eigenen multikulturellen Spiegelbild.«[32]

Im Ausland findet sie ein geneigtes Publikum für ihre Worte, weil man dort daran gewöhnt ist, Probleme wie Rassismus und Diskriminierung offener zu diskutieren.

Für mich als Beobachterin, die an Diskussionen über Rassismusprobleme gewöhnt ist, ist ihr Aktivismus nicht ungewöhnlich oder besonders polemisch. Ihre Kritik ist streng, aber voller Respekt, sachlich, gut recherchiert und konstruktiv. Bei allem, was ich über Frankreich in diesem Kontext weiß, bin ich immer noch erstaunt darüber, dass eine einzige Frau so viel Ärger provozieren kann, insbesondere bei den Institutionen. Rokhaya Diallo versucht zu erklären: »Sie haben Angst vor dem, was ich vertrete, Angst vor einer möglichen Veränderung. Junge Menschen werden aktiv. Frankreich verändert sich. Das Land muss aus seiner Komfortzone herauskommen. Das könnte das Ende der Privilegien für [die] Elite bedeuten«, sagt sie voller Überzeugung. »Auch andere Stimmen finden ihren Weg durch die Medien und das macht sie verrückt.«

So unbeirrbar Diallo ihren Kampf gegen Ungerechtigkeit führt, so viel Hoffnung hat sie. »Wo ein Dialog stattfindet, gibt es auch Möglichkeiten.«

Zuhause in Paris

DEIN VON EINER FRAU GEFÜHRTES LIEBLINGSGESCHÄFT?
Ich liebe das Angebot aus afrikanischen Wachsstoffen in den Bekleidungsgeschäften Mansaya im 11. Arrondissement und Minoi (Faubourg 43) im 10. Arrondissement. Sie fertigen nach Auftrag.

DEIN LIEBLINGSSTADTTEIL?
Das 19. Arrondissement. Hier bin ich aufgewachsen und hier lebe ich jetzt. Für mich verkörpert es das Beste von Paris: Juden und Muslime, kulturelle Vielfalt und die Kunstszene. Hier pulsiert das Leben!

WIE ENTSPANNST DU?
Ich gehe ins Kino! Direkt in meinem Stadtteil gibt es die Programmkinos MK2 am Quai de Seine oder am Quai de Loire (siehe oben), sie liegen am Kanal direkt gegenüber. Hier finde ich ein unglaubliches Angebot an unabhängigen Filmen und Blockbustern.

Triebkraft der feministischen Bewegung von morgen

REBECCA AMSELLEM

AUTORIN UND GRÜNDERIN VON *LES GLORIEUSES*

FREIHEIT, GLEICHHEIT, SCHWESTERLICHKEIT. Dies ist der Slogan, der jede Ausgabe von *Les Glorieuses*, den von Rebecca Amsellem gegründeten, wöchentlichen Newsletter begleitet, seit er 2015 zum ersten Mal an die Abonnenten versendet wurde. Der Name huldigt allen Frauen – bekannten und unbekannten –, die die Weiblichkeit im Sinne von Amsellem geformt haben. Die E-Mails lesen sich wie Botschaften von der besten Freundin, die scheinbar persönlich zu fast Hunderttausend Leserinnen spricht und zu einem Kommentar zu Feminismusthemen im Fernsehen und vor dem Europäischen Parlament aufgefordert wurde. Der schwesterliche Ton bewirkt, dass sich die neuen Feministinnen in ihrer Zielgruppe gerne der intersektionalen Bewegung anschließen, auch wenn sie kaum wissen, was die Frauen schon erreicht haben und wie weit ihr Weg noch sein wird. Doch ihre Botschaft erreicht auch die Frauen, die sich als aufgeklärt bezeichnen, und liefert ihnen aussagekräftige Analysen der Nachrichten und aktuellen Ereignisse aus Sicht einer Feministin.

Im Grunde ist der Newsletter ein sicherer Raum, der den Frauen die Schuld nimmt und sie in ihrer ganzen Komplexität feiert. In Amsellems Augen ermutigt er die Menschen, deren Wörter, Klänge und Bilder an eine Welt voller Frauenpower erinnert. Motivation und Engagement sind gut für das Selbstbewusstsein, aber wie helfen sie gegen Unterdrückung? *Les Glorieuses* ist mehr als eine E-Mail: Aus dem Newsletter haben sich eine Bewegung für gleiche Bezahlung von Männern und Frauen, ein Buch, *Les Petites Glo* (der erste Kultur- und Feminismus-Newsletter für Jugendliche), eine politisch engagierte Gruppe und ein Club, dessen Mitglieder sich jeden Monat treffen, entwickelt.

Wir haben uns über ihren Weg zum Aktivismus, über die Kämpfe, die den Frauen noch bevorstehen, und die Gründe dafür unterhalten, warum sie sich nicht als Leitfigur der Bewegung sieht.

»Ich sehe um mich herum Frauen, die kämpfen. Einige haben sich für den traditionellen Weg entschieden, einige engagieren sich sozial und andere möchten etwas in der Welt bewirken, selbst wenn sie dafür ihr Leben riskieren. Pariserin zu sein, ist unabhängig von Klasse, Rasse oder Religion eine Geisteshaltung.«

Welche Träume der kleinen Rebecca hast du in deiner Karriere umgesetzt?
Ich wollte schon immer Einfluss nehmen und das Leben anderer Menschen besser machen. Aber ich wusste nie genau, wie ich das erreichen könnte. Als ich ungefähr sieben Jahre alt war, wollte ich (natürlich!) Präsidentin werden; ein Wunsch, der sich bis in die Schulzeit hielt. Mein Lehrer hat mich dafür gerügt und meinen Eltern erklärt, dass ich das akademische System verhöhne, weil mein Traum nicht realistisch sei.

Da hat dich dein Lehrer ja wirklich ermutigt! Wie schnell hast du dich mit dem Aktivismus angefreundet?
Als Kind habe ich mich gegen alles aufgelehnt, ohne meinen Ärger richtig in Worte packen zu können. Gleichzeitig war ich auch sehr schüchtern. Allein zu Hause ein Buch zu lesen, zog ich jeder Geburtstags- oder Übernachtungsparty vor. Meine Eltern haben das ganz locker gesehen und ich verbrachte meine Zeit im Allgemeinen lieber mit Erwachsenen. Ich wollte schnell erwachsen werden, um eine andere Sicht auf die Dinge zu bekommen. Mein Aktivismus hat sich erst später entwickelt, als ich die Ungerechtigkeiten und das allgemeine Ungleichgewicht in der Gesellschaft so richtig erkannt habe. Durch *Les Glorieuses* bekam mein Kampf eine Struktur.

Dein Buch *Les Glorieuses: Chronique d'une Féministe* erschien genau zum fünfzigsten Geburtstag der Prostete von Mai 1968. Was ist deiner Meinung nach der größte Unterschied im Kampf für Feminismus von damals und von heute?
Im Mai 1968 war es wirklich nicht leicht, eine Frau zu sein. Abtreibung war noch illegal und Verhütung wurde erst einige Monate zuvor legalisiert. Und erst seit wenigen Jahren konnten Frauen ein Bankkonto in ihrem eigenen Namen eröffnen und ohne Erlaubnis ihres Ehemannes eine Arbeitsstelle antreten. In den Arbeiter- und Studentenrevolten der 68er gingen die Frauen direkt auf die Barrikaden. Da sie dennoch keine weiteren Rechte erhielten, wurde zwei Jahre später die französische feministische Befreiungsbewegung MLF (*Mouvement de libération des femmes*) gegründet. Das war der Grundstein für einen strukturierten feministischen Kampf gegen

das Patriarchat und die Kontrolle über den weiblichen Körper. Heute gibt es eine Unmenge an Forderungen und eine Vielzahl an feministischen Bewegungen. In Frankreich gibt es keine richtige Vorbildfigur für den Feminismus. Mit ihrem Kampf wollen die Feministinnen im Allgemeinen erreichen, dass sie sich eigenständig für oder gegen eine Option entscheiden können. Und sobald diese Wahl getroffen ist, müssen alle Frauen an einen Strang ziehen, damit ihre Entscheidungen respektiert werden.

Die Lohnungleichheit ist dein wichtigstes Thema. Wie du in einer Kampagne zeigst, wird sich für Frauen, die ab dem 6. November 2018, 15:35 Uhr aufgrund der Lohnungleichheit kostenlos arbeiten, die Situation auch bis 2168 nicht verändert habe. Ist dies deiner Meinung nach das größte Problem, mit dem Frauen in Frankreich heute zu kämpfen haben?
Alle Kämpfe um die Rechte von Frauen und deren Darstellung sind wichtig. Es gibt kein Problem, das größer ist als ein [anderes]. Ich setze mich für die finanzielle Gleichstellung ein, da sie die Grundlage für soziale und politische Gleichstellung ist. Ohne finanzielle Gleichstellung können uns alle unsere Rechte sofort entzogen werden. Wenn der Reichtum gerecht verteilt ist, haben wir auch die Kraft, mehr Rechte zu fordern.

Gehörst du damit einer speziellen Gruppe an, die diese Diskriminierung von Frauen wahrnimmt, oder glaubst du, dass die Gesellschaft im Allgemeinen nun wach geworden ist?
In Frankreich gibt es eindeutig eine große Blase rund um Paris. Eine im Summer 2018 durchgeführte Umfrage zum Thema Sexismus und #MeToo ergab, dass 45 Prozent der Franzosen diese Bewegung noch nicht einmal kennen. Aber schon ein Jahr später wurden zahlreiche Diskussionen zu diesem Thema geführt und die Einstellung der Menschen hatte sich leicht verändert. Allein die Tatsache, dass wir heute über einen Konsens diskutieren, hat etwas in den Menschen bewegt. Und das ist doch ein wichtiger Schritt! Wir können die Verhaltensweisen einer Gesellschaft beim Thema Feminismus nicht zum Guten verändern, wenn der Einzelne sein Denken nicht ändert. Wenn es um größere Veränderungen für Frauen geht – soziale Gerechtigkeit, Lohngleichheit, Fortpflanzungsrecht –, muss der Paradigmenwechsel bei uns selbst beginnen. Wir Aktivistinnen müssen die idealen Bedingungen für zukünftige Entwicklungen vorgeben, damit eine Bewegung entsteht. So etwas beginnt nicht in der Klasse der Intellektuellen, sondern in der Arbeiterklasse. Und das ist auch gut so, denn in dieser Bewegung geht es nicht nur um die Frauen, sondern um Rasse und Klasse.

Mit *Les Petites Glos* versuchst du, deine Botschaft auch einer jüngeren Frauengeneration nahezubringen.
Ja, das ist sehr interessant, denn als ich jugendlich war, kannte ich das Wort Feministin nicht einmal. Das hat sich bei der heutigen Jugend geändert, die viel mehr zur Revolte tendieren. Diese

jungen Frauen denken weit über das Gender-Konzept hinaus und haben einen offeneren Blick auf die Welt als wir. Meine Aufgabe ist es sicherzustellen, dass die Gesellschaft, in der sie aufwachsen, diese neue Denkweise annimmt.

Hat sich denn das Wort Feminismus vor diesem Hintergrund von seinen Tabus befreit?
Der Feminismus setzt sich definitiv heute wesentlich mehr durch, aber trotzdem müssen wir vorsichtig sein. Er darf nicht zu einem Trend werden, sondern muss eine Revolution bleiben. Und diese Nuance ist wichtig. Es reicht nicht, ein T-Shirt mit feministischen Slogans zu tragen (selbst wenn das auch wichtig ist). Stattdessen muss er auf einem fundierten sowohl realistischen als auch utopischen Nachdenken darüber basieren, wie unsere Institutionen und Werte in Zukunft aussehen werden und aussehen sollen.

Eine weit verbreitete Kritik an feministischen Aktivistinnen bezieht sich auf ihre inhärenten Privilegien. Welche Antwort hast du darauf und wie definierst du deine Rolle in der Bewegung?
Ich arbeite im Hintergrund, damit die Menschen, die die Kraft, die Energie und den Mut haben, im Rampenlicht zu stehen, ihre Stimme erheben können. Meine Rolle besteht darin, das Spotlight gemeinsam mit meiner Community an engagierten Aktivistinnen auf einige wichtige Probleme der Feminismusbewegung zu richten wie z. B. Gleichstellung, Elternzeit und periodische Armut. Mit meinen Kampagnen übergebe ich das Mikrophon an Frauen, die in der Regel keinen Zugang zu dieser Community haben. Wenn eine Frau Opfer von institutionellem Rassismus wird, fühlt sie sich nicht willkommen und muss sehr hart dafür arbeiten, gehört zu werden. Wir möchten diesen Frau dabei helfen, diese Situation zu verbessern.

Glaubst du, du wirst eines Tages auch die Rechtsprechung beeinflussen?
Meine Kolleginnen und ich werden regelmäßig gebeten, vor der französischen Nationalversammlung und dem Europäischen Parlament zu sprechen. Doch die Entscheidungsträger in den öffentlichen Institutionen berücksichtigen unsere Meinung nicht. Sie hören zu, aber weiter passiert nichts. Der Präsident der Nationalversammlung hat sein Amt am Internationalen Frauentag an eine Frau weitergegeben. Das ist zwar eine wichtige Geste, aber für uns ändert das nichts. Es müssen Gesetze verabschiedet werden – ansonsten ist das alles nur Feminismus in der Lightversion.

Könnte die Stadt deiner Meinung nach eine Rolle in der Frauenbewegung spielen?
Paris kann als Katalysator fungieren, aber die Stärke der Bewegung wird und darf nicht aus der Klasse der Intellektuellen kommen. In den USA gibt es mehr Aktivistinnen aus unterschiedlichen Klassen. Mich stört, dass Aktivistinnen zu Stars erhoben werden. Natürlich muss es Vorbilder geben, aber viel wichtiger ist es, Ideen zu haben und sie in die Öffentlichkeit zu tragen.

Zuhause in Paris

DEIN VON EINER FRAU GEFÜHRTES LIEBLINGSGESCHÄFT?
Make My Lemonade (siehe oben), eine lokale Boutique für Bekleidung und Accessoires der DIY-Künstlerin und Unternehmerin Lisa Gachet, einer Frau, die andere Frauen immer unterstützt. In ihren wundervollen Geschäftsräumen am Canal Saint-Martin organisieren wir manchmal Veranstaltungen für *Les Glorieuses*.

DEIN LIEBLINGSSTADTTEIL?
Das 10. Arrondissement, in dem ich lebe und arbeite. Die Rue du Château d'Eau ist ein Schmelztiegel unterschiedlicher Kulturen: Bohemiens, Juden, Israeli, Afrikaner. Ein sehr gemischter und ganz besonderer Stadtteil.

WOHIN GEHST DU, WENN DU ALLEIN SEIN MÖCHTEST?
Ins Schwimmbad, mindestens einmal pro Woche. Ich mag das Schwimmbad Georges Hermant oberhalb des Buttes-Chaumont-Parks und das Schwimmbad Pontoise, das an den meisten Tagen bis Mitternacht geöffnet ist. Und dann nehme ich noch Ballettkurse bei Frédéric Lazzarelli am Centre de Danse du Marais. Das ist an einigen Tagen in der Woche meine Art zu entspannen.

*Verteidigerin einer sicheren und
offenen Heimat für Transsexuelle*

CLÉMENCE ZAMORA CRUZ

LEHRERIN, SPRECHERIN FÜR INTER-LGBT UND AKTIVISTIN FÜR TRANSSEXUALITÄT

AN EINEM NOVEMBERMORGEN treffe ich Clémence Zamora Cruz am Gare du Nord und erkenne sie sofort. Sie steht ein wenig abseits, beobachtet die Menschen mit einem leicht verträumten Blick, den ich schon von ihren Fotos kenne. Ihr langes, seidig-schwarzes Haar und ihre durchdringenden blauen Augen fallen sofort auf. Wir suchen nach einem ruhigen Ort für unser Gespräch – keine einfache Aufgabe an diesem wohl belebtesten Bahnhof in Europa. Schließlich finden wir ein gemütliches Plätzchen in der Brasserie L'Étoile du Nord, trinken eine Tasse Kaffee, umringt von geschäftigen Reisenden. Dass sie unserem Gespräch zuhören könnten, stört Zamora Cruz nicht. Daher spricht sie so offen über ihr Leben, als wären wir allein.

Ihre Geschichte beginnt in einer tief katholischen Familie. Zamora Cruz war sechs Jahre alt, als sie erklärte, sie sei ein Mädchen. Es war kein Coming-out, sondern vielmehr eine Bestätigung ihrer Identität. Es gab keine Zweifel oder Verwirrung, keine Missstimmung über ihr Geschlecht – sie war sich einfach sicher. »Meine Eltern sagten sich, dass mein längeres Haar und mein Interesse an Mädchenkleidung eine vorübergehende Phase sei«, erzählt sie mir. Aber bei einem Abendessen mit der Familie änderte sich die Stimmung. Die Eltern fragten sie und ihre Geschwister, wie sie sich ihre Zukunft vorstellen und was sie werden möchten, wenn sie erwachsen seien. »Ich möchte meinen Lehrer heiraten!«, erklärte Zamora Cruz stolz auf diese Frage. Ihr Vater tadelte diese Idee sofort. »Das geht nicht. Jungs können keine anderen Jungs heiraten.« Und sie gab zurück: »Kein Problem, denn ich bin kein Junge.«

Dieses Gespräch fand in den 1980er Jahren in Mexiko statt, einem der damals wie heute für transsexuelle Menschen gefährlichsten Länder der Erde (gemäß Berichten des Trans Murder Monitoring-Projekts (TMM, Projekt zur Überwachung von Morden an Transsexuellen) ist derzeit Mexiko nach den USA das »tödlichste« Land. Auf Platz 1 steht Brasilien).[33] Probleme mit der Geschlechtsidentität wurden und werden stark stigmatisiert und entweder mit sexueller Orientierung in Zusammenhang gebracht oder als Form einer mentalen Krankheit behandelt. Mithilfe

einer »Konversionstherapie« und anderer medizinischer Behandlungen sollten als empfohlene »Lösungen« transsexuelle Menschen davon überzeugt werden, sich mit ihrem angeborenen Geschlecht zu identifizieren.

Verstört über die Enthüllung ihrer Tochter stellten die Eltern Zamora Cruz einem Psychologen vor, der eine »strikte Maskulinisierung« verschrieb: keine Volkstänze, kein Zeichnen, keine Aktivität, die als weiblich gedeutet werden könnte. »Sie zwangen mich dazu, Fußball zu spielen. Das war im Prinzip kein Problem, aber es hat mich überhaupt nicht interessiert.«

In ihrer schulischen Laufbahn wurde sie gemobbt und gedemütigt. Der Direktor ihrer Schule erachtete sie selbst als die Quelle des Problems und glaubte, sie heische mit ihrem langen Haar und ihrer weiblichen Kleidung um Aufmerksamkeit. Doch auch ihren Eltern wurden eine fragliche Kindererziehung sowie mangelndes Engagement zur »Lösung« des Problems vorgeworfen. Ganz, als ob man einfach ein Pflaster auf eine Wunde kleben und auf Heilung warten müsste. »Das war zwar alles sehr schlimm für mich, aber ich kann meinen Eltern keinen Vorwurf machen – für das, was ihnen widerfahren war, gab es keine Unterstützung. Es gab in Mexiko oder in vermeintlich ›entwickelteren‹ Ländern noch nicht einmal Spezialzentren für dieses ›Problem‹,[34] kann sie heute großmütig sagen. Der soziale Druck war intolerabel. Sie wurde nicht nur in der Schule, sondern auch zu Hause gemobbt; verbale und physische Misshandlungen waren an der Tagesordnung. Ihre Geschwister warfen ihr vor, dass auch sie nun Schikanen erleiden mussten, und ihre Eltern waren hilflos. »Die Menschen vergessen häufig, dass ein Coming-out als Transsexueller auch der Familie Schaden zufügen kann. Es war eine sehr unglückliche Situation für alle.«

Die Transphobie, die ihr ihre eigene Familie entgegenbrachte, ist nicht ungewöhnlich. Jungen Menschen, deren Identität oder Sexualität abgelehnt oder verleugnet wird, erfahren damit sowohl zu Hause als auch in der Schule ein Gefühl der Entfremdung und einen Mangel an Unterstützung, was sie einem großen Risiko aussetzt. Viele verlassen ihr Elternhaus, um sich zu emanzipieren, enden dann aber auf der Straße (ca. 40 Prozent der jugendlichen Obdachlosen in Amerika sind LGBTQ)[35]. Außerdem ist der Hang zu Selbstmord oder Selbstmordversuchen »unter transsexuelle Menschen viel höher als in der allgemeinen Bevölkerung«[36] (in Frankreich erwägen zwei von drei transsexuellen Jugendliche, sich das Leben zu nehmen, und einer von dreien tut es wirklich).[37] Zamora Cruz stand mit fünfzehn Jahren vor genau dieser Entscheidung, da die transphoben Spannungen zu Hause sich zuspitzen. Es war Heiligabend. »Aus Beleidigungen wurden Schubser, dann Klapse, dann Schläge – bis ich schließlich zurückschlug. Mir war klar, dass ich nicht bleiben konnte. Ich verließ mein Elternhaus und schlief draußen auf dem Platz im Zentrum der Stadt Puebla. In dieser Nacht habe ich mich mit anderen ›sozial Verbannten‹ unterhalten, mit jungen Menschen, die ihr Zuhause aus ähnlichen Gründen verlassen hatten. Am nächsten Morgen habe ich den ersten Bus nach Mexiko Stadt genommen«, erzählt sie mir vollkommen gelassen.

Gegenüberliegende Seite: Am Canal Saint-Martin fühlt sich Zamora Cruz glücklich.

Mehr als ein Jahr lang lebte sie auf der Straße – eine Zeit, die sie heute als »verstecktes Geschenk« bezeichnet. »Ich bekam einen genauen Blick auf die sozialen Ungerechtigkeiten. Obwohl es zu Hause für mich sehr schwer war, hatte ich immer ein Dach über dem Kopf und ausreichend zu essen. »In diesem Jahr habe ich viel Solidarität erfahren und gelernt, Dinge herauszufinden und klarzukommen«, sagt sie und schließt ihre Augen in Dankbarkeit. »Ich habe aber auch erfahren, unter welcher Unterdrückung andere leiden, nicht nur wegen ihres Geschlechts oder ihrer sexuellen Identität, sondern auch aufgrund wirtschaftlicher und sozialer Ungerechtigkeit.« Darüber hinaus bot das Leben auf der Straße einen Crash-Kurs in Frauenrechten und Prostitution – Probleme, die in der Regel aus moralischer Sicht diskutiert werden. »In der Zeit auf der Straße habe ich als Prostituierte gearbeitet. Viele Transsexuelle bekommen keinen Job und prostituieren sich, um zu überleben. Natürlich werden weiße Feministinnen sagen, dass das nicht der richtige Weg für Frauen ist, um sich selbst zu befreien«, fügt sie hinzu und erklärt, dass diese Zeit in ihrem Leben Auslöser für ihren intersektionalen Feminismus war.

Zwar musste sie schnell erwachsen werden, galt aber immer noch als Jugendlicher, der von zu Hause weggelaufen war, und irgendwann wurde sie von der Polizei aufgegriffen. Ihre Eltern wurden benachrichtigt, aber bei ihrer Rückkehr in das bürgerliche Leben nahm ihre Großmutter sie, trotz aller Entfremdung, bei sich auf und sorgte für sie. »Sie respektierte mich, auch wenn sie mich nicht verstand. Sie unterstützte mich mit all ihrer Kraft, damit ich mich weiter entwickeln konnte«, erzählt Zamora Cruz. »Sie ermutigte mich, zum College zu gehen. Und sie brachte mir die wichtigsten Überlebensregeln bei: Isoliere dich nicht und komme nie allein von der Schule nach Hause.« Zusammen mit den Verteidigungsmechanismen, die sie auf der Straße gelernt hatte, war sie so auf einem guten Weg – zumindest für einige Zeit. Mithilfe ihrer Großmutter fand sie eine Wohnung in Puebla und arbeitete an einem Abschluss in der Tourismusverwaltung – trotz aller Anfeindungen seitens der Lehrer. Sie hielt durch, bestand die Abschlussprüfung und bekam ihren ersten Job. Gleichzeitig begann sie, sich für Menschenrechte zu engagieren und nahm als politische Aktivistin regelmäßig an Studentendemonstrationen für mehr Demokratie teil.

»Am Anfang war ich bei all diesen Protesten und Märschen immer allein. Doch die Unterdrückung durch die Polizei nahm weiter zu und ich wurde wirklich schikaniert. Der schmutzige Krieg war noch nicht vorbei«, beschreibt sie ihre Situation. Sie verließ ihr Zuhause 1996 zum zweiten Mal, weil sie keine Überlebensregeln der Welt vor dem zunehmend feindseligen und gefährlichen politischen Klima schützen konnten. »Eines Morgens stand ich an einer Bushaltestelle, als eine Gruppe auf mich zukam, die verkündete, sie sei die Polizei. Sie setzten mir eine Pistole an den Kopf und befahlen mir, zu gehen. Anderenfalls würden sie meine Familie schikanieren.« Ich frage sie, ob der Grund für diesen Angriff ihre Transsexualität oder ihr Engagement in der Studentenbewegung war. »Natürlich beides. Das spielte aber keine Rolle – ich musste einfach nur abhauen.«

Zu dieser Zeit hatte sie einen französischen Freund. So schien ihr der Antrag auf ein Visum nach Frankreich als die beste Lösung. Aber der Kampf war noch lange nicht zuende. Für ein

> »Paris ist ein zersplitterter Schmelztiegel und ein Zufluchtsort für Menschen, die nach einem besseren Leben suchen. Die Stadt baut genauso viel auf, wie sie zerstört. Ein lebendiges Paradox – genauso wie die Pariserin. Beide haben ein Image und einen Lebensstil, die nicht der Realität entsprechen.«

Studentenvisum musste sie einen mörderischen Prozess an Interviews über sich ergehen lassen, an dessen Ende sie in der französischen Botschaft auf einen Beamten traf, der ihr Schicksal in den Händen hielt. »Ich sagte ihm, dass er zum Tode verdammt sei, wenn er mir das Visum nicht ausstelle. An dieser Stelle hörte er auf, sich Notizen zu machen, und wir führten ein sehr offenes, menschliches Gespräch«, erzählt sie wohl wissend, dass seine Entscheidung zur Genehmigung ihres Antrags keineswegs eine klare Sache war. »Auf meinem Weg habe ich natürliche Verbündete gefunden. Nichts lag da auf der Hand, wie z. B. bei diesem Mann, aber sie haben mir Schutz gewährt, wenn ich es nötig hatte.« Sie findet, dass sie Glück gehabt hat.

Bei ihrer Ankunft in Frankreich glaubte Zamora Cruz, dass Leben würde nun leichter, sie hätte mehr Rechte und erhielte mehr Unterstützung. In ihrer Vorstellung ließ sie sich im *Pays des Droits de l'Homme* – im Land der Menschenrechte nieder. Auf der einen Seite war das auch richtig. »Leider ging es vor allem um die Rechte der weißen Menschen«, erzählt sie mir. »Selbst wenn Gewalt in Frankreich nicht unbedingt physischer Art und offen ist, ist sie hier fast noch grausamer.« Es folgt eine lange Liste mit Fällen von Diskriminierung, Deadnaming, Ärzten, die sie als krank diagnostizierten, und auf Vorurteilen basierenden Belästigungen oder Diskriminierung durch die Polizei, die Gewaltmeldungen einfach abwimmelten. Sie erinnert sich daran, wie sie in einem Kurs an der Universität eine Präsentation halten musste und der Professor sie einfach ignorierte. Als sie ihn darauf ansprach, erwiderte er lapidar: »Menschen wie Sie interessieren mich nicht.«

»Ich wünschte, ich könnte sagen, dass das Leben für Transsexuelle in Paris [im Vergleich zu Mexiko] besser ist, aber das hängt von vielen Faktoren ab. Betrachten wir es mal aus einem intersektionalen Blickwinkel: Häufig leben transsexuelle Menschen auch mit anderen Formen der Unterdrückung, z. B. wegen ihrer Rasse oder Klasse. Sie finden sich also immer im Prekariat wieder«, erklärt sie mir und nennt als Beispiele Schwierigkeiten bei der Arbeitssuche, der Wohnungssuche und im Gesundheitssystem.

Was die Rechte Transsexueller angeht, hat das Land sicher Fortschritte gemacht, es steht auf dem Rainbow-Europe-Index weit oben. So war Frankreich das erste Land, das Transsexualität 2010 aus der Liste der psychischen Krankheiten gestrichen hat (2018 hat die Weltgesundheitsorganisation »Geschlechteridentitätsstörung« aus der Kategorie der psychischen Erkrankungen herausgenommen und als Zustand sexueller Gesundheit klassifiziert),[38] Diskriminierung von Transsexuellen wurde ins Strafgesetzbuch aufgenommen und seit 2017 können transsexuelle Menschen ihr Geschlecht legal ändern, ohne dass eine Sterilisierung oder der Nachweis einer medizinischen Behandlung erforderlich ist, was lange als Verletzung der Menschenrechte galt.[39] Doch für Zamora Cruz und ihre Mit-Aktivistinnen reichen diese Maßnahmen nicht weit genug. »Nach wie vor ist der Zugang zu vielen Dienstleistungen und Rechten versperrt. Gesetze allein schützen uns nicht. Wir brauchen Bewusstsein, Schulungen und Erziehung. Also praktische Maßnahmen und nicht nur Theorie«, erläutert sie. Ein Polizist muss Gewalt gegen Transsexuelle sicherlich ernst nehmen, aber damit kann er Diskriminierung noch nicht verhindern.

Der einzige Weg, diese Situation in Frankreich zu verbessern, verläuft in ihren Augen über die Erziehung. Geschlechterstereotype müssen schon in der frühen Kindheit aufgebrochen werden. Ich frage sie, ob sie es für möglich hält, dass Paris Vorreiter für LGBTQ-Rechte wird. Nur unter der Bedingung, dass Ressourcen dafür freigegeben werden und das Problem aus intersektionaler Perspektive angegangen wird, erläutert sie. »Paris muss im Kampf gegen Diskriminierung in vorderster Reihe stehen. Die Stadt muss mehr Geld in die Durchsetzung der LGBTQ-Rechte und in den gemeinsamen Kampf investieren.« Es stellt sich jedoch die Frage, wie der Staat gegen die LGBTQ-Phobie der Institutionen kämpfen will, wenn diese Institutionen von sich selbst behaupten, den gleichen Kampf zu führen, und wenn im Bildungssystem Gelder gekürzt werden und Lehrer ihre Jobs verlieren.

Vermutlich gibt es keine eindeutige Antwort darauf, ihrem Aktivismus bleibt Zamora Cruz trotzdem treu. In ihren Ehrenämtern als Sprecherin der Organisation Inter-LGBT und als stellvertretende Vorsitzende des Netzwerks Transgender Europe arbeitet sie für bessere und sicherere Bedingungen für die kommenden Generationen. In ihrem Kampf engagiert sie sich unter anderem für die Selbstbestimmung der Geschlechteridentität, damit Transsexuelle ihre Ausweispapiere über ein gesetzlich festgelegtes System und nicht über die Gerichte ändern lassen können. Als Mitglied der Organisation für Transsexuelle *Pari-T* gibt Zamora Cruz Französischunterricht für transsexuelle Migranten und als Sekretärin der gemeinnützigen Organisation *Au-delà du Genre* unterstützt sie transsexuelle Jugendliche und deren Familien im Kampf gegen Transphobie. »Mit Worten können wir immer kämpfen.«

Sie lebt nun seit zwanzig Jahren in Frankreich und leidet nicht mehr im gleichen Maße unter Diskriminierung wie bei ihrer Ankunft. Auch hat sie keine Angst mehr, sich selbst einem Risiko auszusetzen. Sie ist glücklich verheiratet und hat seit einigen Jahren wieder Kontakt zu ihrer Familie – zum ersten Mal seit sie ihr Elternhaus mit zehn Jahren verlassen hat. Heute wird sie von ihrer Familie akzeptiert und respektiert, die Vorurteile gegen Transsexuelle sind größtenteils abgebaut. Aber sie ist sich auch bewusst, dass der Grund dafür ist, dass sie als Tochter und Schwester mittlerweile in das schwarzweiße Bild der Familie passt. »Sie sehen in mir, was ich bin: eine Frau«, sagt sie. »Deshalb gibt es in der Dualität zwischen Mann und Frau, auf die meine Familie vertraut, auch ein Platz für mich.«

Zuhause in Paris

DEIN VON EINER FRAU GEFÜHRTES LIEBLINGSGESCHÄFT?
Marina, ein italienisches Restaurant im 10. Arrondissement. Ich gehe gern mit meinem Ehemann dorthin. Die Eigentümerin ist sehr gastfreundlich und sie ist eine Kämpferin.

WAS TUST DU, WENN DU ALLEIN SEIN MÖCHTEST?
Spazierengehen oder Fahrradfahren am Canal Saint-Martin (siehe oben). Als ich dort in der Nähe wohnte, habe ich mich fast täglich so entspannt.

AN WELCHEM ORT BIST DU GLÜCKLICH?
Die Bibliothek an der Sorbonne. Ein grandioser Ort mit Fresken und wunderschönen Lampen, der leider nur für Wissenschaftler und Studierende offen ist. Sie ist ein wichtiger Ort für mich, denn sie hat mein Leben gerettet, denn sie war einer der wenigen sicheren Orte, an die ich gehen konnte.

Bewahrerin der Vergangenheit und Schöpferin bedeutsamer Orte

ALINE ASMAR D'AMMAN

ARCHITEKTIN UND DESIGNERIN

DAS ERSTE MAL, ALS ICH AUFGEREGT FESTGESTELLT HABE, dass ein Buch wie dieses geschrieben werden muss, war sicher der Moment, als ich die Architektin und das Allround-Talent Aline Asmar d'Amman traf.

Unsere Begegnung fand im Sommer 2017 im neu eröffneten Hôtel de Crillon statt, dem kultigen Palast-Hotel im Stil des achtzehnten Jahrhunderts mit Blick auf die gesamte Place de la Concorde, für das Asmar d'Amman mit der künstlerischen Leitung betraut ist. Ich traf Asmar d'Amman in einem der Wohnzimmer der Grands Appartments des Hotels, die von Karl Lagerfeld gestaltet worden waren, und wo sie alles für ihre zahlreichen Fotoshootings für interessierte Magazine vorbereitet hatte. Sie trug einen Blazer in frischem Blau, enge Jeans und schwindelerregend hohe Schuhe. Diese Schuhe sind, wie ich später erfuhr, ein Markenzeichen von Aline Asmar d'Amman. Die kleine Frau mit der goldenen Haut und einer entwaffnend weichen Stimme schüttelte meine Hand, schaute mir direkt in die Augen und bekundete, wie sehr sie sich freue, mich zu treffen und mir die Räumlichkeiten persönlich zu zeigen. Ich fragte mich, ob sie mich mit einer Berühmtheit verwechselt hatte, für die eine solch würdevolle Begrüßung eher angemessen gewesen wäre. Aline Asmar d'Amman zeigte damit jedoch einfach ihren liebenswürdiger Charakter: Eine Frau, die tief von ihrer Arbeit überzeugt ist und Freude daran hat, mit vielen Menschen in Kontakt zu kommen.

Diese Einstellung und ihre Freundlichkeit gründen auf ihrer authentischen Vorliebe für vergessene Gesten und Feinheiten, diesen kleinen, aber wirkungsvollen Akten der Gutherzigkeit, mit denen sie die Menschen schnell für sich gewinnt. Sie versendet lange, handschriftliche Nachrichten und Dankesschreiben auf hochwertigem Briefpapier (ich selbst habe nach unserem ersten Gespräch einen solchen Brief erhalten), weil ein solches Schreiben persönlich ist und eine persönliche Geste glücklich macht. Auf diese Weise hat sie auch die Aufmerksamkeit von Karl Lagerfeld gewonnen, den sie vor der Zusammenarbeit mit dem Hotel nicht kannte. Sie ging ganz einfach auf seine eigene Vorliebe für das schriftliche Wort und die Kunst des achtzehnten Jahrhunderts ein,

indem sie einen Brief an ihn schrieb, den sie im 7L, einem seiner Buchläden im Stadtteil Saint-Germain-des-Prés hinterlegte und dann einfach auf ihr Glück wartete. Innerhalb von vierundzwanzig Stunden konnte sie persönlich mit ihm sprechen und ihn für das Projekt überzeugen.

»Bevor du gehst, muss ich dir das Badezimmer zeigen!«, sagte sie und führte mich in das glamouröse Badezimmer des Appartements, das ausschließlich in schwarzem und weißem Marmor gehalten ist. Unser Zusammentreffen dauerte nicht länger als zehn Minuten, aber ich fühlte mich direkt von ihr angezogen. Manche Menschen bleiben unvergesslich, weil sie tolle Arbeit leisten, exzentrisch oder genial sind. Aber Asmar d'Amman ist denkwürdig wegen ihrer strahlenden Präsenz. Sie überzeugt mit ihrer lebensfrohen Energie und ihrem mitreißenden Enthusiasmus für alles, was sie tut und was voller Leben steckt. Und schließlich zeigt sich, dass sie unglaublich viele Talente hat.

Die Anziehungskraft, die ich bei unserem ersten Treffen empfand, verstärkte sich bei unserem nächsten Termin bei Culture in Architecture, einer Firma mit Sitz in Beirut und Paris, die sie 2011 gegründet hat. Der Konferenz- und Atelierraum, in dem wir uns viele Stunden unterhalten haben, ist ein Kabinett der Kuriositäten, in dem mit Oberflächen, Materialien und zufällig drapierten Büchern über Design, Literatur und Mode gespielt wird. Am Ende des Raums steht eine klobige Konsole aus schwarzem Marmor aus der ersten Kollektion funktionaler Skulpturen, die sie mit Karl Lagerfeld entwickelt hat. Das Fenster erstreckt sich über die ganze Länge des Raumes und gibt den Blick auf den Horizont der Stadt und Sacré-Coeur frei. Eine Frau, die während des Krieges in Beirut mit dröhnenden Bomben und klirrenden Fenstern aufgewachsen ist, hat sich die kreative Inspiration dieses Blicks aus dem Fenster wirklich verdient.

Asmar d'Amman genoss eine französische Erziehung in einer bibliophilen Familie und verarbeitete ihr Kriegstrauma vor allem durch das Lesen. Ihre Mutter, Französischlehrerin, weckte in ihr die Liebe zur französischen Literatur und brachte ihr bei, dass kein Chaos der Welt sie davon abbringen dürfe, sich mit der Kunst, der neuesten Mode und dem Leben zu beschäftigen. Sie hatte keine Zeit, Angst zu haben. Die unumstößliche Regel der Familie lautete, dass alles gut ist, solange die Familienmitglieder am Leben sind, sich verhalten, als sei alles normal, und sich um eine Routine bemühen. »Der Schlüssel unseres Tuns war, für Normalität zu sorgen. Das hat unseren Charakter geformt. Meine Mutter hat jeden Tag in gewisser Weise gefeiert, und wenn wir in Gefahr waren, bestand sie darauf, es mit Würde zu überstehen.«

Sie lernte, die Schönheit in der Zerstörung zu erkennen. Damit verschwand das Gefühl, die Überreste der zerstörten Stadt beseitigen zu müssen. Ein atemberaubender Lichtstrahl auf einer von Kugeln durchlöcherten Wand weckte in ihr eine besondere Empfindsamkeit, die sie schließlich zur Architektur führte. »Ich musste einfach am Wiederaufbau meines Landes teilhaben und der Beginn meines Architekturstudiums war gewissermaßen auch der Beginn einer lebenslangen Verpflichtung«, erklärt sie. Wörter, die der Schutzraum ihrer Kindheit waren, wurden zur Grundlage und Philosophie ihrer Arbeit.

»Architektur ist eine Verantwortung, ein politischer Akt. Sie spielt eine wichtige Rolle in unserer Psyche. An einem Ort, der uns verzaubert, werden wir zu besseren Menschen.«

»Jedes Projekt braucht eine Geschichte«, erläutert sie. »Ohne die Legitimität einer eigenen Geschichte lassen sich keine Gefühle erzeugen. Und dieses Geschichte muss echt und bedeutungsvoll sein, denn wir werden heutzutage von so vielen Nachrichten überschüttet.« Im Logo ihres Unternehmens finden sich die Grundpfeiler ihrer kreativen Vision: Kultur, Architektur und Emotion. Sie gehören zusammen und können nicht für sich allein stehen.

Beim Wiederaufbau des zerstörten Landes empfand Asmar d'Amman diese kraftvolle Mischung aus Literatur und Architektur, die ihr bestätigte, dass sie auf dem richtigen Weg war. Nachdem sie für ihr Studienabschlussprojekt an der Académie Libanaise des Beaux Arts einen Preis des Kulturministeriums und einen Preis des Ordens der Architekten und Ingenieure in Beirut gewonnen hatte, ging sie in New York und Paris beim preisgekrönten Architekten und Städtebauer Jean-Michel Wilmotte in die Lehre. Danach fand sie ihren eigenen Weg und übernahm Wohnbauprojekte in Europa und dem Nahen Osten.

Alle ihre Projekte, von Privathäusern im Libanon bis zu Luxushotels oder historischen Wahrzeichen, tragen das Siegel einer durch ihre Vergangenheit belasteten, aber respektvollen Visionärin. Im zerstörtem Beton und den groben Strukturen eines Beirut nach dem Krieg, erkannte sie eine immense Schönheit. Sie ist fasziniert von der Dualität von »roh« und »veredelt«, die sich in allen ihren Gebäuden widerspiegelt.

Traumprojekte kommen und gehen, aber die Sanierung des Hôtel de Crillon ist die Chance ihres Lebens. Innerhalb von vier Jahren nahmen sie und ihr Team aus handverlesenen Designern den steifen Hotelstil auf und vermischten ihn mit einem Großteil der geerbten Details des Gebäudes, wie Spiegeln, Marmorböden- und kaminen sowie historischen Räumen. Dazu gehört auch die Salon-Suite Marie Antoinette, die Asmar d'Amman selbst gestaltet und für die sie mehrere von ihr bewunderte Künstlerinnen mit der Lieferung von Teilen beauftragt hat. So produzierte Helen Amy Murray die geschnitzten Nachttische mit Lederbezug, Lauren Collin kreierte zarte Papierskulpturen und Zoé Ouvrier schnitzte einen langen Holzschrank mit Zweigen an den Kanten. »Marie Antoinette hatte eine eigene Meinung, eine Stimme. Sie nahm das Risiko auf sich, abgelehnt zu werden, und wusste nicht, dass sie Hunderte Jahre später für ihren außergewöhnlichen Charakter bewundert wird«, erzählt sie mir in ihrem Atelier und schaut auf die Skizzen des Salons. »Starke Frauen wie sie, die in der Welt der Männer [Architekten und Designer] arbeiten und kämpfen, haben uns ihren Geist übertragen. Es war mir wichtig, ihre Talente zu präsentieren.« Das Ergebnis ist gleichsam zurückhaltend und opulent – kurz: zeitlos, und genau das war ihr Ziel.

Aber auch Asmar d'Amman wurden Steine in den Weg gelegt. Als einzige Frau und Projektleiterin und als – was die Auswahl des Designs, der manchmal schwer zu beschaffenden Materialien und der involvierten Künstler angeht – kompromissloser Mensch stieß sie auf den Widerstand konkurrierender Interessen anderer. »Ich muss verwaltungstechnische, finanzielle und wirtschaftliche Faktoren berücksichtigen. Aber eigentlich ist es für eine Frau nie einfach, das Richtige zu tun. Irgendein Haar in der Suppe wird immer gefunden«, sagt sie und fügt hinzu, dass Karl Lagerfeld sie in ihrer Denkweise sehr unterstützt und immer wieder daran erinnert hat, dass ein Job ohne Kampf kein interessanter Job ist.

Ihre Arbeit, die zu einem berühmten Wahrzeichen der Stadt geworden ist und begeistert angenommen wurde, ist zu ihre Visitenkarte geworden. Für Asmar d'Amman folgten daraus neue Projekte, wie z. B. die Modernisierung des Restaurants Jules Verne im zweiten Stock des Eiffelturms, das 2019 wiedereröffnet wurde. Hier setzte sie ihre weibliche Kraft ein und das innovative Erbe des Wahrzeichens selbst um und gestaltete einen Raum, dessen Eleganz aus den modernen dekorativen Kunstwerken und dem Talent französischer Handwerker spricht. So finden sich dort z. B. Werke der heute einflussreichsten lebenden Bronze-Künstlerin Ingrid Donat und von Marie Khouri, die die fantastischen plastischen Kerzenhalter für die einzelnen Tische gestaltet hat.

Ihr Geschenk an Paris und zweifelsohne an alle Orte, an denen sie etwas Neues gestaltet, ist das Schaffen von Schönem. »Das ist ein universeller Wert, der alle Kulturen und Religionen der Welt im Chaos der Gesellschaft vereint«, erklärt sie. Und sobald sie etwas Schönes geschaffen hat, lässt sie es leben. Nostalgie gehört nicht in ihr Leben oder ihre Arbeit. »Ich habe in meinem Leben nie etwas geplant. Ich versuche einfach immer, intensiv zu leben und mich an jedem Moment zu erfreuen. Auch meinen Söhnen bringe ich bei, dass Vollendung eine Ansammlung von Erfahrungen ist«, philosophiert sie. »Lebe frei und die guten Dinge geschehen von selbst.«

Gegenüberliegende Seite: Ein Kabinett der Kuriositäten: Bücher, Materialien und Skizzen sind die kreative Inspiration für Aline Asmar d'Amman in ihrem Büro und Atelier in Saint-Germain-des-Prés.

Zuhause in Paris

DEIN VON EINER FRAU GEFÜHRTES LIEBLINGSGESCHÄFT?
Das libanesische Restaurant Liza's in der Rue de la Banque: Hier stehen jeden Tag köstliche Gericht auf der Speisekarte.

DEIN LIEBLINGSSTADTTEIL?
Zweifelsfrei Saint-Germain-des-Prés. Hier bin ich vor zwanzig Jahren in einem kleinen Atelier in der Rue Bonaparte in Paris angekommen und hier befindet sich das Pariser Büro von Culture in Architecture. Ich liebe diesen künstlerischen und literarischen Geist des Stadtteils. Am liebsten schlendere ich durch die Straßen und suche in den Galerien des Carré des Antiquitaires nach Schätzen, besuche meine Lieblingsbuchläden (7L in der Rue de Lille oder L'Ecume des Pages) und komme dann frisch und inspiriert in mein Büro zurück.

WO GEHST DU AM LIEBSTEN MIT DER FAMILIE HIN?
In Museen und Buchläden, aber auch auf den Flohmarkt in Saint-Ouen, den ich häufig mit meinen beiden Jungs, Lionel und Raphael besuche, die von den netten Antiquitaires mit Süßigkeiten und bezaubernden Stücken aus ihrer Sammlung verwöhnt werden.

Wegbereiterin für eine bessere Vertretung von Frauen in der Kunst

ELENA ROSSINI

FILMEMACHERIN, KAMERAFRAU UND AKTIVISTIN

WIE SIEHT EIGENTLICH EINE FILMEMACHERIN AUS? Und wie sieht eine Kamerafrau aus? Wenn man diese Begriffe in Giphy, einer Datenbank animierter GIF-Dateien, sucht, werden als Ergebnis mehr als 150 Fotos von Frauen und Minderheiten ausgegeben, von der saudi-arabischen Regisseurin Haiffaa al-Mansour bis zur afro-amerikanischen Regisseurin Ava DuVernay.

Die Tatsache, dass diese Frauen in Plattformen auftauchen, die von männlichen Talenten überborden, ist ausschließlich den Bemühungen der italienischen Dokumentarfilmemacherin Elena Rossini zu verdanken. Am 11. August 2011 schrieb sie auf Twitter, dass sie die Macht des Internets ausnutzen möchte, damit Regisseurinnen sichtbarer werden. Einen Monat später stand bereits eine Handvoll Frauen in den Suchergebnissen in Giphy, Twitter und Slack ganz oben. Seither hat sie eine Serie von T-Shirts produziert, auf die die Namen von Regisseurinnen und aufsteigenden Filmemacherinnen gedruckt sind, um die Künstlerinnen als die Triebfedern des Wandels zu feiern.

»Die Bilder, die wir sehen, haben einen großen Einfluss darauf, wie wir die Welt und uns selbst sehen«, schreibt sie in der Vorstellung des Projekts. Ein Gedanke, der die grundlegende Idee ihrer gesamten Arbeit ist, unabhängig davon, ob es um die Kommerzialisierung und Globalisierung von Schönheit in ihrem von der Kritik bejubelten Dokumentarfilm *The Illusionists* geht oder um die schleichenden Gefahren von Technologie und sozialen Medien, die sie in ihrem neuen Film und auf der interaktiven Bildungsplattform *The Realists* aufdeckt.

Wir unterhielten uns über die Gleichstellung der Geschlechter in der Filmbranche, den Aktivismus, der hinter jedem ihrer Filme steht, und nebenbei auch über die Pariser Frauen, die sie seit ihre Ankunft in der Stadt inspiriert haben.

Bevor wir zum Kern deiner Arbeit kommen, möchte ich dir folgende Frage stellen: Gibt es einen Zusammenhang zwischen dem Filmemachen und all den LEGO-Steinen in deinem Büro?
In dem Wort Filmemacherin steckt ja das Wort »Macherin«. Schon als Kind liebte ich LEGO-Steine, weil ich damit kreativ sein und kleine Welten aus hellen, bunten Steinen bauen konnte. Zusammen mit meinen Nachbarskindern habe ich ganze Städte aus LEGO gebaut und Geschichten zu ihren Einwohnern erfunden. Nach einer Weile haben wir die Steine wieder auseinander genommen und neue Häuser gebaut. Die Arbeit einer Regisseurin – einer Filmemacherin – ist ähnlich. Es geht immer um Teamwork und um das Schaffen komplexer, virtueller Welten. Ich bin leidenschaftliche Anhängerin von Gleichberechtigung und eines meiner liebsten LEGO-Gebilde ist ein Filmset mit einer nur aus Frauen bestehenden Crew: von der Regisseurin über die Kamerafrau und die Tonassistentin bis zur Regieassistentin. Immer wenn ich das sehe, muss ich lächeln.

Die Filme, die du machst, transportieren immer sehr starke Botschaften. Gab es einen Auslöser in deinem Leben, aufgrund dessen du dich für einen gesellschaftlichen Schwerpunkt in deiner Arbeit entschieden hast?
In der Filmschule habe ich mich mehr für Fiction interessiert und nur Projekte mit fiktionalen Geschichten verfolgt. Nach meinem Abschluss in Boston zog ich nach Paris. Wenn ich mich dort als Filmemacherin vorstellte, nahm mich jedoch niemand ernst. Die Reaktion war meist: »Oh, du studierst Film?« Oder »Was für Kurzvideos machst du denn?«. In meiner Ausbildung hatte ich ein Feature gemacht; dort haben mich meine Lehrer und Freunde immer ermutigt und mein Talent erkannt. Nun kam ich nach Paris und wurde aufgrund meines Alters, meines Geschlechts und meiner äußerlichen Erscheinung beurteilt. Das war ein totaler Schock für mich. Die höchste Hürde, die ich zu überwinden hatte, war meine mangelnde Glaubwürdigkeit. Später habe ich das noch härter bei einigen Fernsehsendern erfahren, denen ich meinen Film vorstellte. Ich hatte einen Wettbewerb bei einem neuen Sender gewonnen und präsentierte den Geschäftsführern meinen Film. Zuerst sagten sie: »Herzlichen Glückwunsch! Toller Film, fantastisches Projekt, aber bevor wir weitermachen: Können wir dir helfen, einen *Réalisateur* (einen männlichen Regisseur) dafür zu finden?« Ich war total perplex, denn auf jeder Seite der Vorlage stand »Autorin und Regisseurin: Elena Rossini«. Aber ich sollte im Film sein – vor der Kamera – und einen männlichen Regisseur bekommen. Ich kochte vor Wut!

Frauen hinter der Kamera oder Frauen mit technischen Aufgaben sind die Minderheit (nur ca. 4 Prozent aller engagierten Regisseure der Top 100 Filme 2018 und 3 Prozent aller Kameraleute der wichtigsten Animationsfilme 2016 bis 2018).[40]

Gegenüberliegende Seite: Das Büro und kreative Heiligtum von Elena Rossini.

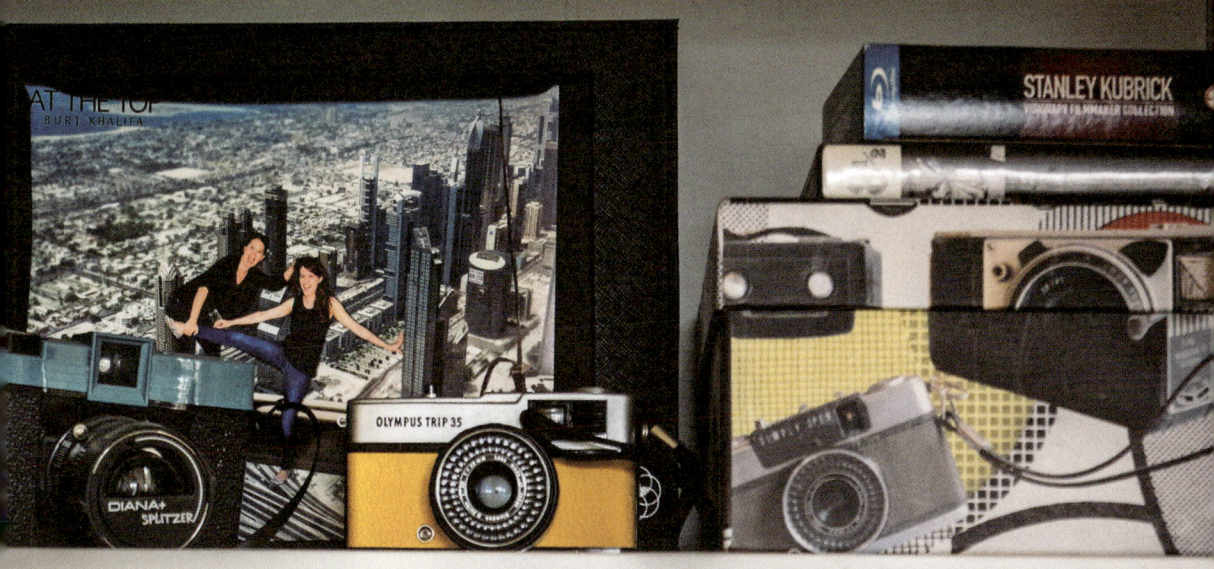

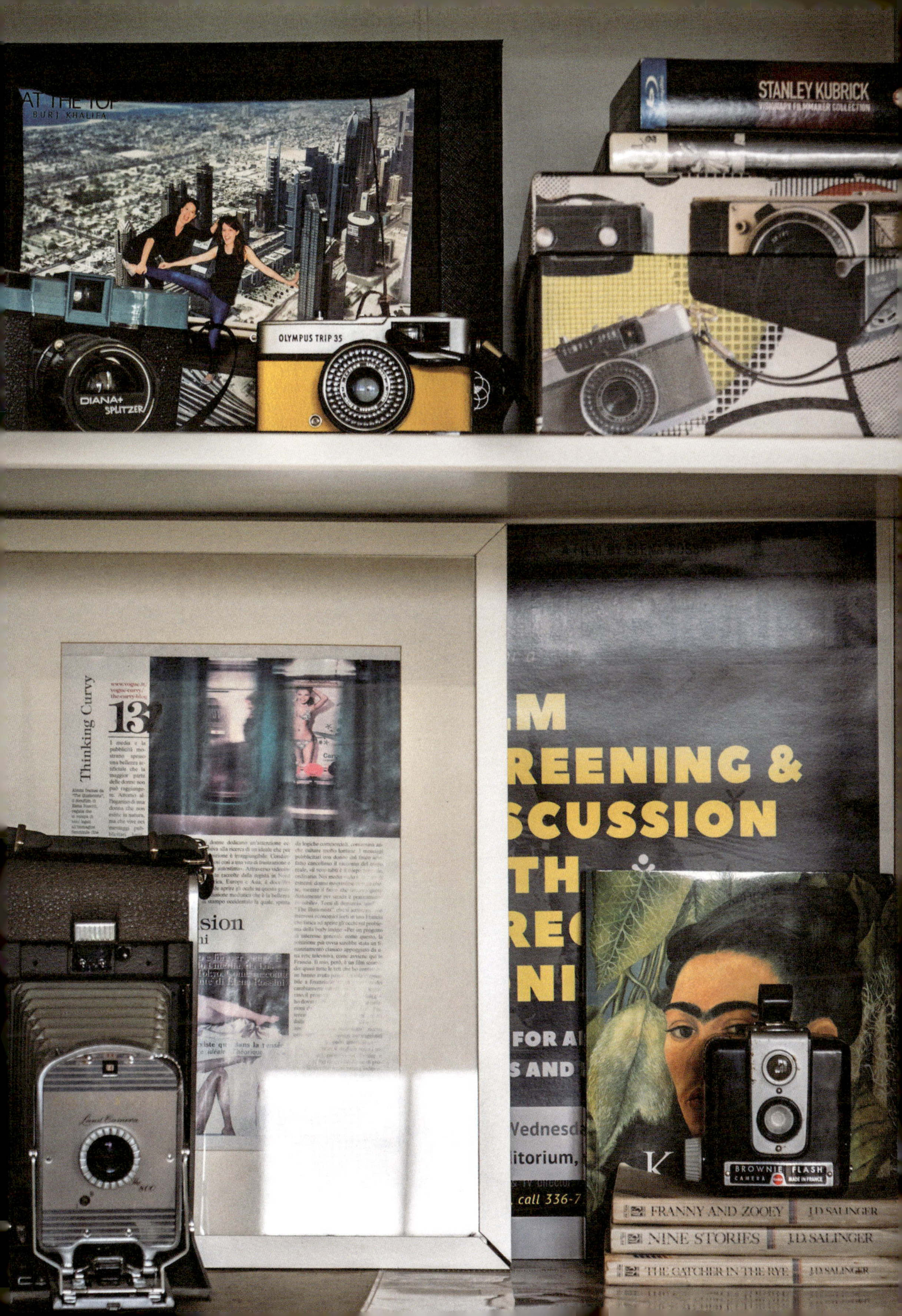
AT THE TOP
BURJ KHALIFA
STANLEY KUBRICK
OLYMPUS TRIP 35
DIANA+
SPLITZER
Thinking Curvy
13
LM
REENING &
SCUSSION
TH
FOR A
S AND
Wednesd
litorium,
call 336-7
BROWNIE FLASH
FRANNY AND ZOOEY J.D. SALINGER
NINE STORIES J.D. SALINGER
THE CATCHER IN THE RYE J.D. SALINGER

»Die Pariser Frauen, die mir sympathisch sind, sind Aktivistinnen und Vorreiterinnen, Pionierinnen in ihrem Beruf und haben keine Angst, gegen den Strom zu schwimmen, um gesellschaftliche Veränderungen zu bewirken.«

Unerfreuliche Erfahrungen wie dieses Gespräch mit den Geschäftsführern des Senders waren die Triebfeder dafür, dass ich meine Arbeit dem Problem der Gleichberechtigung der Geschlechter und dem Kampf gegen soziale Ungerechtigkeit widmete.

Ich habe Frustrationen immer in kreative Projekte umgewandelt, weil ich glaube, dass man keine Veränderungen auslöst, wenn man sich über Missstände nur beklagt. Man muss solche Rückschläge in Arbeit umsetzen. Die Sender und Produktionsfirmen glauben nicht, dass ich einen Dokumentarfilm machen kann? Na toll! Also habe ich mich für einen eigenen Weg entschieden und habe mir Unterstützer gesucht.

Und das war der Anfang deiner Arbeit an *The Illusionists*.
Genau, ich wollte einen Film über den Mythos der Schönheit machen. Ich wollte untersuchen, wie sich die äußerliche Erscheinung auf das Leben von Frauen und Mädchen auswirkt. Die Idee entstand, weil ich so viele Werbeflächen in der Stadt sah, auf denen junge Frauen abgebildet waren, die diese implizite Botschaft transportieren sollten: Wenn du erfolgreich sein willst, musst du eine Frau sein und ein bestimmtes Aussehen haben. Aber wenn du eine junge Frau bist, nimmt dich niemand ernst.

Mit dieser Erkenntnis wollte ich bei der Untersuchung von Werbebotschaften das Wirtschaftssystem mit einbeziehen, das Unternehmen, Marken und Medienunternehmen mit ihrem Streben fördert, Frauen, Männern und zunehmend auch Kindern dauerhaft die Angst und die Unsicherheit einzuflößen, ob ihre Suche nach Glück und Vorteilen auch die richtige ist.

Zahlreiche Studien zeigen, dass traurige Menschen mehr Geld ausgeben. Ein Mensch, der mit sich und seinem Aussehen ganz zufrieden ist, braucht nicht jeden Monat neue Kleider und keine teuren Kosmetikprodukte. Sicherlich: »Sex sells«, aber Unsicherheit verkauft sich um vieles besser. Mit meiner Arbeit an *The Illusionists* wollte ich einen kritischen Blick auf die Konsumkultur werfen, mit Illusionen in Bezug auf Schönheit brechen und letztendlich selbstbewusstere Bürger und Verbraucher aus den Menschen machen.

Die Medien zeigen uns nur eine einzige Version der Pariserin, und die Marken spielen mit diesem Stereotypen. Wie sieht das beim Film aus?

Vor allem bei den US-amerikanischen Filmen, die in Frankreich gedreht werden, werden immer Frauen als Schauspielerinnen ausgewählt, die dieses Idealbild erfüllen. Der Grund dafür ist meiner Meinung nach, dass die meisten Erfinder und Regisseure Männer eines bestimmten Alters sind. Sie sind gar nicht daran interessiert, das echte Leben von Frauen oder ein authentisches Bild der wunderbar vielfältigen Bevölkerung von Paris zu zeigen. Die Pariserin, die – in ein paar Ausnahmen – in Filmen bejubelt wird, ist schlank und verkörpert den traditionellen kaukasischen Typ einer junger Frau. Farbige Frauen, LBGTQIA+ und auch ältere Frauen sind buchstäblich unsichtbar in der Fantasie ausländischer Filmemacher und Medien.

Inwiefern ist diese blinde Referenz auf ein unrealistisches Ideal gefährlich für Frauen, die Paris von außen betrachten?

Damit wird ein unerreichbarer Lebensstandard vorgegeben, und nicht nur ein Schönheitsstandard. Dieses Thema beschäftigt mich in der Serie *The Realists*. Schau mal: Instagram wird von mehr als achthundert Millionen Menschen genutzt und die bekanntesten Instagram-Nutzer in Paris lassen sich alle in eine bestimmte Form pressen: sehr attraktiv, jung und mit einer bestimmten finanziellen Absicherung, die sich in der Kleidung, die sie tragen, und den Orten, die sie besuchen, zeigt. Das erzeugt doch einen doppelten Druck: Man muss perfekt und elegant sein, aber auch diese idealisierte Erfahrung mit dem Französisch-Sein haben, die tatsächlich für die meisten Menschen unerreichbar ist.

Offenbar lässt du dich von Klischees nicht täuschen. Welches Bild hattest du von der Pariserin, als du nach Paris gezogen bist?

Die Pariser Frauen, die mir sympathisch sind, sind Aktivistinnen und Vorreiterinnen, Pionierinnen in ihrem Beruf und haben keine Angst, gegen den Strom zu schwimmen, um gesellschaftliche Veränderungen zu bewirken. Frauen wie Simone de Beauvoir und Agnès Varda, mein ultimatives Rollenvorbild, die auch mit gut neunzig Jahren Filme und Kunstprojekte gemacht hat. Sie war neugierig auf das Leben, kreativ und talentiert und verteidigte die Rechte der Frauen. Beide Frauen überzeugten durch ihre Arbeit und nicht durch ihr Aussehen.

Dieser Film betrachtet die dunkle Seite der Werbebranche in Bezug auf die Globalisierung von Schönheit. Dein nächster Film hebt die Gefahren von sozialen Medien und Technologie hervor. Was möchtest du mit diesem Projekt erreichen?

Meine neues Projekt *The Realists* setzt da an, wo *The Illusionists* aufhört: Ich möchte die Illusionen über unsere schöne neue Welt aufbrechen. Bis vor wenigen Jahren haben die Menschen die herkömmlichen Medien viele Stunden lang konsumiert und sich gewünscht, genauso zu sein wie die Berühmtheiten im Fernsehen, in Filmen und in Magazinen. Heute verbringen Menschen aller Generationen unzählige Stunden im Internet oder an ihren Smartphones. Sie vergleichen ihr Leben, aber auch das Leben ihrer Freunde und Nachbarn, die ihr Leben minutiös in den sozialen Medien offenlegen, mit dem Leben der Stars und Sternchen.

Alle haben Angst vor dem Vergleich. Genauso wie mit *The Illusionists* möchte ich zeigen, wie wichtig es ist, klug mit den Medien umzugehen: Alle Nutzer müssen die Marktkräfte verstehen, die hinter diesen Trends stehen. Und ich möchte eine Bewegung auslösen, die die Menschen ermutigt, ihre Gewohnheiten in Bezug auf Technologie genauer zu überdenken und bewusster zu gestalten. Überleg' doch mal: Eine kleine Gruppe junger, männlicher, meist weißer Ingenieure im Silicon Valley haben Tools erstellt, die von Milliarden von Menschen auf der ganzen Welt genutzt werden. Damit haben sie die Art und Weise, wie wir uns sozialisieren, wie wir arbeiten, wie wir unsere Freizeit verbringen und wie wir uns verabreden, komplett auf den Kopf gestellt. Ich möchte, dass die Menschen mehr über diese Plattformen nachdenken, über die Vorteile, aber auch über das, was wir verlieren, wenn wir virtuell mit der Welt kommunizieren. Ich habe den Film *The Realists* genannt, weil wir so viel gewinnen können, wenn wir echte, persönliche Kontakte mehr wertschätzen.

Kann Paris deiner Meinung nach zu einem Zentrum der Rebellion gegen bestehende Systeme werden, in denen Frauen ausgenutzt werden?
Ja, auf jeden Fall. Die Franzosen und Französinnen stellen von Natur aus alles in Frage. Sie sind es gewohnt, für ihre Rechte zu kämpfen, und bewahren sich den Lebensstil, der ihnen lieb ist. Das alles braucht nur ein bisschen Zeit.

Gegenüberliegende Seite: Ein friedlicher, meditativer Ort. Elena Rossinis Lieblingsplatz im Jardin du Luxembourg mit Blick auf das Panthéon.

Zuhause in Paris

DEIN VON EINER FRAU GEFÜHRTES LIEBLINGSGESCHÄFT?
Ich liebe Berkeley Books of Paris. Dieser Laden für gebrauchte und seltene Bücher ist der Himmel auf Erden für Kreative. Die Inhaberin Phyllis Cohen, eine Amerikanerin in Paris, organisiert viele Lesungen und Konzerte und ließ sich von mir inspirieren, LEGO-Sonntage anzubieten!

WO HOLST DU DIR KREATIVE INSPIRATION?
Ich liebe das *Rive Gauche* und von meiner ersten Wohnung in Paris aus konnte ich zu Fuß zum Jardin du Luxembourg gehen, der für mich noch heute ein magischer Ort ist. Er ist luftiger und offener als andere Parks. Und einige Filme der Nouvelle Vague-Bewegung spielen dort – das ist doch toll!

WOHIN GEHST DU, WENN DU VERÄNDERUNG BRAUCHST?
Wenn ich eine andere Perspektive bekommen möchte, gehe ich über die Avenue d'Ivry im 13. Arrondissement. Hier fühlt sich alles anders an. Sie liegt in Chinatown, wo viele Chinesen, Vietnamesen, Laoten und Kambodschaner leben. Du findest hier unglaubliche Geschäfte und Restaurants, wie z. B. den Supermarkt Tang Frères – wirklich sehenswert.

Überlebenskünstlerin dank Musik und humanitärer Hilfe

INNA MODJA

SÄNGERIN, SONGWRITERIN UND AKTIVISTIN

WIE SIEHT EINE ÜBERLEBENSKÜNSTLERIN AUS? Dafür gibt es kein Rezept. Sie ist eine von Hunderttausenden junger Frauen auf der ganzen Welt. Aber sie ist die Singer-Songwriterin und Aktivistin Modja aus Mali. Sie ist bereit, mit mir bei einem Teller Trüffelpasta über ihr Kindheitstrauma und ihre humanitäre Einsatzbereitschaft zu sprechen – ein Beweis dafür, wie weit ein schon langer Heilungsprozess bei ihr fortgeschritten ist.

Modja ist das sechste von sieben Kindern von Bamako und die letzte der Schwestern, die Opfer weiblicher Genitalverstümmelung wurde. Damals war sie fünf Jahre, die Familie lebte in Ghana, und die Beschneidung wurde von einer älteren Frau vorgenommen; ihre Eltern wussten nicht, wer diese Frau war. Wie bereits bei ihren Schwestern hat ihre Familie diesen Akt als gemeinsames Trauma erlebt. »Bei jedem Mal wurde die Beschneidung von einem anderen Familienmitglied vorgenommen. Und jedes Mal fühlten meine Eltern sich schuldig, weil sie es nicht verhindern konnten«, erzählt Modja. Der Schmerz sitzt immer noch tief, aber alle Mitglieder der Familie haben einfach weitergemacht, ohne dieses Thema zu einem wichtigen Teil ihrer Gespräche zu machen. »Wir wussten, dass unsere Eltern dagegen waren, aber was hätten wir tun sollen?« Bis zu 91 Prozent aller Frauen in Mali sind beschnitten, ohne jemals zu wissen, was der Grund dafür ist.[41] »Es ist seit Generationen einfach Tradition. Daher fragt auch niemand nach dem Warum. Es wird einfach ignoriert. Traditionen werden ja auch anerzogen«, beginnt sie. »In einigen Dörfern glauben die Menschen, dass die Klitoris der Frau bei langen Fußmärschen zu anderen Höfen oder zu Wasserstellen aufgescheuert wird. In anderen Orten behauptet man, es sei ein männlicher Teil im weiblichen Körper, den man entfernen muss, damit die Männer zeugungsfähig bleiben. Total verrückte Geschichten.« Beschneidung sei ein Akt der Gewalt gegen Frauen, fährt sie fort, der sich nie und nimmer rechtfertigen lässt.

Erst später, als sie als junge Frau in Frankreich Sprachen und Literatur studierte, verstand sie richtig, welche Unmenschlichkeit man ihr angetan hatte. Der bislang unterdrückte Schmerz

trat wieder auf. Inzwischen kannte sie allerdings seine langfristigen Auswirkungen. Das Gefühl der Scham kam erst auf, als ihre erste Gynäkologin in Frankreich ihr sachlich mitteilte, dass sie beschnitten worden sei und dass das nicht mehr rückgängig zu machen sei. »Sie sagte einfach: ›Sie haben eine Narbe, wo eigentlich Ihre Klitoris sein sollte. Das ist deutlich zu erkennen.‹ Bis dahin kannte ich meinen eigenen Körper nicht und verstand nicht, was geschehen war.« Plötzlich begriff Modja, dass sie ein sichtbares Zeichen der Vergangenheit trug und damit ihre Geschichte nicht mehr leugnen konnte.

Sie musste das mit ihrem Partner besprechen und alte Wunden wieder aufbrechen. »Damals wurde ich mir meiner selbst plötzlich bewusst. Ich zog mich zurück, fühlte mich wertlos und hatte Angst, nie eine richtige Frau sein zu können.« Sie lehnt sich zurück, atmet tief ein und schaut dann ihren Mann an, der uns zum Essen begleitet hat. Sie lächeln sich freundlich an. Er hat diese Geschichte unzählbare Male gehört, beruhigt sie aber, als erzählte Modja ihre Geschichte zum ersten Mal. In dieser kurzen Stille wurde mir klar, dass sie den Druck dieses Verlustes eines sehr intimen Körperteils als Kind gar nicht empfunden hat, weil ihr gar nicht klar war, was ihr genommen wurde. Aber mit Beginn des Erwachsenenalters kam der Schmerz und verbrannte sie förmlich. Und wenn sie es früher erfahren hätte? Hätte das einen Unterschied gemacht?

Sie erklärt, dass sie sich diese Frage nicht stelle. Wichtig sei, dass sie eine Möglichkeit der Heilung finde. »Diese Gynäkologin hätte mich zu einem Arzt überweisen müssen, der meinen Körper chirurgisch wiederherstellen kann. Aber das wusste sie nicht oder es war ihr egal. Das ist bei vielen Ärzten so.« Das Thema ist an vielen Stellen in der internationalen medizinischen Community immer noch ein Tabu. Erst nach einigen Jahren fand sie einen französischen Chirurgen, der die Operation durchführte. »Er hat nicht nur die Technik entwickelt, sondern auch um die Erstattung der Operationskosten durch die Krankenkassen gekämpft – heute ist diese Operation kostenlos.«

Mit der OP erlangte sie neues Selbstvertrauen und eine neue Sicht auf ihr Leben. Sie hatte etwas zurückerobert, das sie völlig verloren glaubte. »Nach der Operation fühlte ich mich nicht mehr minderwertig, sondern hatte meine Kraft zurückgewonnen. Also sagte ich mir, jetzt wo ich das habe, was alle Frauen haben, gibt es keine Ausreden mehr«, beschreibt sie den Beginn des nächsten Schrittes in ihrer Musikkarriere. Zuvor hatte sie Musik für andere Künstler geschrieben, aber nun wollte sie sich auf ihre eigene Arbeit konzentrieren. Sie hatte ausreichend Geld, um ihre Miete zu bezahlen und sich Studiositzungen zu leisten. So nahm sie ein Demo auf, das sie Freunden in der Branche vorspielte. Innerhalb eines Jahres hatte sie einen Vertrag mit Universal France in der Hand und produzierte in der Folge drei Alben. Paris ist für sie ein Refugium geworden, in das sie sich nach langen Touren im Ausland zurückziehen kann. 2018 trat sie der Revival-Band des berühmten Quartetts der 1960er Jahre »Les Parisiennes« bei und ist häufig auf Tour im Ausland.

Das Trauma, auf dem sie ihr Durchhaltevermögen aufgebaut hat, hätte sie leicht zerstören können. Aber Modja ist eine Kämpferin, die ihren Schmerz in ihre Kunst, in Optimismus und in eine Interessenvertretung kanalisiert hat. Es war unvermeidlich, so sagt sie, dass sie ihre Erfahrungen in Aktivismus umsetzt. Ihre Mutter arbeitete in einer Stiftung zur Sensibilisierung für HIV und AIDS, mit der junge Mädchen aus Bamako oder Dörfern in Mali, die noch nicht einmal schreiben können, aufgeklärt werden. »Ich habe gelernt, mich um andere zu kümmern«, sagt Modja.

Mit zwanzig Jahren begann sie, sich für ihre ganz persönliche Sache einzusetzen: Sie arbeitete in Kampagnen für unterschiedliche Organisationen, mit denen die Genitalverstümmelung bei Frauen und die Konsequenzen für den Körper und die allgemeine Gesundheit der Frauen ins Bewusstsein der Öffentlichkeit gebracht werden sollten. Sie sprach bereits vor den Vereinten Nationen über die Schande, die über die Opfer gebracht wird, und über die Gefahr einer Gesellschaft, die Frauen dafür verurteilt, dass sie misshandelt werden. Außerdem kämpft sie standhaft für ein Gesetz, das in Mali Beschneidung endgültig verbietet. In ihrer Wahlheimat ist sie als Botschafterin des wegweisenden Familienzentrums von Dr. Ghada Hatem-Gantzer »La Maison des Femmes« (siehe Seite 145) tätig.

Kürzlich arbeitete sie an *The Great Green Wall* mit, einem von den Vereinten Nationen und von dem für einen Oskar nominierten Regisseur Fernando Meirelles produzierten Dokumentarfilm über die Wüstenbildung – ein Thema, das in ihrer Heimat von Bedeutung ist. »Ich komme aus der Sahelzone, die sich vom Senegal bis nach Dschibuti erstreckt und unter der Wüstenbildung leidet. Der Klimawandel ist ein Grund dafür, dass die Menschen auswandern. Hier wächst nichts mehr; die Menschen können hier einfach nicht mehr leben«, erklärt sie. »Man sieht schwarzafrikanische Flüchtlinge in Booten, die ihr Leben riskieren, um Libyen zu durchqueren. Aber niemand überlegt, warum diese Menschen flüchten. Weil sie als Eindringlinge empfunden werden, ist niemand bereit, auf all die Dinge zu verzichten, die die Erde verschmutzen und diese Menschen in Gefahr bringen.« Mit dem Dokumentarfilm wird ein gleichnamiges 8 Milliarden US-Dollar teures Projekt der Afrikanischen Union und der Ernährungs- und Landwirtschaftsorganisation der Vereinten Nationen unterstützt, mit dem 8 000 Kilometer aufgrund der Wüstenbildung zerstörtes Land wieder kultiviert und nutzbar gemacht werden sollen. Und damit soll wiederum die Migration eingedämmt werden. »Das Projekt läuft seit zehn Jahren, aber wir haben erst 15 Prozent Land wiederhergestellt. Wir werben in anderen Ländern um Unterstützung und hoffen, dass der Rest der Welt erkennt, wie wichtig das Projekt ist. Im Senegal kann man die ersten Ergebnisse bereits deutlich erkennen«, erklärt sie aufgeregt. »Ich habe ganz ausgetrocknete Gebiete besucht und Menschen [gesehen], die gemeinsam Gärten angelegt und Bäume gepflanzt habe. Jeder tut, was er kann.«

Ihr politisches und humanitäres Engagement steht wie ein Leuchtfeuer in ihrer Musik und beherrscht das unstete Leben, das sie mit ihrem Ehemann führt. Aber Modja sagt ohne Einschränkung, dass sie glücklich ist. Sie nutzt ihre Plattform für mehr als die Musik, genauso, wie ihre Eltern es ihr beigebracht haben, und ihre Stimme ist für sie nicht nur ein kreatives Werkzeug, sondern auch eines, mit dem sie Gutes tut. »Das Leben ist in jeder Hinsicht politisch. Die

Aufmerksamkeit, die ich bekomme, muss ich für die Dinge nutzen, an die ich glaube«, erklärt sie. »Aber das gefällt natürlich nicht allen.«

Bei allem Engagement und Aktivismus fühlt sie sich auf der Bühne am wohlsten – überall auf der Welt. »Da bin ich sicher und lebendig. Das war bei Weitem nicht immer so, aber heute fühle ich mich wohl mit dem, was ich zu sagen habe«, erzählt sie mir.

Wenn sie sehr lange auf Tour ist und Heimweh nach ihrer ursprünglichen Heimat hat, denkt sie daran, dass der Niger immer in ihren Adern fließt. Und sofort wärmt die Wüste ihre Seele. Dieses Gefühl gibt sie an ihre Fans weiter, denn sie erinnert sie mit ihrem Lächeln und ihrer Charakterstärke daran, dass sie – mit all ihren Träumen und Kämpfen – eine ganz normale Frau ist.

Oben: Unter dem Dach des Peonies findet man Blumen und Kaffee – eines der von einer Frau geführten Lieblingsgeschäfte von Inna Modja in Paris.

Zuhause in Paris

DEIN VON EINER FRAU GEFÜHRTES LIEBLINGSGESCHÄFT?
Peonies, ein Blumenladen und Café. Die Inhaberin ist eine Freundin von mir, die ich bei der Geschäftsgründung und all den damit verbundenen Kämpfen begleitet habe. Sie kann sehr stolz auf das sein, was sie geschaffen hat!

WOHIN GEHST DU IN PARIS, UM ZU SCHREIBEN?
Ich verbringe viele Stunden im Used Book Café im Merci. Hier kann man wunderbar lesen, schreiben und sich die Zeit vertreiben.

DEIN LIEBLINGSORT FÜR MUSIKVERANSTALTUNGEN?
Ich gehe gern ins La Cigale, wo ich schon ein paar Mal aufgetreten bin, und ins Folie Bergère (siehe oben), ein unglaublich bezaubernder Konzertsaal. Einer der schönsten Orte zum Singen!

Mit Leidenschaft zum Luxus

AMÉLIE VIAENE

SCHMUCKDESIGNERIN

AMÉLIE VIAENE TRÄGT NIE EINE UHR. Sie mag keinen Zeitdruck. Die Schmuckdesignerin lässt sich lieber vom Pausengong und den Abholzeiten an der Grundschule neben ihrer Wohnung und ihrem Atelier leiten. Sieben Jahren lang stand ihre klobige Holzwerkbank gegenüber dem Fenster des zweiten Schlafzimmers ihrer Wohnung aus der Jahrhundertwende. Diese Werkbank war wie ein kreativer Kokon, an dem sie Hunderte einzigartiger Schmuckstücke entwarf und von Hand fertigte.

Ich treffe sie zum ersten Mal in ihrer Wohnung im Esszimmer. Hier unterhalten wir uns an einem Vintage-Tisch über ihre Leben als Juwelierin – ein Leben mit familiären Schwierigkeiten und persönlichen Rückschlägen, Ausdauer und verdienter Anerkennung. Aber der Kreis ihrer Geschichte schließt sich erst in ihrer ersten eigenen Werkstatt und Boutique.

Viaene wuchs in einem winzigen Dorf am Rande von Troyes in der Champagne auf – rundum nichts als Himmel und Felder. »Wir hatten Pferde und Hühner, und in dieser offenen Landschaft fühlte ich mir immer frei«, erzählt sie mir. Ihr Vater war ein erfahrener Holzhandwerker und renovierte das Bauernhaus der Familie eigenhändig. Ihre Mutter war Hausfrau und erzog sie und ihre beiden Geschwister. Ein erfülltes, wenn auch einfaches Leben. Ihr Studium der Angewandten Kunst in einer Fachschule in der angrenzenden Region führte sie weg von zu Hause und gab ihr ein erstes Gefühl der Unabhängigkeit.

Als sie mit siebzehn ihren Abschluss in der Hand hielt, plante sie, an eine Schule für Modedesign zu gehen. Doch mitten in ihrer Zukunftsplanung wurde der Vater sehr krank. »Eine unglaublich schwere Zeit für uns alle. Wir hatten ohnehin nicht viel Geld, aber nun wurde es noch enger. Ich konnte mir eine Universität und die Lebenshaltungskosten auf keinen Fall leisten.«

Ihr Studium verzögerte sich und sie zog nach Paris. Mit ihren dunkelbraunen Locken und ihrer schlanken, großen Figur weckte sie die Aufmerksamkeit von Scouting-Agenten, denen sie auf der Straße auffiel. »Ich unterschrieb einen Vertrag bei einer Modelagentur und rutschte damit in das Erwachsenenleben«, erinnert sie sich. »Ich wollte unbedingt unabhängig und gleichzeitig für meine Familie da sein. So habe ich letztendlich nie mein eigenes Zuhause gefunden. Ich übernachtete mal bei der einen Freundin, mal bei der anderen – nicht besonders toll.« Sie hat keinen romantischen Blick auf ihre Erfahrungen; es gab positive Momente, die ihr eine Idee der Luxuswelt und von kreativer Kunst gaben, aber im Allgemeinen musste sie sich um ihren Lebensunterhalt kümmern – ein rapider Karrierestart war außer Reichweite. Ein paar Jahre lang ging es ihr gut: Dank verschiedener Jobs im Einzelhandel verdiente sie genug Geld, um eine eigene Wohnung zu mieten und Wurzeln zu schlagen.

Nach dem traumatischen Verlust ihres Vaters im Jahr 2011 entschied sie sich, sich wieder der Kunst zu widmen.

Tagsüber arbeitete sie im Einzelhandel und abends nahm sie an der Volkshochschule Unterricht in der Schmuckherstellung, lernte Edelsteinkunde und den Umgang mit Modellierwachs. »Ich war fasziniert von Luxusschmuck, musste aber sichergehen, dass es nicht nur eine dumme Fantasie von mir war, sondern dass sich dieser Weg lohnen würde«, erklärt sie. Viaene lernte schnell und war sehr geschickt. Nicht nur ihre Lehrer ermutigten sie, sondern sie fand auch die Anerkennung der Haute École de Joaillerie in Paris, einer der berühmtesten Fachschulen für Schmuckherstellung der Welt. Als Stipendiatin erhielt sie ein Jahr lang Intensivunterricht und entdeckte ihre Leidenschaft für die traditionellen Aspekte des Geschäfts: Wachsausschmelzverfahren und die Kunst der Gouachemalerei.

»Wenn du ein Schmuckstück aus einem Wachsmodell herstellst, brauchst du eine Art 3D-Blick. Ich beginne mit einer Skizze des Schmuckstücks, schnitze ein Modell und dann wird die Form im Wachsausschmelzverfahren mit Metall ausgegossen. So kann das Stück in einem Arbeitsgang ohne Schmiedearbeiten hergestellt werden«, fährt sie fort, während sie ihren Verlobungsring vom Finger zieht und mir in die Hand gleiten lässt, damit ich die glatte Form fühle. Ihr Stil ist ganz modern – sie spielt mit Volumen, Proportionen und Form und erzeugt damit Emotionen. »Ich wollte nicht sofort meine eigene Marke gründen, aber ich war mir sicher, dass ich keinen Alltagsschmuck machen wollte. Ich wollte etwas schaffen, das eine Spur hinterlässt.«

Sie greift nach dem samtenen Kästchen und nimmt »mon coeur« heraus, einen herzförmigen Ring aus Weißgold in weichen, eleganten Linien. »Jetzt kannst du das Herz erkennen. Aber wenn der Ring am Finger ist, ändert sich die Form und das Herz ist nicht mehr zu sehen. Dies ist das erste Stück, das ich gemacht habe.«

Zunächst arbeitete sie für die besten Schmuckwerkstätten der Stadt und gründete schließlich eine Kollektion mit ihrem Namen, in der sie ihrer Kreativität freien Lauf lassen konnte. »Bei meinem ersten Job als Designerin in einer Werkstatt zeichnete ich Gouachen in einem staubigen

---

Gegenüberliegende Seite: Jedes von Viaene gefertigte Schmuckstück beginnt mit einer Skizze und einer Gouachezeichnung.

»Ich trage nur Schmuck, der eine persönliche Bedeutung hat. Heute fordere ich meine Studenten auf, die Rolle von Schmuck in einer Gesellschaft des übermäßigen Konsums zu berücksichtigen. Wie sieht ein Schmuckstück aus, das für einen bestimmten Zweck entworfen wurde?«

Hinterzimmer. Aber die Handwerker – fast immer Männer – produzierten immer etwas anderes als meinen Entwurf«, erzählt sie. Die Arbeit war nicht nur mühevoll und einsam, sondern sie und ihre Kolleginnen wurden einfach nicht respektiert. »Wir wurden ausgequetscht wie Zitronen und dann ohne Zögern ersetzt.« Eine Arbeit in einem fensterlosen Raum, bei der nur ein Bruchteil ihres Talents zutage kam, war nicht ihre Bestimmung.

Aber ein Alleingang stellt jeden Menschen vor große Herausforderungen. Und für die Gründung eines Geschäfts in Paris braucht man die Ausdauer und die Überzeugung eines Übermenschen. Scheitern, egal aus welchem Grund, ist nie angenehm und im Schmuckgeschäft ist es zudem sehr teuer. Bevor Viaene mit der Fertigung ihre ersten eigenen Stücke begann, testete sie den Markt und zeigte kleine Beispiele ihrer Werke auf Edelschmuckmärkten. Viele der Kunden, die sie vor zehn Jahren auf diesen Märkten kennenlernte, sind heute Stammkunden. Sie lassen ihre Edelsteine und Familienerbstücke von Viaene umarbeiten oder kommen einfach vorbei, um ihre herausragende Kunstfertigkeit zu bewundern. Dass sie so weit gekommen ist, hat aus ihrer Sicht viel mit Glück zu tun. »Es ist ein teures Geschäft. Da ich nicht mit einem goldenen Löffel im Mund zur Welt gekommen bin, musste ich viele Kredite aufnehmen. Erfolgreiche Menschen haben häufig eine wohlhabende Familie im Rücken oder verfügen über viele Kontakte. Es geht auch ohne diesen Rückhalt, aber es ist nicht leicht«, stellt sie fest.

Ihre Stützpfeiler auf dem Weg zum Erfolg waren eine ausgeprägte Arbeitsmoral, eine frische, ästhetische Sichtweise, ein eigener Stil und eine hervorragende Kunstfertigkeit. 2016 wurde sie vom Japanischen Wirtschaftsministerium und dem Französischen Staatssekretariat für Wirtschaft und Handwerk auserwählt, Frankreich beim G7-Gipfeltreffen der Gewerbetreibenden zu vertreten, der ersten Konferenz, die sich mit der Rolle von Frauen im Kunsthandwerk beschäftigt. Im gleichen Jahr wurde sie mit dem Preis für Kunsthandwerk der Stadt Paris (Grand Prix de la Création de la Ville de Paris) ausgezeichnet – eine wichtige Anerkennung nicht nur für sie selbst, sondern für alle Frauen, die einen ähnlichen Weg verfolgen. Doch den größten Einfluss auf ihre geschäftliche Zukunft hatte die Auszeichnung mit dem Preis der Stiftung der Banque Populaire im Jahr 2017, der mit einem Stipendium verbunden war, das sie für die Gründung ihrer ersten Werkstatt-Boutique verwenden konnte.

Diese Werkstatt mit Verkaufsraum eröffnete Viaene schließlich Ende 2018 im 7. Arrondissement gleichzeitig mit dem 20. Jubiläum ihrer Ankunft in Paris. Sie strahlt vor Freude, als ich sie in ihrem neuen Zuhause besuche. »Bei meiner Arbeit ging und geht es immer nur darum, Geduld zu haben«, erklärt sie lachend. »Meine Kunden müssen bereit sein zu warten, bis ich ein Stück entworfen und gefertigt habe.« Sie hört jetzt keine Schulkinder und Pausenglocken mehr bei ihrer kreativen Arbeit und auf meine Frage, wie sich das anfühlt, antwortet sie: »Ich fühle mich frei, darüber nachzudenken, was als Nächstes kommt.«

Zuhause in Paris

DEIN VON EINER FRAU GEFÜHRTES LIEBLINGSGESCHÄFT?
Maison Aleph, die wunderbare Pâtisserie von Myriam Sabet (siehe Seite 227). Sie hat das Gebäck für mein Eröffnungswochenende geliefert – jedes Stück schmeckt intensiv und ist einfach köstlich!

WOHIN GEHST DU GERN MIT DEINEM MANN FÜR EINEN ABEND ZU ZWEIT?
In die Weinbar Verjus. Lola ist herzlich und gastfreundlich. Mein Mann und ich treffen uns gern nach der Arbeit auf ein Glas Wein und eine kleine Mahlzeit. Wenn möglich, würden wir jede Woche dort hingehen.

WO KANN MAN DIE KUNST DER SCHMUCKFERTIGUNG ERKUNDEN?
Die Galerie des Bijoux im Musée des Arts Décoratifs zeigt eine außergewöhnliche Sammlung zur Geschichte des Schmucks seit dem Mittelalter.

Oben: Eine Auswahl von Viaenes einzigartigen Ringen, die sie in ihrer Werkstatt-Boutique im 7. Arrondissement fertigt.

Das Leben ist ein Fest und ein Vermächtnis

AJIRI AKI

GRÜNDERIN VON MADAME DE LA MAISON

ZUERST SEHE ICH DIE SCHUHE von Ajiri Aki. Abgetragene braune Sandalen mit bunten Riemchen über den Zehen. Sie lehnt sich gerade über den Tresen, um ihren Kaffee zu bezahlen. Diese große Frau trägt ihr Haar hochgesteckt, sodass der Nacken frei bleibt, und dicke Ringe, die ihre schlanken Finger noch länger aussehen lassen. Sie sitzt neben mir und schaut auf ihr Notebook und ich frage mich, woran sie wohl gerade arbeitet. Ich will gerade das Eis brechen und ihr eine Frage zu ihren Sandalen stellen, als sie mich anspricht und wir schnell in eines dieser leichten Gespräche geraten, die ich am Großstadtleben und den unverhofften Kontakten in Cafés so liebe. Ich erfahre, dass sie Texanerin ist, im 11. Arrondissement lebt, Autorin des *New York Times*-Bestsellers *Where's Karl?*, Mutter und stolze ehemalige New Yorkerin ist. Im Laufe der Zeit finde ich heraus, dass sie eine Frau mit vielen interessanten Geschichten über Hoffnung und Durchhaltevermögen ist.

Unter den bedrohlichen Wolken eines heranziehenden Gewitters über Paris wechseln wir in die Bar des Hoxton-Hotels. Hier wollen wir an einem unerträglich heißen Abend Ende Juli bei einem Apéritif über ihr Leben sprechen. Ihr Mann passt zu Hause auf die Kinder Noomi und Baz auf, sodass wir ein paar Stunden Zeit haben, die Puzzleteile des jungen Mädchens Ajiri in Nigeria und der Unternehmerin Ajiri Aki in Paris zusammenzusetzen.

Aki lebte bis zu ihrem fünften Lebensjahr in Nigeria. Danach zog sie mit ihrer Mutter, deren Werte sie heute in ihrem Unternehmen fortträgt, in die USA zu ihrem Vater, der gerade seinen Doktor in Wirtschaftswissenschaften gemacht hatte. »Familien aus Nigeria wandern in das Land aus, in dem sie die besten Ausbildungs- und Arbeitschancen haben; sie gehen also nicht unbedingt dorthin, wo sie die meisten Nigerianer treffen«, erklärt sie mir. Ihr Weg führte sie nach Austin, Texas, wo sie eines von nur vier schwarzen Mädchen in der Schule war und immer um die Anerkennung ihre Identität kämpfen musste. Die Familie sah sich selbst als Afrikaner in Amerika, also nicht als afrikanische Amerikaner – ein wichtiger Unterschied, der sie täglich begleitete. Die

Unterschiede dieser beiden Kulturen waren wie tiefe Gräben. »In der Schule versuchte ich, mich an die amerikanischen Mädchen anzupassen, und wenn ich nach Hause kam, stand meine Mutter am Herd, kochte nigerianisches Essen und sang amerikanische Popsongs – sie hatte wirklich einen außergewöhnlichen Charakter. Aber erst heute kann ich das wertschätzen«, räumt sie ein.

Aki unterteilt ihr Leben in die Zeit vor und die Zeit nach dem Tod ihrer Mutter. Bis zu ihrem zwölften Lebensjahr war sie der Typ Anführerin. Sie wurde Mitglied der African Christian Fellowship (Afrikanischen Christlichen Gemeinde), wo sie sich jeden Samstag mit anderen Afrikanern traf. Sie gründete Little African Voices (Kleine Stimmen Afrikas), eine Gruppe, für die sie Tänze choreografierte und aufführte und eigene Kostüme schneiderte – ganz im Sinne ihrer Mutter. Sie hatte großartige Ideen, eine grenzenlose Fantasie und sie liebte Glanz und Glamour. Mit all dem war sie genauso wie ihre Mutter – immer inspiriert und umgeben von Show und Spektakel. Als ihre Mutter 1999 an einer Herzinsuffizienz starb, legte sich ein schwarzer Nebel über ihr Leben. »Eines Tages wurde sie krank und sechs Monate später war sie tot. Das war hart. Die Ajiri, die zurückblieb, hatte Angst, dass ihre Kultur auch sterben würde«, erzählt sie. Ihr Vater hatte kein Interesse, die eigene Kultur zu pflegen.

Wie enttäuscht war sie, als ihr Vater schnell wieder heiratete und sich von der Familie abwandte. Als sie sechzehn war, bat sie den Vater ihrer besten Freundin, ihr Vormund zu werden, und suchte Unterstützung bei den Sportlehrern in ihrer Schule. »Die Leichtathletik hat mich emotional gerettet«, erinnert sie sich. Der unerwartete und schmerzliche Verlust ihrer Mutter weckte bisher ungekannte Überlebensinstinkte in ihr. »Nach ihrem Tod musste ich immer stark sein. Auf meinen Vater konnte ich ja nicht zählen. Der Kampf um mein alltägliches Leben wurde für mich zum Dauerthema«, fügt sie hinzu. Aber dank der unglaublichen Großzügigkeit bestimmter Frauen konnte sie ihr Leben immer im Griff behalten. »In meinem Leben hat es einige weibliche Engel gegeben, die mir immer dann zur Seite standen, wenn ich meine Mutter am meisten vermisst habe«, erzählt sie mit immer noch ungläubigen Staunen.

So hat Tante Louise, die kaum genug für ihren eigenen Lebensunterhalt verdiente, für Akis Platz an der Universität bezahlt, weil sie wollte, dass das Mädchen ein besseres Leben führt. Dr. Sally Fortenberry gab Aki, obwohl sie sie kaum kannte, einen Kredit, als diese sich ihr Studium nach dem ersten Semester nicht mehr leisten konnte, und Shannon vom Costume Institute (Mode-Institut) half ihr bei einer Forschungsarbeit als Antrag zur Aufnahme am Bard College, wo sie ihren Master absolvieren wollte (sie wurde angenommen und erhielt ein Vollstipendium). Und dann gab es noch Phyllis vom Museum of the City of New York, die ihr beibrachte, wie Objekte konserviert werden, und damit eine Stelle als stellvertretende Kuratorin ermöglichte, noch bevor sie über einen Abschluss verfügte.

Die junge Aki Ajiri wurde wieder zum Leben erweckt, als sie Modegeschichte und Kunstgewerbe studierte. Mit ihrem Studium kam sie nach Paris, wo sie in den ersten drei Monaten ihre Kenntnisse in Materialkunde verbesserte und sich ein enzyklopädisches Wissen über den

»In Frankreich hatte ich nicht das Gefühl, dass alles möglich ist, aber ich habe gegen alle Widerstände gekämpft. Und auch meinen Kindern möchte ich beibringen, dass keine Hürde unüberwindbar ist.«

Modeschöpfer Jean Patou, den Konkurrenten von Coco Chanel, aneignete. Das nächste Jahr verbrachte sie in Paris und New York mit Studien der Archivare des Musée des Arts Décoratifs und des Palais Galliera. Aber als sie mit dem Abschluss in der Tasche wieder nach Hause zurückkehrte und erkannte, dass Jobs im Modebereich nur spärlich gesät waren, traf sie diese Erkenntnis wie ein Schlag. »Ich hatte doch Mode studiert und dachte, dass ich damit etwas anfangen könnte. Doch das war ein ganz abgeschotteter Bereich«, erinnert sie sich. So nahm sie wieder Kontakt zu Bekannten aus der Modewelt auf und gründet eine Agentur für Modevideoproduktionen in New York City. Zu dieser Zeit lernte sie Thomas kennen, einen schweizerdeutschen Filmproduzenten, der in Paris lebte. »Ich hatte mir geschworen, diesen Typen näher kennenzulernen«, scherzt sie.

Die beiden heirateten 2011 und zogen nach Paris, von wo aus sie ihr Unternehmen – ihr Lebenswerk – so lange wie möglich weiterführte. Aber mit der Geburt ihrer Tochter haben sich die Kontakte verändert und natürlich auch die Arbeit. Aki wurde in Paris »sesshaft« und gründete damit einen neuen Lebensmittelpunkt. »Bei mir war es anders als bei meiner Mutter, als diese nach Amerika zog. Sie hat sofort Freunde und Gleichgesinnte gefunden. Aber meine Familie war nicht in der Nähe und ich hatte auch kein Netzwerk. Als ich mit Noomi schwanger war, war ich sehr einsam«, erinnert sie sich. So stürzte sie sich in die Arbeit an dem Buch *Where's Karl?*, bei dem sie ihr Freund und Ko-Autor Stacey Caldwell unterstützte. Aber erst einige Jahre später nach Geburt ihres Sohnes erkannte sie, dass ihre Arbeit »Sinn« macht. Und damit zeigte sich wieder, wie ähnlich sie ihrer Mutter ist.

Als sie sich mit Freunden an einem Wochenende in einem Landhaus über Zukunftspläne unterhielt, wurde die Idee zu Madame de la Maison geboren, ihrer Boutique für antikes Tischgeschirr und Leinentischwaren. »Ich erzählte, wie sehr ich Antiquitäten und Deko im Allgemeinen mag. Es macht mich glücklich und so überlegte ich, ob ich nicht einfach damit meinen Lebensunterhalt verdienen könnte.« Sie liebt es einfach, etwas mithilfe von Objekten, die sie über Jahre gesammelt hat, in Szene zu setzen, eine Geschichte dazu zu kreieren und ein Gespür für einen Ort zu entwickeln. So vergeudete sie keine Zeit und gründete ihr Geschäft. »Ich wusste, dass dieses Projekt vielversprechend war. So habe ich sofort ein richtiges Geschäft gegründet, habe also nicht erst rumprobiert oder es als Hobby gesehen. Ich wollte gleich von Anfang an nach Erfolg streben«, erklärt sie. Sie produziert nicht nur ihre eigene Kollektion mit Leinenservietten und -tischtüchern, sondern verkauft und vermietet auch ihre Fundstücke von Antikmärkten und Hofverkäufen in ganz Frankreich, angefangen bei festlichen, silbernen Vorlegelöffeln bis zu Suppenterrinen aus Eisensteinporzellan.

Heute gehört sie zu der neuen Generation von Antiquaren, die Traditionen mithilfe von Objekten wieder aufleben lassen, die eine Geschichte erzählen. Sie sieht sich selbst als kulturelle Brückenbauerin: Sie gräbt die Schätze der französischen Kultur aus, poliert sie wieder auf und schenkt ihnen ein neues Zuhause. Und sie hofft, eine Quelle der Inspiration für andere Frauen zu sein, insbesondere für Frauen aus dem Ausland, die in Paris leben und ein Geschäft gründen möchten. »Es ist hart und anstrengend und manchmal muss man auch sein Kind unter dem Arm zur Arbeit mitnehmen, aber es ist möglich.«

Beim Verlassen des Hotels frage ich sie, was sie außer der sichtbaren Schönheit und der Geschichte am meisten an den Stücken liebt, die sie im ganzen Land findet. »Sie sind ein Symbol dafür, dass Familie und Freunde zusammenkommen und ein Wir-Gefühl haben«, antwortet sie. »Die Menschen benutzen die Dinge, die ihnen Freude bringen, viel zu selten. So auch meine Mutter, die gestorben ist, bevor sie das Leben genießen konnte. Ich verstaue meine Lieblingsdinge nicht im Schrank – ich benutze sie. Mit ihnen feiere ich mein Leben«.

Zuhause in Paris

DEIN VON EINER FRAU GEFÜHRTES LIEBLINGSGESCHÄFT?
Racine Paris, ein sehr schönes Blumengeschäft (siehe oben). Als ich bei meiner Geschäftsgründung zeigen musste, was ich kann, hat mich die Inhaberin mit grandiosen Trockensträußen versorgt. Das war sehr hilfreich und gab mir das Gefühl der Solidarität unter Unternehmerinnen.

DEIN LIEBLINGSSTADTTEIL?
Das 11. Arrondissement. In diesem Teil der Stadt ist so viel los und ich freue mich, dass er mit all den Menschen, die hier Geschäfte gründen, so wächst und sich entwickelt.

WO GEHST DU GERN MIT DEN KINDERN HIN?
In das SUPER Café im 20. Arrondissement. Hier gibt es eine große Terrasse aus Kopfsteinpflaster, viele Spielplätze für Kinder und ein bequemes Café (und einen Coworking-Space!) für die Erwachsenen.

Wegbereiterin für natürliche Schönheit

VICTOIRE DE TAILLAC

MITBEGRÜNDERIN VON L'OFFICINE UNIVERSELLE BULY

SIE IST DIE EINE HÄLFTE DES RASTLOSEN DUOS hinter dem Kosmetiklabel L'Officine Universelle Buly. Victoire de Taillac verkörpert einen Paradigmenwechsel des Begriffs Schönheit, bei dem Normen nicht an wahrgenommene Mängel oder Fehler festgemacht werden, sondern an der reinen, individuellen Freude, die Frauen *und* Männer daran haben, sich selbst zu pflegen. Die junge Kultmarke setzt auf das Design alter Apotheken sowie die Qualität der Rohmaterialien und ist damit eine echte Alternative zum übertriebenen Luxus geworden. Von Öl- und Tonerdeprodukten, Pudern und Cremes zu Mundpflegeprodukten, Duftmischungen und den ersten wasserbasierten Parfüms der Branche baut sie auf die besten Ideen der Vergangenheit und schafft Innovationen für die Zukunft. Wir sprechen in ihrer Boutique in der Rue de Saintonge über ihre Karriere vor der Zeit bei Buly, ihre Vision von Schönheit auf der Grundlage von handgefertigten Produkten und über die Vorteile, mit denen sich ihr Geschäft auf einem gesättigten Markt abhebt.

Hast du dich schon immer für die Schönheitsindustrie interessiert?
Auf gar keinen Fall. Das fing sogar erst ziemlich spät an! Ich habe immer an allem gezweifelt und war mir als Jugendliche und junge Erwachsene in nichts sicher. Ich habe Gegenwartsgeschichte an der Sorbonne studiert und während meines letzten Studienjahrs hat meine Kindheitsfreundin Sarah zusammen mit ihrer Mutter das Ladenkonzept Colette eröffnet. Recht schnell boten sie ihr an, im Bereich interne Kommunikation für das Unternehmen zu arbeiten. Das war mein erster Job: Ich war zweiundzwanzig und Sarah war einundzwanzig – zwei Halbwüchsige mit Verantwortung. Das war total verrückt.

Es müssen sich riesige Chancen für dich aufgetan haben, denn Colette hat in Paris und für die internationale Design- und Modewelt eine große Bedeutung.
Noch bevor ich Colette verlassen habe, habe ich in voller Überzeugung mein eigenes PR-Unternehmen gegründet. Colette hat die Marken für Pflegeprodukte Kiehl's und Aesop (vor der Übernahme)

eröffnet und mir war klar, dass ich vor den Gründern dieser Marken viel Respekt hatte, aber auch, wie sehr ich mich für Schönheit und die Geschichten drumherum interessierte. Der grundlegende Gedanke ist: Jeder möchte sich schön fühlen, und ich glaube, dass Schönheit den Alltag verzaubert. In der Mode ist das abgehobener und elitärer. Hier gibt es mehr Vorschriften, sie ist extrem an finanzielle Mittel, Status und Äußeres gebunden – das hat mich immer weniger interessiert. Gemeinsam mit meinem Mann Ramdane, den ich bei meiner Arbeit bei Colette kennenlernte, eröffnete ich ein Kosmetikgeschäft mit dem Namen Parfumerie Générale. Wir waren damals beide fünfundzwanzig Jahre alt. In unserem modernen Geschäft im 8. Arrondissement boten wir ungefähr vierzig unterschiedliche Nischenmarken an, die in Paris bislang nicht verkauft wurden. Es wurde ein kleines Geschäft mit unseren besten Freunden als Kunden und wir verdienten nicht viel Geld. Und leider wurde es nach drei Jahren noch schlimmer und brach schließlich zusammen. Ich habe mein PR-Geschäft noch weitergeführt und bin dann Ramdane gefolgt, als er die Möglichkeit hatte, Cire Trudon, einen Kerzenmacher im Stil des siebzehnten Jahrhunderts zu übernehmen.

Und wann gab es die große Wende zu dem Leben, das du heute führst?
Wir hatten den Auftrag, eine Marke neu zu beleben, die ein französischer Hersteller gekauft hatte, ohne zu wissen, was er damit tun sollte. Diese Marke verkörperte mit einer Fabrik, die seit dem achtzehnten Jahrhundert in Betrieb war (was extrem selten ist), ein tolles Erbe. Außerdem war dieses Unternehmen seit langer Zeit Kerzenlieferant für die Kirchen in Frankreich. Nachdem wir die Archive der Marke durchkämmt hatten, entschied Ramdane, dass wir den Schwerpunkt auf Ästhetik legen. Wir wollten eine Kerze produzieren, die nicht wie jede Kerze auf dem Markt aussieht. Sie sollte ein grünes Glas und ein goldenes Etikett haben und natürlich duften. Zwanzig Jahre lang hat jeder dem Kerzenduft von Diptyque kopiert – also war es an der Zeit, kreativ zu werden. Sechs Monate nach der Eröffnung haben wir einen riesigen Erfolg verzeichnet – die Marke wurde in dreißig Ländern vertrieben, nach einem Jahr waren es bereits sechzig Länder. Ich arbeitete im Bereich Kommunikation, war für Texte, Kataloge und die Presse zuständig. Wir haben sehr schnell gelernt, dass eine Traditionsmarke nur dann wertvoll wird, wenn sie gut verwaltet wird. Schließlich wurden die Rechte veräußert, was sich als eine neues großes Abenteuer herausstellte.

Aber das Timing war perfekt für dich. Buly ist dir doch quasi in den Schoß gefallen?
Zufällig zeigte uns ein befreundeter Antiquitätenhändler einen Katalog mit Produkten aus dem neunzehnten Jahrhundert. Da bekamen wir die Idee, eine alte französische Marke für Kosmetikprodukte neu aufzulegen. Wir lebten damals in New York und kamen nach Frankreich, um uns alle nötigen Informationen zu besorgen und das Geschäft von Grund auf aufziehen.

»Das Bild der Pariser Frau hat sich seit dem neunzehnten Jahrhundert nicht verändert: Sie ist weiß und schlank.«

Buly setzt sich bereits durch sein Image und den Produktschwerpunkt vom Mainstream ab. Wie spiegelt die Marke deine eigene Vorstellung von Schönheit wider?
Schönheit ist eine seltsame Branche. Im Grunde hat alles immer nur mit Problemen zu tun: Der Hälfte der Bevölkerung der Erde wird gesagt, sie sei zu dunkel, und der anderen, sie sei zu weiß. Und dann gibt es Produkte für diese Probleme, die die Verbraucher angeblich unbedingt beheben müssen. Aber für mich geht es bei Schönheit und Hautpflege eigentlich nur darum, sich gut zu fühlen und sich selbst zu pflegen. Ziel ist nicht, der oder die Schönste zu sein, denn es gibt immer jemanden, der schöner, jünger, intelligenter ist, und wir können nicht ständig im Wettstreit um Perfektion leben. Schönheitsrituale sollten ganz individuell sein und das Leben leichter machen. Ich konnte mich nie damit identifizieren, was vor allem in Frauenmagazinen über Schönheit und Kosmetik geschrieben wurde und die Leserinnen doch nur frustriert. Als wir Buly gegründet haben, wusste ich vom ersten Moment an, dass der Katalog ganz anders aussehen musste.

Dein Buch *An Atlas of Natural Beauty* (Atlas der natürlichen Schönheit) so wie auch dein illustrierter Katalog sind in einem ganz anderen Ton verfasst. Wie würdest du diesen Ton beschreiben?
Informativ und gut geschrieben. Je besser die Kunden informiert sind, desto mehr kaufen sie für sich selbst. Schönheit ist eine persönliche Sache, und jeder Mensch hat seine eigenen Gewohnheiten und muss das Richtige für sich finden. Im Katalog sind alle Eigenschaften der einzelnen Produkte vom Duftstreichholz bis zu den verschiedenen Pudern ganz detailliert beschrieben. Ich möchte eine Geschichte erzählen, aber auch einen kulturellen Hintergrund zu den Produkten vermitteln, wie sie verwendet werden, wofür sie sich eignen, wo die Pflanzen herkommen usw.

Deine Parfüms beinhalten keinen Alkohol, deine Verpackungen sind nachhaltig (kein Plastik!) und du konzentrierst dich neben einigen traditionellen Inhaltsstoffen auf Cremes aus Ölen, Tonerde und Pflanzen. Würdest du dich als Innovatorin der Branche bezeichnen?
Wir möchten so kreativ wie möglich sein und einen neuen Blick auf Schönheit und die Raffinesse der Pflege werfen. Unsere Marke stellt nicht nur hübsche Sachen her, sondern Produkte hoher Qualität. Die Schönheitsindustrie tendiert dazu, Gebrauchsgegenstände zu produzieren, Kunststoffe zu nutzen, ein Massenmarkt zu sein, – aber wir sind anders. Wir haben Freude daran, dass unsere Produkte selbst schön sind: Ein schön gestalteter Kamm oder eine schöne Tube Zahnpasta ist ästhetisch. Der Wandel der Schönheitsindustrie weg von einem Markt für Gebrauchsprodukte

vollzieht sich langsam. Aber die Herkunft von Produkten, ihre Qualität und ihre Zusammensetzung werden immer mehr an Bedeutung gewinnen. Wir sehen das schon in der Welt der kulinarischen Produkte. Es sind die kleinen Dinge, die den Unterschied machen. Wenn wir also etwas Neues entwickeln, denken wir nicht nur darüber nach, wie und woraus es gefertigt wird, sondern auch, wie es aussieht. Unser Produkte sind ein Stück weit Sammlerstücke. Vielleicht finden wir in dreißig Jahren eine Buly-Flasche auf dem Flohmarkt von Saint-Ouen.

Von der Inneneinrichtung deiner Läden in Paris bis hin zum Design der Verpackungen hat die Marke den Glanz des Alten – ein wichtiger Bestandteil ihrer Attraktivität. Kannst du bestätigen, dass Buly eine romantisierte Version von Paris ist?
Natürlich! Wir haben einen klassischen Laden, in dem wir eine neu interpretierte Version von Frankreich darstellen, die viel weiter geht als die Marke allein. Unser Personal pflegt einen sehr guten Service, schenkt unseren Kunden sehr viel Aufmerksamkeit und verfügt über viel Erfahrung. Ich hoffe, dass die Läden eine eigene Seele ausstrahlen und nicht aussehen, wie beliebige Geschäfte. Nicht nur der altmodische Retro-Stil soll inspirieren, sondern das Zusammenwirken von Alt und Neu.

Du hast drei Kinder, darunter einer heranwachsende Tochter. Hoffst du, dass sie von dir lernt?
Ja, sie soll ganz viel von mir lernen, aber nicht nur von mir, sondern auch vom Leben in Marokko, Amerika, Japan und Frankreich! Aber das Wichtigste ist, dass sie immer weiß, dass sie nicht verpflichtet ist, körperlich perfekt zu sein oder eine bestimmte Kleidung zu tragen. Es gibt so viele Möglichkeiten, eine Frau zu sein.

Gegenüberliegende Seite: Einer der vielen Buchhändler in Saint-Germain, die Victoire de Taillac besucht, um sich zu entspannen.

Zuhause in Paris

DEIN VON EINER FRAU GEFÜHRTES LIEBLINGSGESCHÄFT?
Meine wunderbare Bäckerin bei Secco in der Rue de Varenne, wo ich jeden Morgen gegen sieben einkaufe. Sie ist der erste Mensch, mit dem ich morgens spreche. Außerdem liebe ich Floristinnen und hier besonders die Arbeit von Clarisse bei Vertumne, ein Geschäft, das genau ihren Stil widerspiegelt.

DEIN KULTURTIPP?
Buchläden. Bücher, alte und neue, sind meine Lösung für alle Probleme. Ich mag Chantelivre, eine Kinderbuchhandlung mit einer gut gepflegten Erwachsenenabteilung, L'Ecume des Pages in Saint-Germain, der abends sehr lange geöffnet hat, und La Procure im 6. Arrondissement, einen riesigen Buchladen, der sich auf Bücher über Religion, Philosophie und Kultur spezialisiert hat.

WAS TUST DU, WENN DU ALLEIN SEIN MÖCHTEST?
Über den Fluss fahren! Das erinnert mich am meisten ans Meer. Es gibt nichts Besseres als das Licht auf dem Wasser am frühen Morgen oder bei Sonnenuntergang.

Innovatorinnen

Auf der Weltbühne zwischen Umwelt und Kapital

ANNE HIDALGO

ERSTE BÜRGERMEISTERIN VON PARIS

WIE ALLE PARISERINNEN ist Anne Hidalgo eine leidenschaftliche Anhängerin von Ritualen. Sie kauft seit Jahren immer beim gleichen Supermarkt, Metzger und Feinkosthändler im 15. Arrondissement ein, holt sich Lesevorschläge beim Buchhändler um die Ecke und geht, wenn es ihr Zeitplan erlaubt, mit ihrem Mann zum Abendessen in ihr nahe gelegenes Lieblingsrestaurant. Sie schaut bei möglichst vielen Schwimmwettkämpfen ihre jugendlichen Söhne zu und bemüht sich an den Wochenenden, ihre Freunde zu treffen. Aber vor allem nimmt sie sich Zeit, ihre Umgebung zu beobachten.

Sie ist eine berufstätige Frau, die einen anstrengenden Job mit ihrem Privatleben koordiniert, das auch privat bleiben soll. Aber solche Rituale sind wichtig, sagt sie, um eine Stadt mit 2,1 Millionen Einwohnern zu führen. »Zuerst musst du eine Stadt lieben, um sie verwalten zu können. Du musst sie ganz genau kennen, als ob sie ein Mensch wäre«, erklärt sie mir. »Ich liebe es, sonntags bei einem Spaziergang andere Pariserinnen dabei zu beobachten, wie sie die Stadt zu ihrer machen. Dabei entstehen sehr viele Ideen, was ich verbessern kann, wenn ich montags wieder ins Büro komme.« Wir müssen nicht die gleichen politischen Werte vertreten wie Anne Hidalgo, um anzuerkennen, wie sie seit ihrem Amtsantritt als erste Bürgermeisterin im Jahr 2014 versucht, Paris zu verändern. Ihre Ziele drehen sich um soziale Inklusion, Innovation, nachhaltige Entwicklung und Umweltschutz. So hat sie sich als Bürgermeisterin in der ganzen Welt den Ruf einer unerschütterlichen Vorreiterin für den Umweltschutz erarbeitet. 2019 wurde sie als Vorsitzende der C40-Städte, eines Netzwerkes von Führungskräften aus den einflussreichsten Städten der Welt, von der Plattform Apolitical zu einer der ersten 20 der Hundert einflussreichsten Personen in der Klimapolitik ernannt.[42]

Anne Hidalgo hat sich vorgenommen, bis 2025 alle Dieselmotoren in Paris zu verbieten und bis 2030 Autos mit Verbrennungsmotoren auslaufen zu lassen.[43] Von nun an müssen alle gasbetriebenen Autos, die in der Stadt fahren, eine Plakette mit der Einstufung der Schadstoffemission haben. Im Rahmen dieses Umweltschutzprogramms mit dem Namen Crit'Air sind ältere Fahrzeuge, also

Autos, Touristenbusse und LKW, zwischen 8 und 20 Uhr mit einem Fahrverbot belegt. Am ersten Sonntag im Monat gilt in zehn Ballungsgebieten der Stadt, wie z. B. den Champs-Élysées, ein allgemeines Fahrverbot, und die Bürgermeisterin möchte dieses Fahrverbot im Fall ihrer Wiederwahl sogar wöchentlich verhängen (in 20 weiteren Stadtteilen besteht bereits ein wöchentliches Fahrverbot). Sie hat das beliebte Fahrrad-Sharing-Programm der Stadt, ‚Vélib', ausgeweitet (und sich von der schlecht geplanten Einführung der aktualisierten Fahrzeugbestände im Jahr 2018 erholt) und sich mit Gegnern aus den Reihen der Autofahrerverbände erfolgreich auseinandergesetzt, um große Teile des Seine-Flussufers zu Fußgängerzonen zu erklären. Das Fahrradwegenetz wird ausgebaut, der öffentliche Nahverkehr ist nun für Kinder unter 11 Jahren kostenlos (und war bereits zuvor für ältere Mitbürger und behinderte Erwachsene kostenlos) und der Autoverkehr hat, wie sie mir erklärt, in den letzten fünf Jahren um 20 Prozent abgenommen.

Der Kampf gegen Autos ist nicht die Patentlösung für den dringend nötigen Umweltschutz, hilft aber dabei, die Bürger auf den umfassenden kulturellen Wandel und die Verhaltensänderungen vorzubereiten, die vorgenommen werden müssen. Selbst wenn es unbequem und lästig ist, aber die Smog-Wolken, die sich regelmäßig über die Stadt legen, (welche Lunge erinnert sich nicht an die Smog-Alarme in Delhi und Peking in 2016?),[44] werden ohne kollektive Maßnahmen nicht verschwinden. Eine Wahrheit, die sie dem Staat und ihren Wählern immer wieder vor Augen führt.

»In zwanzig Jahren wird Paris immer noch Paris sein, aber es wird sich entwickelt haben. Wir werden uns vornehmlich mit öffentlichen Verkehrsmitteln, dem Fahrrad oder zu Fuß fortbewegen. Das Leben wird, weit entfernt vom Zeitalter der Autos, viel ruhiger sein. Und die Natur wird die Stadt zurückgewinnen«, prognostiziert Anne Hidalgo. »Statt Beton wird es in jedem Stadtteil viel mehr Wiesen und Grünflächen geben. Wir werden in der Seine schwimmen können und wir werden unsere Zukunft weiterhin gemeinsam mit fähigen Unternehmern/-innen, Handwerkern/-innen und Künstlern/-innen aufbauen« dem Lebenselixier unserer Stadt.

Beim Thema Soziales steht sie eindeutig für die LGBTQ-Rechte ein, wandelte zwei berühmte Säle des Rathauses in einen rund um die Uhr geöffneten Zufluchtsort für Hunderte von obdachlosen Frauen um und brachte ein Integrationsprogramm auf den Weg, mit dem obdachlose Roma-Kinder einen Platz in einer Schule bekommen und ihre Familien Unterkunft finden.[45] Sie richtete trotz des Widerstands der Einwohner Flüchtlingsheime ein und fand dreimal mehr Plätze für Eilunterbringungen von Bedürftigen als während ihrer vorherigen Amtszeit. Ich könnte die Liste ihrer Aktionen unendlich weiterführen, aber sie sagt: »Es gibt so viel mehr zu tun. Solidarität macht einen großen Teil der Identität dieser Stadt aus. Sie ist im Verlauf von mehreren Jahrhunderten durch die Aufnahme von Menschen gewachsen, die vor Kriegen oder Notsituationen geflohen sind. Diese Willkommenstradition und Offenheit müssen wir uns bewahren.«

Die Bürgermeisterin wurde in der spanischen Provinz Cádiz unter dem Namen *Ana* Hidalgo als Tochter eines Elektrikers und einer Schneiderin geboren. Auf der Flucht vor dem Franco-Regime in Spanien ließ sich die Familie in einem unterprivilegierten Vorort von Lyon in Frankreich nieder.

Hier wuchs Hidalgo zusammen mit ihrer Schwester auf. Mit vierzehn wurde sie Anne, eine französische Bürgerin. Wie sie Lauren Bastide in einem Artikel für *La Poudre* erzählte, hat sie in ihrer Kindheit, die sie gemeinsam mit anderen Immigranten und der Arbeiterklasse von Lyon verbrachte, einen untrennbar mit Arbeit verbundenen Sinn für Würde gelernt. »Das Leben war hart, aber wir haben immer Spaß gehabt. Meine Eltern haben die Schule in sehr jungen Jahren verlassen, brachten mir aber bei, dass ich durch Arbeit zu mir selbst finden und verstehen kann, wer ich sein soll.«[46]

Vielleicht hat sie so verstanden, dass sie berufen war, eine Frau zu werden, die fleißig lernt, Abschlüsse erzielt, Anerkennung erhält und trotz der damals genauso wie heute vorhandenen sozio-ökonomischen Hindernisse, die sich ihrem Aufstieg in den Weg stellten, ihren eigenen Platz in der Gesellschaft formt. Die Stadt war, wie sie selbst zugibt, nicht nur die Zukunft, sondern ihre Zukunft. Ihre Karriere begann als eine der jüngsten Arbeitsinspektorinnen Frankreichs bis zur Nachfolgerin des ehemaligen Bürgermeisters Bertrand Delanoë, unter dem sie als stellvertretende Bürgermeisterin für Geschlechtergleichheit und später für Städteplanung und Architektur arbeitete, bis sie selbst die Bürgermeisterwahl gewann.

Als Bürgermeisterin hat sie eines der größten und am meisten sichtbaren Ämter der französischen Politik inne, das fast ebenso häufig kritisiert wird wie das des Präsidenten. Wenn sie für ihre Versuche, das städtische Leben zu verbessern und für den aggressiven Kampf gegen die Klimakatastrophe beschimpft wird, dann liegt der Grund dafür nicht nur in ihren Reformen und Initiativen zur Stadtsanierung. Beobachtet man sie in den letzten fünf Jahren in ihrem Amt und sieht die unendlichen Versuche, ihren Ruf zu verunglimpfen und ihre Verwaltung für Missetaten anzuklagen, dann wird sicher deutlich, dass Frauen in politischen Führungspositionen allzu häufig lediglich dafür verteufelt werden, dass sie es wagen, in den Vordergrund zu treten. »Als ich 2001 [zur stellvertretenden Bürgermeisterin] gewählt wurde, erklärte die Presse, dass ich keinen Einfluss hätte und dass meine Ernennung rein kosmetische Gründe hätte. Ich sei einfach die loyale Nummer 2, der uncharismatische Schatten von Bertrand Delanoë, dem ich nie das Wasser reichen könne«, erzählte sie 2018 der Zeitschrift *Marie Claire* mit Hinweis auf die Beleidigungsstürme und die Drohungen, denen sie in ihrer politischen Karriere ausgesetzt ist. »Dann werde ich Bürgermeisterin, ich erfülle einfach nur meinen Job und plötzlich werde ich zur einer echten Autoritätsperson.«[47] Dass man Frauen mit Macht ihre Legitimität abspricht, liegt nicht an Paris oder an Bürgermeisterin Hidalgo, sondern ist eine dauerhafte, ermüdende Belastung, die die Aufmerksamkeit von der einflussreichen und wichtigen Arbeit, die sie für die Stadt leistet, ablenkt.

Das Spektrum der tiefgreifenden Veränderungen im Leben der Pariser – weg von der *bagnole* (dem fahrbaren Untersatz) hin zum Fahrrad – hat ganzen Legionen an Kritikern Tür und Tor geöffnet. Die härtesten unter ihnen bezeichnen sie als selbst-glorifizierend und in ihrer Hardline-Politik opportunistisch mit dem Ziel, der Umweltverschmutzung durch die Einrichtung von Fußgängerzonen Einhalt zu gebieten. Böse Zungen behaupten, dass die Abschaffung von Autos in der Stadt zur Suburbanisierung und Beruhigung von bestimmten Stadtbereichen führen soll. Dazu kommt der Vorwurf, dass damit die Immobilienpreise für Einwohner in die Höhe getrieben werden – die Werte steigen, die Steuern werden erhöht und die Stadt hat den Vorteil. Nur die zufriedenen Fußgänger und Eigenheimbesitzer können ihre Chancen für eine Wiederwahl begünstigen.

Doch es entsteht auch der Eindruck, dass die größere Anzahl an Grünflächen in der Stadt zwar unbestritten einen schöneren Eindruck schafft, aber gleichzeitig unverrückbar festlegt, wer Zugang dazu hat:[48] welche Händler sich wo ein Geschäft leisten können, wie einfach die Einwohner aus den Vorstädten zu den Grünflächen kommen können, um sie zu nutzen. Daher bezeichnen Hidalgos Gegner die Maßnahmen als elitär und gehen davon aus, dass Paris zu einer *Ville des Riches* – einer Stadt der Reichen wird. Ich persönlich würde sagen, dass Anne Hidalgo viel mehr auf die Bedürfnisse der einfachen Menschen eingeht und das kosmopolitische Erbe der Stadt pflegt, als die aristokratischen Karrierepolitiker/-innen (wie z. B. Nathalie Kosciusko Morizet), gegen die sie sich behaupten muss. Meiner Meinung nach wird sie im März 2020 wieder zu den Kommunalwahlen antreten. Und die Tatsache, dass über die Hälfte der Autofahrer ausschließlich innerhalb von Paris und 80 Prozent aus privaten Gründen fahren,[49] zeigt doch, dass eine Reduktion des Autoverkehrs wahrscheinlich keinen Nachteil für die Einwohner im Großraum Paris darstellen würde.

Auf mich wirkte die Bürgermeisterin Anne Hidalgo immer wie eine liebenswerte, warme, redegewandte und umsichtige Frau. Seit ihrem Amtsantritt hat die Stadt einige gewaltige Unruhen erlebt. Vom Anschlag auf Charlie Hebdo, dem Terroranschlag vom 13. November 2015, den aktuellen Demonstrationen der *Gilet Jaunes* (Gelbwesten) bis zum Feuer von Notre-Dame: Sie zeigte sich in jeder Situation selbstbeherrscht, beruhigend und vereinend. Ihr vielleicht größter Fehler als Bürgermeisterin ist meines Erachtens ihre allzu utopische Vision der Stadt, in der die Bürger das Sagen haben und keine Autos zu sehen sind. Sie hat den übereifrigen Wunsch, Paris neu zu erfinden, selbst wenn sie dabei Mitglieder der eigenen Partei übergeht. Sie geht Risiken ein und steht für ihre Überzeugung ein, auch wenn sie sich damit unbeliebt macht. Andererseits denke ich, können wir zwar ihre Politik kritisieren, sollten aber nicht ihr Engagement für die Stadt schmälern.

»Paris ist eine Stadt, die wie nur wenige Städte der Welt beobachtet und begutachtet wird«, räumt sie ein. »In der Zukunft wird sie ihrer Geschichte treu sein und ihre Einzigartigkeit bewahren, sich aber gleichzeitig neu erfinden und die größten Herausforderungen des einundzwanzigsten Jahrhunderts meistern müssen.«

Die Menschen, die Paris als globale Hauptstadt mit ihrem Potenzial zu umfassenden und anhaltenden Veränderungen in die Zukunft führen, müssen sicherstellen, dass sie eine nachhaltige, umweltfreundliche und inklusive Stadt wird, die man gern besucht und in der man gern lebt. Das ist das Ziel, auf das sich Hidalgo uneingeschränkt konzentriert.

Gegenüberliegende Seite: Rathaus, in dem Anne Hidalgo seit 2014 ihr Büro hat.

Zuhause in Paris

DEIN VON EINER FRAU GEFÜHRTES LIEBLINGSGESCHÄFT?
Zuerst einmal das Palais de la Femme im 11. Arrondissement. Diese Organisation wird von der Heilsarmee in einem hundert Jahre alten Gebäude geführt und nimmt Frauen in Not auf und unterstützt sie. Ich gehe gern zum Les Canaux im 19. Arrondissement, das von einer ehemaligen Kollegin geleitet wird, die die Politik verlassen hat, um Unternehmerinnen und Start-ups in der Sozial- und Solidaritätswirtschaft zu unterstützen. Und ich möchte das Théâtre du Châtelet nennen, das im September 2019 wiedereröffnet wurde. In den letzten beiden Jahren wurde es von Ruth Mackenzie geleitet, einer unglaublich passionierten Frau, die zuvor für das Holland Festival und die Scottish Opera verantwortlich war. Ihre kreative Energie ist bewundernswert.

WAS TUST DU, UM DICH VON DER ARBEIT ZU ERHOLEN?
Ich verschlinge die Bücher, die ich zugesendet bekomme oder die mir in die Hand fallen. Meine Lieblingsbuchhandlung kennt mich und schickt mir ab und zu ein paar Bücher zu!

WAS TUST DU, WENN DU ALLEIN SEIN MÖCHTEST?
Ich bin sehr gern gejoggt, musste aber wegen einer Verletzung damit aufhören. Nun erkunde ich die Stadt mit dem Fahrrad.

Moralische Kompassnadel gegen Sexismus in der Werbung

CHRISTELLE DELARUE

GRÜNDERIN UND GESCHÄFTSFÜHRERIN DER AGENTUR MAD&WOMAN

»**DAMIT WACHE ICH JEDEN MORGEN AUF**«, erzählt Christelle Delarue mit einem breiten Grinsen und zieht die hauchdünnen, weißen Gardinen zur Seite, um den Blick auf das in Sonnenlicht gebadete Rathaus freizugeben. Die Promenade, auf der von Klimaschutzdemonstrationen bis zu Schwulenparaden alles stattfindet, erstreckt sich entlang ihres Vorgartens. Auf ihrem Balkon kann sie den Alltagstrubel, Feierlichkeiten und das gelegentliche Chaos aus der ersten Reihe verfolgen – ein atemberaubender Blick. »Egal, was auf der Straße passiert – die Energie spornt mich an«, erzählt sie mir und tritt zurück in das Wohnzimmer, weil die Bücher, die sorgfältig auf ihrem zweiten Schreibtisch, dem Wohnzimmertisch, gestapelt sind, durch einen Windstoß aufgeblättert werden. *Beauté fatale* von Mona Chollet liegt wie ein wichtiges Referenzmaterial direkt neben ihrem Computer.

Die mit eleganten Säulen und Glasmalerei dekorierte Wohnung atmet den Geist von Aktivismus, nicht nur aufgrund ihrer Nähe zum Herzen der Stadt, sondern gerade wegen ihres doppelten Zwecks als Wohn- und Arbeitsraum. Sie dient als persönlicher Rückzugsort für Delarue, ist ihr Lieblingsplatz zum Lesen und Schreiben. Und jeden Samstagmorgen ist sie Treffpunkt für Frauen aus den Medien, die Opfer von sexuellen Übergriffen oder von Diskriminierung wurden und darüber sprechen und Unterstützung erhalten möchten. Delarue ist genau die Richtige, um eine solche Gruppe zu leiten: Die Idee zu ihrem Unternehmen Mad&Women, der ersten feministischen Werbeagentur in Frankreich, die sich dem Kampf gegen Geschlechterstereotype verschrieben hat, kam ihr, nachdem sie sich jahrelang gegen Sexismus in der Branche gestellt hatte.

Sie betont, dass die globale Wirtschaft zu 85 Prozent von Frauen beeinflusst wird, aber 91 Prozent der Frauen haben das Gefühl, von den Werbemachern nicht verstanden zu werden.[50] Vor diesem Hintergrund ist es – vor allem für Menschen, die Delarue als Kind gekannt haben –, nicht erstaunlich, dass sie es sich zur Aufgabe gemacht hat, Veränderungen für Frauen zu erwirken.

Wir treffen uns bei anderer Gelegenheit zu einem Kaffee im Le Richer, als mich Delarue in ihre Kindheit entführt. Sie beschreibt sich selbst als »hyperaktive Plaudertasche«, als frühreifes

Kind, das die Ungerechtigkeiten der Welt bemerkt und für immer zu ihrem Thema macht. »Ich wurde dazu erzogen, *Nein* zu sagen«, sagt sie. Aufgewachsen in den Vororten von Paris lernte sie eine Kultur von Geben und Nehmen: Eine Hand wäscht die andere. Sie war ein Mädchen, das ihren Platz in der ersten Reihe im Klassenzimmer anderen überließ, die Schwierigkeiten hatten. Wenn sie eine Korbchance im Basketball verpasst hatte, suchte sie die Unterstützung bei ihren Mitspielerinnen und brachte ihnen im Gegenzug Mathe bei. »Das war einfach so, wir waren füreinander da«, erklärt sie diese Mentalität, die sich radikal von derjenigen der Pariser unterscheidet, die Geld haben, deren Eltern gar nicht oder in der Nähe der Wohnung arbeiten, flexible Arbeitszeiten haben und immer für ihre Kinder da sind. Die Einstellung, zusammenzuarbeiten oder anderen zu helfen, weil es einem selbst hilft, war die Grundlage für ihren eigenen Erfolg. Und diese Wertvorstellung hat sie sich immer bewahrt.

Als sie älter wurde und ihre Nase wann immer möglich in Magazine steckte, erschreckte sie die Erkenntnis, dass ein Großteil der Bevölkerung, darunter auch sie selbst, von den Werbebotschaften gar nicht angesprochen wurden. »Ich erinnere mich genau, wie schockiert ich von den Erwartungen war, die erzeugt wurden. Ich fühlte mich davon überhaupt nicht angesprochen. Mit zwölf Jahren habe ich angefangen, Werbeanzeigen auszuschneiden und in ein Notizbuch zu kleben, wo ich sie mit Skizzen und Storyboards umgestaltete. Ich habe eine richtige Geschichte daraus gemacht. Das war zynisch, aber ich wollte zeigen, welchen Einfluss Werbung hat«, erinnert sie sich voller Stolz.

Im letzten Schuljahr vor dem Abitur bestand sie die Führerscheinprüfung und richtete ihren Blick nach Paris, wo sie – wen soll es überraschen – Kommunikationswissenschaften studierte. »Frauen aus den Vororten, die erwachsen werden möchten, gehen nach Paris, um näher an Kultur und Bildung zu sein. Schon in jungen Jahren werden wir ermutigt aus der Peripherie zu fliehen«, erklärt sie. Eine Stadtautobahn markiere die Peripherie von Paris, die weniger eine physische als eine psychologische, ethnische und soziale Barriere zwischen der Stadt und den Vororten aufbaue. Mit seiner Modeszene, den riesigen Bibliotheken und den kulturellen Institutionen ermögliche Paris die soziale Emanzipation.

»Als ich zum ersten Mal ins Panthéon kam, wollte ich genau dort sterben«, sie schaut auf die Straße und zieht an ihrer Zigarette. »Es ist fantastisch, von so viel Schönheit, Vielfalt und Potenzial umgeben zu sein. Das ist wie bei allen Hauptstädten der Welt: Sie bezaubern dich und zeigen dir, dass es möglich ist, sich zu verändern.« Und sie wusste, dass sie eines Tages Veränderungen bewirken wollte.

Nach Abschluss ihres Studiums absolvierte sie ein Praktikum in New York und bekam dort den Anstoß, den sie sich erhofft hatte. Sie war neugierig, fleißig und entwickelte sich schnell. »Ich kann mich gut an meine erste große, internationale Werbekampagne für GM erinnern. Ich hatte ein

---

Gegenüberliegende Seite: In der Pariser Wohnung von Christelle Delarue – ihr kreatives Heiligtum und Treffpunkt für Frauen aus der Branche, die Unterstützung benötigen.

gigantisches Budget zur Verfügung – das war ganz surreal. Mein Vater hatte mir Rennautos nähergebracht, daher liebte ich Autos. So war ich glücklich, für ein Automobilprojekt verantwortlich zu sein. Denn auf keinen Fall wollte ich an geschlechtsspezifischen Aufträgen arbeiten. Nach dem Motto: Ich bin eine Frau, also muss ich für L'Oréal arbeiten. Das geht gar nicht.«

Als Delarue nach Paris zurückkam, erkannte sie, dass nicht nur die Marken und Projekte, sondern auch die Beziehungen in den Büros nach Geschlechtern aufgeteilt werden. Das Agenturleben in Paris hatte sich noch nicht ausreichend von den männlichen Verhaltenscodes befreit, bei denen Männer in gut sitzenden Anzügen (oder engen Jeans, T-Shirt und Sakko – je nach Umfeld) die Chancen auf einem Silbertablett serviert bekommen. Die Erfahrungen, die Delarue bei ihrer Rückkehr nach Paris machte, spiegeln viele meiner eigenen Beobachtungen bei meiner Arbeit in Werbe- und Marketingagenturen wider – reine Brutstätten für patriarchalisches Gedankengut.

»Man sagte mir immer, ich solle mich beruhigen, nicht immer mehr machen wollen und glücklich sein, wenn ich für einen Kunden zuständig bin. Das reiche doch voll und ganz. Aber derweil arbeiteten meine männlichen Kollegen an vielen unterschiedlichen Projekten. Als ich das bemängelte, sagte man mir, in dieser Branche könne ich nicht hübsch und intelligent sein«, erinnert sie sich, als sei es gestern gewesen. Standhaft versuchte sie, sich nicht an den Rand drängen zu lassen, aber die Realität war trostlos.

Sogar als Account Director bei Buzzman, einer der »lockersten« Kreativagenturen der Stadt, musste sie die Rolle der Frau als primäre Verbraucherin von Haushaltswaren ständig widerlegen. »Ich habe an allen Ecken und Enden gegen Sexismus gekämpft, aber dieses Denken war zu tief verankert.« Da sich das Verhalten nicht änderte, verließ sie die Agentur. Mit dreißig war sie stellvertretende Direktorin von Marcel, eine Werbeagentur der Publicis-Group, des viertgrößten Medienkonzerns der Welt. Auch hier wurde sie gebeten, Kaffee für die Besprechungen (selbst solche, die sie selbst leitete) vorzubereiten. Als eine von wenigen Frauen in Führungspositionen musste sie alle Rollen erfüllen – Mutter, Mentorin, Innovatorin und Geschäftstreiberin. Und gleichzeitig war sie wahrscheinlich die einzige, die die Geschlechterrollen und Verhaltensweisen beharrlich infrage stellte und gegen Sexismus kämpfte, der durch alle Bereiche von den Kreativteams bis in die Kampagnen selbst sickerte. »Gute Werbung hat die Macht, soziale Veränderungen zu bewirken. Aber bei meinen beiden letzten Stellen funktionierte das nicht. Also bin ich gegangen.«

Genervt nahm sie sich sechs Monate frei, um zu reisen und Konferenzen zu Themen wie Transhumanismus, dem Ende der digitalen Ära und dem Wandel der Zivilgesellschaft mit Branchenexperten aus der ganzen Welt zu besuchen. Sie knüpfte Kontakte, füllte siebenundzwanzig Notizbücher mit ihren Beobachtungen und untersuchte die bestehenden Stereotypen. Ihre Erfahrungen bestätigten, was sie schon immer wusste: In der Werbung müssen mehr Frauen arbeiten. Und sie konnte dazu beitragen, dass das geschieht.

»Frauen haben Kaufkraft, aber werden in Stereotype gepresst. Was ist der Grund dafür? Nur 11 Prozent der Kreativdirektoren der Welt sind Frauen.[51] Hingegen werden 82 Prozent der

»Marken und Werbeagenturen wissen nicht, dass sie zum Teil für die bestehende Unterteilung verantwortlich sind. Und damit haben sie die Verantwortung, das zu verändern.«

Expertenrollen [z. B. Doktoren, Rechtsanwälte usw.] von männlichen Schauspielern besetzt,[52] das gilt sogar für Werbeanzeigen, die die Gleichberechtigung und die Selbstbestimmung von Frauen vermarkten. Wir brauchen unbedingt mehr Frauen in strategischen Rollen.«

Seit sie 2012 Mad&Women gegründet hat, hat sich in den konkurrierenden Agenturen nicht viel verändert. Aber sie beobachtet eine Entwicklung in der Wahrnehmung ihrer Kunden. Zwar musste sie einiges an Überzeugungsarbeit leisten, aber heute verstehen die Kunden leichter, dass Feminismus der Hebel für die Gleichberechtigung der Geschlechter ist. »Wenn Marken und Unternehmen zögern, lasse ich einfach die Zahlen sprechen: Werbekampagnen ohne Stereotype generieren 26 Prozent mehr Umsatzrendite.[53] Das ist gut für das Geschäft UND für die Frauen.«

Und bei den großen Marken und Organisationen bewegt sich etwas: Der Branchenführer für Luxusgüter LVMH beauftragte ihr Unternehmen mit einer internationalen Kampagne zur Förderung seiner E-Commerce-Website 24 Sèvres. Die nicht ganz ernst gemeinte Umsetzung räumte mit allgemeinen Klischees auf (Pariser Männer rasieren sich nicht, sind immer gestresst und tragen nur Schwarz) und zeichnete ein frisches Bild der berühmten Modemarke. Bürgermeisterin Anne Hidalgo und ihre Verwaltung unterstützten Delarue in ihrem Kampf gegen Sexismus in der Werbung im öffentlichen Sektor (z. B. in einer Kampagne der Stadt mit dem Namen *Pour un Paris sans Pub Sexiste*, für ein Paris ohne sexistische Werbung); Delarue wurde 2019 zur Fachberaterin der Abteilung für Geschlechtergleichberechtigung der UNESCO ernannt. Darüber hinaus hält sie bei Konferenzen Vorträge zum Thema Geschlechterinklusion in der Werbung und Kampf gegen Stereotype im Alltag und schlägt konkrete Maßnahmen vor.

Ihrer Meinung nach markiert #MeToo einen Wendepunkt im Bewusstsein der Menschen, der das Ungesagte zur Sprache bringt, Diskussionen ermöglicht und dem Feminismus einen neuen Schub gegeben hat. Zweifelsohne ein positives Ergebnis. Zwar sind sich die Werbetreibenden zunehmend bewusst, dass Frauen in Kampagnen besser vertreten werden müssen, doch Delarue fürchtet, dass sie nur auf der Welle eines mächtigen Marketing-Gags reiten. »Das ist doch *Femwashing*. Frauen sind zwar sichtbarer, werden aber letztendlich auf die gleichen stereotypen Rollen reduziert«, ärgert sie sich. »Wir brauchen wirksame und durchdachte Aktionen. Wir müssen Frauen mit unterschiedlichen Körpern, Hautfarben und Berufen und unterschiedlichen Alters zeigen. Denn wenn wir das Selbstbild der Frauen und das Bild, das Institutionen von Frauen haben, ändern, erreichen wir mehr Gleichberechtigung.«

Wandel muss sich immer in Verhalten äußern und damit in der allgemeinen Arbeitskultur der Agenturen. Als im Februar 2019 ein Bericht in der Tageszeitung *Le Monde* eine tiefgreifende Kultur der Frauenfeindlichkeit und Fälle sexueller Übergriffe und sexuellen Missbrauchs in der Agentur Herezie ans Licht brachte, gründete Delarue Les Lionnes, eine Frauenvereinigung zum Schutz, zur Verteidigung (vor allem vor Gericht) und zur Förderung der Rechte von Frauen, die in der Werbe- und Kommunikationsbranche arbeiten. »Die Branche braucht unser Talent und unsere Stimmen mehr denn je«, schrieb sie in einem Beitrag auf LinkedIn über ihre Motivation zur Gründung dieser Organisation. »Und jetzt fangen wir an zu brüllen.«

    Bevor sich unsere Wege trennen, erinnere ich mich nochmals an das, was sie über Solidarität als grundlegenden Wert gesagt hat, und frage mich, wie sich dieser Wert in ihrem Kampf gegen die Objektivierung von Frauen in den Bildern, die wir täglich konsumieren, widerspiegelt. »Ich kämpfe ja nicht allein. Ich hole so viele Frauen wie möglich an Bord«, bestätigt sie. »Zusammen sind wir viel stärker.«

Oben: Inspirierende Lektüre auf dem Schreibtisch von Christelle Delarue.

Zuhause in Paris

DEIN VON EINER FRAU GEFÜHRTES LIEBLINGSGESCHÄFT?
Ma Cocotte in Saint-Ouen (Mittagessen am Sonntag!) mitten im Flohmarkt. Häufig träume ich davon, dass mich in einem riesigen Haus viele Freunde besuchen, mit denen ich einfache, aber deftige Mahlzeiten teile. Und dieses Gefühl habe ich hier. Die Inhaberin ist eine außergewöhnliche und vielseitige Frau und zudem eine wunderbare Gastgeberin.

WOHIN GEHST DU, UM DICH ZU ENTSPANNEN?
Ich gehe reiten. Aber wenn das nicht möglich ist, verliere ich mich in den Teilen von Paris, die ich nicht so gut kenne, oder ich gehe direkt in einen Park wie den Buttes-Chaumont oder den Jardin du Luxembourg. Ich schalte die Musik aus und beobachten die Menschen.

WO TRIFFST DU DEINE FREUNDE?
Ich mag die Bar im Hotel Royal Monceau. Mit einem Glas Weißwein in der Hand könnte ich hier viele Stunden verbringen. Es ist sehr entspannend. Die Terrasse des Le Petit Fer à Cheval oder das Le Pick-Clops im Stadtteil Marais oder das Le Pavillon Puebla, eine höher gelegene Gartenbar im Herzen des Parks Buttes-Chaumont (siehe oben).

Innovatorin in der Luftfahrtbranche und Mentorin
für Ingenieurinnen von morgen

DELPHINE DIJOUD

LUFTFAHRTINGENIEURIN

IN FRANKREICH IST NUR EINER VON FÜNF INGENIEUREN eine Frau. Doch Delphine Dijoud hat es nie gestört, dieser Minderheit anzugehören, denn sie ist eine Frau, die selbst den Takt vorgibt. Nach ihrem Abschluss als eine der wenigen Frauen an Les Mines, der berühmtesten Ingenieurschule in Frankreich, versuchte sie sich in unterschiedlichen Branchen von Automobil bis zu Luxusparfüms und landete schließlich in der Luftfahrt. Ihr Führungspotenzial zeigte sich schnell und so bekam sie eine Stelle in einer Firma, die sie in jedem ihrer Karriereschritte unterstützte – eine ganz andere Geschichte als die, die wir über Frauen in von Männern dominierten Branchen gewöhnlich hören. Wir treffen uns an einem Herbstwochenende zu einem Tee und diskutieren über ihren schnellen Aufstieg in eine Führungsposition, das Problem der Gleichstellung am Arbeitsplatz und die Hindernisse, auf die Frauen in der Luftfahrtbranche nach wie vor stoßen.

Wolltest du als Kind schon Ingenieurin werden?
Nein, ich wollte Ärztin werden! Mich interessierte der wissenschaftliche und der menschliche Aspekt an der Medizin, aber dann wurde mir klar, dass ich nicht täglich anderen Menschen schlechte Nachrichten überbringen kann. Glücklicherweise war ich gut in Naturwissenschaften und Mathe und wollte immer genau wissen, wie Dinge funktionieren. In meiner Familie wurde großer Wert auf eine akademische Ausbildung gelegt, aber man ließ mich über meine Karriere selbst entscheiden. Dafür bin ich sehr dankbar.

Warum bist du dann in die Luftfahrt gegangen?
Ich habe mich für technische Produkte interessiert und stieß irgendwann auf ein Stellenangebot in einem Luftfahrtunternehmen. Zwar hatte diese Branche den Ruf, extrem maskulin zu sein, aber der Einstellungsprozess war für mich nicht anders als für einen Mann. Das verdiente meine

Hochachtung. Bei allen Gesprächen und Kontakten mit den Teams, mit denen ich arbeiten sollte, traf ich auf Menschen, die eine echte Leidenschaft für das Thema hatten und offen für mich als neue Mitarbeiterin waren, obwohl ich einen eher atypischen Hintergrund hatte. Und als ich dann den Job bekommen hatte, erkannte ich, dass diese Branche wirklich hochinteressant ist – aus einer strategischen und technischen Perspektive, aber auch in Bezug auf ihre globalen Auswirkungen.

Man erkannte schnell ein Talent, das sich zu beobachten lohnt. Wie hat sich das ergeben?
Nach zwei Jahren wurde das Unternehmen umstrukturiert und mein Vorgesetzter bot mir eine neue Position an. In einem riesigen Unternehmen wie diesem sind Beförderungen und Positionsänderungen nicht an der Tagesordnung. Daher hatte ich von da an nicht mehr die Zeit, nachzudenken oder mich umzuschauen. Ich war auserwählt (im guten Sinne) und motiviert. Und in der stellvertretenden technischen Direktorin hatte ich eine gute Mentorin. Sie hat mir viel beigebracht und ist sehr fordernd. Ich musste ihr immer beweisen, dass sich ihre Investition in mich gelohnt hat. Ich schätze, das ist mir gelungen, denn sie hat mich in meiner weiteren Entwicklung sehr unterstützt.

Was hat zu deiner Motivation beigetragen?
Es gab eine schwierige Zeit in meinem Privatleben, als ich mich scheiden ließ. Es war offensichtlich, dass es mir nicht gut ging. Der Leiter der Personalabteilung hat damals mit mir verschiedene Assessments und Gespräche geführt – aber er hätte mich auch einfach vor die Tür setzen können. Das Unternehmen wusste, wie es mich durch meine schlechte Zeit leiten musste. Man wollte mich einfach nicht gehen lassen.

Was für ein Gefühl ist es, als ein so wertvoller Mitarbeiter zu gelten?
Ich würde lügen, wenn ich sagte, dass das nicht auch ein Dilemma ist. Natürlich ist es wunderbar, auf diese Weise wertgeschätzt zu werden, aber dadurch habe ich nicht wirklich eine Wahl. Da wird einer Frau eine großartige, wichtige Position angeboten. Aber ist es wirklich das, was ich tun möchte? Ich möchte mich nicht grundlos quälen müssen, sondern meinen eigenen Weg gehen. Und es ist eine Frage der Balance: Solche Positionen sind nie stressfrei.

Du bist für die Entwicklung von Zukunftskonzepten zuständig. Ist das die Position, die du ausfüllen möchtest?
Ja, aber mir wurde auch eine andere Rolle angeboten [sie lacht]. In dieser Rolle liegt mein Schwerpunkt sehr auf Innovation und Agilität. Es braucht aber Jahre, bis Ideen umgesetzt werden – schließlich sind wir in Frankreich. Das ist motivierend, aber sehr zeit- und kraftaufwändig.

Warum sagst du, dass die Dinge Jahre brauchen, um umgesetzt zu werden?
Das liegt an unserem Skeptizismus (»Ja, aber ...«), der alles verlangsamt. Wir schauen mehr auf die Risiken als auf die Möglichkeiten und überdenken Konzepte immer wieder, statt sie einfach zu testen. Wenn ich sehe, wie diese Arbeit in den USA verläuft, dann ist das frustrierend. Auf der anderen Seite ist die französisch-amerikanische Zusammenarbeit in unserem Bereich sehr eng, sodass der eher unternehmerische, risikobereite Ansatz sich mit einer vorsichtigeren Vorgehensweise vereint.

Du leitest ein sehr großes Team. Magst du es, Managerin zu sein?
Zuerst habe ich ein Team von Hundert Mitarbeitern geleitet, aber heute habe ich auch repräsentative Aufgaben. Daher habe ich weniger Zeit, mich täglich um meine Mitarbeiter zu kümmern, was mich frustriert. Die Arbeit im Team ist wichtig für mich und aus dem Austausch mit anderen gewinne ich sehr viel Energie. Ich könnte nicht einfach ruhig in einer Ecke arbeiten. Wir arbeiten an komplexen Problemen, für die kollektive Intelligenz benötigt wird. Meiner Meinung nach ist es wichtig, den Mitarbeitern zu zeigen, dass sie nicht nur eine Nummer, sondern ein wichtiger Bestandteil sind und Dinge bewirken können. Ich bin gespannt, wie es für mich weitergeht.

Welche Bedingungen hat dein Unternehmen für Frauen geschaffen, die Interesse an dieser Branche haben?
Dieses Thema hat Priorität. Das Unternehmen arbeitet mit einer Organisation zusammen, die die Rollen präsentiert, die Frauen in der Branche spielen können. Außerdem haben wir das Gleichstellungsprogramm im Unternehmen überarbeitet. Dabei haben wir erkannt, dass das Gehalt nicht mehr die wichtigste Frage ist, sondern dass wir uns um die tückischen Barrieren kümmern müssen wie die Frage, ob wir wirklich ausreichend hochprofilierte, hochsichtbare Positionen für Frauen anbieten. Unabhängig davon, welche Work-Life-Balance mit diesen Rollen [verbunden ist], muss die Personalabteilung Frauen solche Stellen anbieten – auch Frauen mit Kindern. Darüber hinaus haben wir in der Arbeitsgruppe noch die Frage behandelt, wie leicht Männer bestimmte Rollen übernehmen, auf die sich Frauen noch nicht einmal bewerben. Die Hindernisse werden nicht nur von den Unternehmen gelegt, sondern kommen von allen Seiten. Daher müssen wir unbedingt eine Umgebung schaffen, die langfristige, nachhaltige Veränderungen unterstützt.

Du bist scheinbar beruhigt darüber, dass das Unternehmen in dieser Hinsicht recht fortschrittlich ist.
Ehrlicherweise hat sich das Denken enorm verändert. Als ich ins Unternehmen kam, wurde ein Raum voller Menschen noch mit *Guten Tag, meine Herren* begrüßt. Heute streben wir nicht nach absoluter Gleichstellung, sondern nach Proportionalität. Wir können keine 50-Prozent-Quote erfüllen, wenn in den Ingenieurschulen nicht einmal so viele Frauen angemeldet sind. Anderenfalls wäre das positive Diskriminierung. Und das gefällt mir gar nicht.

Wie engagierst du dich außerhalb des Büros für das Thema Gleichstellung?

Ich arbeite für die Organisation Frateli, die sich für herausragende Studierende mit unterprivilegiertem Hintergrund einsetzt. Wir leiten sie an und betreuen sie, bis sie mit dem Arbeitsleben beginnen. Das ist eine wichtige Aufgabe. Und bei meiner Arbeit bin ich Botschafterin des Unternehmens an unterschiedlichen Schulen und Universitäten und kann [Schüler und Studierende] bei ihren Überlegungen in Bezug auf ihren Berufsweg unterstützen. Das bezieht sich nicht nur auf Frauen, aber offensichtlich sprechen mich weibliche Studierende selbstverständlicher an. Und dann erkenne ich, dass es auf Ausbildungsebene noch viel zum Thema Gleichstellung und Parität zu tun gibt.

Bist du ein Rollenvorbild für andere Frauen, denen du zeigen kannst, dass eine Führungsposition in der Luftfahrt für sie erreichbar ist?

Wir hatten zwar schon eine Frau als Geschäftsführerin, aber niemals eine Frau, die für die Produktion oder die technischen Teams verantwortlich ist. Es gibt also immer noch Führungspositionen, die von Frauen ausgefüllt werden können, wenn diese es denn wollen. Meinen eigenen Beitrag sehe ich in meiner Arbeit mit den Studierenden und auch mit meinem Team, das ich in seiner Entwicklung unterstützen kann. Das ist genau das, was ich am Management so mag. Ich erinnere mich an eine junge Frau, die unglaublich zurückhaltend war. Wir haben viele Gespräche darüber geführt, was sie tun möchte, und ich konnte ihr helfen, sich neu zu orientieren. Danach ist sie einfach aufgeblüht. In diesem Fall kann ich sagen: »Das war hilfreich!« Aber ich möchte nicht so weit gehen, mich als Rollenvorbild zu bezeichnen. Ich stelle meine Legitimität jeden Tag infrage und seit ich meine Position innehabe, tue ich das sogar noch viel mehr. Natürlich ist das das Problem aller Frauen.

Wo muss noch einiges geleistet werden?

In zwei Bereichen: Meiner Meinung nach haben sich die Medien in den letzten Jahren sehr bemüht, Geschichten über Unternehmerinnen und Chefinnen zu veröffentlichen, und dabei Frauen in Wirtschaft und Technik vernachlässigt. Aber Frauen müssen in allen Bereichen sichtbar sein. Deshalb muss sich in diesem Bereich unbedingt etwas ändern. Außerdem müssen die Ingenieurschulen mehr Bewerberinnen zulassen – es gibt genug auf dem Markt, die es verdienen! Die potenziellen Studentinnen müssen frühzeitig angesprochen werden und man muss ihnen verdeutlichen, dass das akademische Umfeld für alle da ist.

Zuhause in Paris

DEIN VON EINER FRAU GEFÜHRTES LIEBLINGSGESCHÄFT?
Le Servan mit Tatiana und Katia Levha als Inhaberinnen. Ich liebe ihre asiatisch angehauchte Küche, die unvergleichlichen Zutaten und die gemütliche Atmosphäre.

WAS TUST DU, WENN DU ALLEIN SEIN MÖCHTEST?
Mindestens alle zwei Monate gönne ich mir eine Entspannungsmassage. Das ist zum Beispiel eine Thai-Massage bei Ban Sabai oder Calma Paris, wo von deiner Stimmung abhängige Massagen angeboten werden.

WAS ZEIGST DU EINER AN NATUR- UND INGENIEURWISSENSCHAFTEN INTERESSIERTEN FREUNDIN?
Ich gehe mit ihr ins Musée des Arts et Métiers und ins Palais de la Découverte im Grand Palais (siehe oben). Dort werden herrliche wissenschaftliche Experimente gezeigt, die häufig von Promovierenden durchgeführt werden.

Die Stimme muslimischer Frauen in Frankreich

SARAH ZOUAK

SOZIALE UNTERNEHMERIN, FILMEMACHERIN UND
MITBEGRÜNDERIN VON LALLAB

ZWEI DINGE ODER MENSCHEN, die von Natur aus überhaupt nicht zusammenpassen oder gar widersprüchlich sind, können nicht zusammen existieren.

Bei einer solchen These denken wir natürlich sofort an Liebespaare, aber was passiert, wenn die verschiedenen Aspekte der grundlegenden Überzeugung eines Menschen unvereinbar sind und von der Gesellschaft abgelehnt werden? Sarah Zouak, die Mitbegründerin von Lallab, gemeinnützige Organisation, Community und Online-Magazin für die Interessen von muslimischen Frauen, musste sich sagen lassen, dass ihre feministischen Werte unvereinbar mit ihrem muslimischen Glauben seien. Und das, lange bevor sie selbst überhaupt erkannt hat, dass sie Feministin ist. Als sie als Thema für ihre Masterarbeit Feminismus und die muslimischen Erfahrungen in Marokko vorschlug, lehnte ihr Professor ihren Vorschlag mit der Begründung ab, die beiden Themen seien voneinander getrennt, inkonsistent und inkompatibel.

Eine kurzsichtige Denkweise, die in einem Großteil der Welt vertreten wird. »Auf der einen Seite heißt es immer die muslimische Frau, aber nie die Frauen«, hebt Zouak hervor. »Auf der anderen Seite werden wir als monolithischer Block beschrieben, in dem wir alle in jeder Hinsicht identisch sind.« Wie können muslimische Frauen Feministinnen sein und feministische Prinzipien vertreten, wenn sie unterworfen und unterdrückt werden, verschlossen und rückwärts orientiert sind? Genau das sind ihre Fragen. »Es ist hart in Frankreich aufzuwachsen und immer zu hören, dass der Islam frauenfeindlich ist und Frauen unterdrückt werden. Denn das entspricht überhaupt nicht meiner Erfahrung.« Diese dauerhafte Entwertung ihrer Überzeugungen war zwar frustrierend, doch die Erfahrung mit ihrem Professor war der eigentliche Auslöser, mit dem sie begann, die feministischen Erfahrungen anderer muslimischer Frauen in der Welt genau zu untersuchen.

Wir treffen uns in einem kleinen Café in der Nähe der Place des Vosges. Auf ihrem Platz am Fenster leuchtet sie quasi vor Glück, weil sie seit einer Woche verheiratet ist. Ihr Ehering glänzt in der Sonne und wirft einen hellen Lichtstrahl auf unseren Tisch. Sie fühle sich voller Energie, sagt

sie, ihr persönliches Glück sei eine willkommene Abwechslung zu der abwertenden Kritik an ihrer Arbeit und zu den islamophoben Kritiken, die sie und ihr Team täglich erhalten. Eine kurze Pause, in der die Liebe gefeiert wird, rückt selbst für die eifrigsten Aktivisten die Probleme wieder in das richtige Licht.

Zouak und ihre beiden Schwestern wurden mit sozialen und politischen Werten erzogen, genossen eine akademische Ausbildung und waren höchst engagiert in außerschulischen Aktivitäten – ganz nach dem Vorbild ihrer Eltern, die von Marokko nach Frankreich gekommen waren, um hier zu studieren. Zu den »heiligen« Abendnachrichten um acht Uhr diskutierte die Familie über die Ereignisse in der Welt und jeder tat seine Meinung offen kund. »Unsere Eltern haben uns den Raum und die Freiheit gegeben, uns zu selbstständigen Frauen zu entwickeln«, lächelt sie. Sie und ihre Schwestern konnten sich ihren Weg selbst aussuchen, und das taten sie auch.

Zuhause wurden die Mädchen mit marokkanischen Traditionen an ihre Erbe gebunden und gleichzeitig dank der progressiven Werte der Eltern zu fortschrittlicher Denkweise erzogen. Mach dich von niemandem abhängig, so der Ratschlag von Zouaks Mutter. Beide Eltern brachten den Kindern bei, ihre französisch-marokkanische Identität als friedliche Einheit zu pflegen, egal, wie sehr sie sich gelegentlich zwischen beiden hin- und hergezogen fühlen. Wie bei vielen Immigrantenfamilien wurde der Ausbildung eine vorrangige Bedeutung beigemessen, nicht minder wichtig aber war der unnachgiebige, unausgesprochene Druck, sich brav in die dominante Kultur einzufügen und eine »gute« und »erfolgreiche« Muslima zu sein. Dieses Gefühl baute sich auf, bis dieses sich selbst auferlegte Streben von der grellen Realität ausgelöscht wurde, in der die gesamte Gesellschaft von Zouak und Bürgerinnen wie ihr erwartete, sich unterzuordnen.

Ihre Klassenkameradinnen bestätigten ihr wohlmeinend, dass sie – im Gegensatz zu anderen – eine Ausnahme sei. Denn sie wich von den Erwartungen ab. Damit bewegte sie sich, was ihre Anerkennung anging, auf dünnem Eis. »Kinder aus Immigrantenfamilien denken oft, dass sie ihre ganze Gemeinschaft vertreten müssen. Das ist eine riesige Verantwortung. Selbst wenn wir hart arbeiten, hervorragende Leistung bringen und Erfolge verzeichnen wie alle anderen, muss nur ein Muslim irgendwo eine Bombe zünden, um unseren kollektiven Ruf zu schädigen«, erklärt sie niedergeschlagen. In einem einzigen Moment kann sie auf die umfassenden »Allgemeinwahrheiten« über eine gesamte Religion reduziert werden.

Auch an der Wirtschaftsschule reichten ihre Intelligenz und ihre Verdienste nicht aus, um dazuzugehören. Also blieb sie trotz ihrer Enttäuschung bei dem Schauspiel, dreimal lustiger und offener zu sein als andere. So wurde sie nicht auf ein Stereotyp reduziert.

Heute kann sie ihre Identität als Mischung aus zwei Nationen und Kulturen akzeptieren. Als Grund dafür führt sie eine extrem prägende Erfahrung nach dem Studienabschluss an. Damals nahm sie an einer fünfmonatigen Reise durch fünf Länder teil, bei der eine Serie von Dokumentarfeatures produziert wurde, mit der muslimische Frauen in einem neuen Bild dargestellt und gezeigt wurden, wie sie ihren Feminismus ausleben. Auf dieser »Erkenntnistour einer Frau« durch

> »Laïcité wird leider missverstanden. Ich bin stolz darauf, in einem Land zu leben, in dem du entscheiden kannst, ob du glaubst oder nicht. Aber der Begriff wird häufig zur Abgrenzung verwendet.«

muslimische Länder bereiste sie den Iran, Indonesien, Marokko, Tunesien und die Türkei und befreite sich von dem anhaltenden Zweifel daran, ob zwei Daseinszustände gemeinsam Geltung haben können.

»Die Frauen, die ich getroffen habe, haben mein Leben verändert. Mir wurde bewusst, dass ich das Problem breiter fassen musste«, erklärt sie mir mit leuchtenden Augen. Scheinbar genügt ihr die Erinnerung, um den mit ihrer Erfahrung eines Lebens in Frankreich einhergehenden Schmerz und die Frustration wegzuwischen. Sie konzentrierte sich auf ihre eigentliche Berufung, deren Anforderungen entmutigend größer sind als sie zu leisten fähig ist: Unerschütterlichkeit und grenzenloser Optimismus. So gründete sie eine Organisation zur Verteidigung von muslimischen Frauen gegen Sexismus und Rassismus und füllte damit eine klaffende Lücke. »Die größten feministischen und antirassistischen Organisationen des Landes deckten nicht die Fälle ab, in denen Rassismus in hohem Maße mit Gewalt gegen muslimische Frauen verknüpft war. 70 Prozent der islamfeindlichen Angriffe in Frankreich richten sich gegen Frauen.[54] Wir können also die beiden Probleme nicht voneinander trennen«, beharrt sie.

Das Problem sei der dominante, universalistische Ansatz zum Thema Feminismus, der von sich behauptet, alle Frauen zu vertreten, so fährt sie fort. »Aber es werden so viele Frauen ausgeschlossen. Darum geht es bei der intersektionalen Idee. Einige muslimische Frauen, die zu unseren Veranstaltungen kommen, denken nicht einmal an Lohngleichheit. Sie möchten einfach nur einen Job haben, denn sie werden schon aufgrund ihres Namens und ihres Aussehens bei der Job- und Wohnungsvergabe diskriminiert«, erklärt sie. So gründete Zouak 2015 mit ihrer Freundin Justine Devillaine (Atheistin) die Plattform Lallab und kämpfte fortan gegen die Pathologisierung muslimischer Frauen.

Ein klarer Kampf gegen das System aus Intellektuellen, der Presse, Politikern und Feministinnen, die sich übermäßig viel Zeit nehmen, um über die Politisierung der Probleme der muslimischen Bevölkerung des Landes zu diskutieren. Das Kopftuch mag ein Symbol für die Unterdrückung und Missachtung des nationalen Wertes der *Laïcité* sein, aber nur selten werden die Frauen, die es tragen oder auch nicht, um ihre Meinung gebeten. (Genauso wie Behinderte und Lesben, die um das Recht auf eine IVF-Behandlung kämpfen, kaum in den Diskussionen über dieses Thema zu finden sind). Allzu häufig werden muslimische Frauen zum Schweigen verdonnert. Und wenn sie gehört werden, werden sie verteufelt. Zouaks Organisation möchte muslimischen Frauen eine Stimme und eine Plattform verleihen, damit sie langfristig für sich selbst sprechen können.

Auf Lallab sind thematische Diskussionsgruppen eingerichtet, werden Aktivitäten zum Thema persönliche Entwicklung angeboten, Ressourcen und Schulungsprogramme zum Verständnis und Kampf gegen Stereotype bereitgestellt, Dokumentarfilme produziert, Workshops zum Abbau von Vorurteilen in Schulen organisiert und Gespräche über Islamfeindlichkeit im Senat und den Vereinten Nationen geführt. Alle diese Angebote haben das Ziel, muslimische Frauen in ein anderes Licht zu rücken und Verständnis für sie zu wecken.

Zouak und ihre freiwilligen Mitarbeiterinnen schreiben Stellungnahmen für das Online-Magazin von Lallab (in dem Artikel wie »Die Top 13 absurden Gespräche über meinen Hidschab« und »Warum ich meinen Schleier lüfte« erscheinen), für die Tageszeitung *Le Monde* und die Internet-Zeitung *Médiapart*. Sie gibt Interviews, beschwert sich aber, dass sie immer zu den gleichen brennenden Themen befragt wird: der Niqab, Terrorismus und Unterdrückung. Sie sitzt an der Quelle von Veränderungen und betreibt gemeinsam mit anderen Vertretern und Vertreterinnen in der Regierung Lobbyarbeit für die aktive Inklusion im Land. Manchmal hat sie das Gefühl, dass die Dinge voran gehen, dann befürchtet sie wieder, dass Lallab als Werkzeug für ein reines Gewissen dienen könnte: »Alle großen Veränderungen in der Geschichte passieren, wenn betroffene Menschen sich zusammentun, ihre Stimme erheben und eine eigene politische Agenda erstellen. Es ist unsere Aufgabe, uns mit Jüdinnen, Christinnen, Agnostikerinnen und Atheistinnen gemeinsam zu mobilisieren.«

Obwohl die Ziele der Organisation eindeutig formuliert sind, stießen sie und ihre Mitbegründerin auf Widerstand und die Solidarität entwickelte sich langsamer, als sie es sich gewünscht hätten. »Ich wurde grundlos beschuldigt, von der Muslimbruderschaft finanziert zu werden. Man hat uns sogar als Terroristinnen bezeichnet – und zwar im linken und rechten politischen Lager. Das ist unverantwortlich. Ich möchte meine Zeit nicht dafür opfern, gegen Lügen zu kämpfen«, sagt sie in berechtigtem Zorn.

Ist sie optimistisch? Diese Frage schwebt während des gesamten Gesprächs über uns. Natürlich frage ich mich, wie ich mich an ihrer Stelle fühlen würde. »Glaubst du, die Stimmung hier kann sich ändern?«, frage ich sie und vermute, dass ihr Glaube ihr die Kraft zum Weitermachen gibt, selbst wenn sich alles gegen sie verschworen hat. »Ich habe Hoffnung«, beginnt sie und weist auf ihr großes Netzwerk an Freunden, Familienmitgliedern und Freiwilligen hin, die sie unterstützen – ihre Alltagshelden. »Aber es ist schwer, jeden Tag für Frauen zu kämpfen, damit sie einfach nur das sein können, was sie sein möchten.«

Zuhause in Paris

DEIN VON EINER FRAU GEFÜHRTES LIEBLINGSGESCHÄFT?
La Caféothèque, ein wundervolles Kaffeegeschäft, und die feministische LGBTQ-Buchhandlung Violette and Co im 11. Arrondissement.

WELCHEN STADTTEIL MAGST DU AM LIEBSTEN?
Das 13. Arrondissement. Ich habe mein Studienvorbereitungsjahr in der Nähe der Métro-Station Tolbiac absolviert und viel Zeit in der und rund um die BNF (Bibliothèque Nationale de France, siehe oben) verbracht. In diesen Teil von Paris kommen nur selten Besucher, aber er ist sehr sehenswert.

WO HOLST DU DIR KULTURELLEN INPUT?
Ich gehe gern mit meinem Mann, der Illustrator ist, in weniger bekannte Galerien wie Arts Factory im 11. Arrondissement, die sich auf zeitgenössische Grafikkunst von Illustrationen über digitales Design bis hin zu Comics spezialisiert hat.

Herausforderin traditioneller Frauenrollen
im jüdischen Glauben

DELPHINE HORVILLEUR

RABBINERIN UND AUTORIN

ALS NUR EINE VON DREI RABBINERINNEN in Frankreich ist Delphine Horvilleur eine kontroverse Frau. Nicht weil sie Jüdin ist, sondern weil sie eine verheiratete Frau mit drei Kindern in einer Führungsposition einer religiösen Gemeinschaft und davon überzeugt ist, dass das Judentum und das jüdische Leben von Frauen innerhalb und außerhalb der Synagoge freier interpretiert werden sollten. Ihre progressiven Werte und ihr Engagement für einen interreligiösen Dialog sind der orthodoxen Mehrheit und dem Oberrabbiner des Zentralrats der Juden, dem staatlich anerkannten Leitungsorgan französischer Juden, von dem ihre Arbeit als Rabbinerin noch nicht anerkannt wurde, ein Dorn im Auge.

Doch das steht ihrem Einsatz für die Veränderung der traditionellen Lehre, für Frauenrechte und für den Glauben als Teil der Pluralität von Identitäten in keiner Weise im Weg. Ihrem Humanismus und ihrem unermüdlicher Kampf gegen Rassismus und Antisemitismus in Europa verdankt sie ihre Auszeichnung als eine von fünf Heldinnen gegen Extremismus und Intoleranz der Global Hope Coalition im Jahr 2018. Wir verbringen einen Vormittag im Stadtteil Marais und sprechen über ihre persönlichen Erfahrung mit dem jüdischen Glauben, dem Kampf zwischen Tradition und Modernität und der Komplexität eines religiösen Bekenntnisses mitten im französischen Universalismus.

War deine Familie religiös?

Ich stamme aus einer sehr kulturellen jüdischen Familie, aber wir haben den Glauben nicht sehr intensiv praktiziert. Wir lebten nach dem Modell des »französischen Judentums«, einer Identität, die eine unglaublich enge Bindung zu Frankreich und seiner Geschichte mit der jüdischen Herkunft verknüpfte. Mit anderen Worten: Meine Familie liebte Frankreich und hatte einen tiefen Respekt vor den säkulären Werten der Republik.

Hat diese Dualität für Verwirrung bei dir gesorgt?
Schon als Kind hinterfragte ich jeden Aspekt meiner Identität als Jüdin, Französin und Europäerin und wollte wissen, wie diese Identitäten zusammenkommen und miteinander interagieren. Außerdem hat unsere Familie zwei Geschichten. Zum einen die Geschichte der Familie meines Vaters aus einer französisch-jüdischen Familie, die seit Jahrhunderten in Frankreich lebte, im Zweiten Weltkrieg durch die Verleihung des Ehrentitels »Gerechter unter den Völkern« gerettet wurde und Frankreich ewig dafür dankbar ist. Auf der Seite meiner Mutter gab es Überlebende der Konzentrationslager und viele Familienmitglieder, die im Krieg starben. In der nächsten Generation wurde meine Mutter geboren. Ich lebte also zwischen zwei Polen: Vertrauen und Misstrauen. Diese kognitive Dissonanz hat mich geformt, denn ich musste zwei unvereinbare Geschichten in Einklang bringen. War meine jüdische Identität erfreulich oder schmerzlich? Basierte sie auf Vertrauen oder Verdächtigungen? Gingen aus ihre freundschaftliche oder feindliche Beziehungen hervor?

Mit siebzehn hast du deinen kleinen Heimatort Épernay im Osten Frankreichs, in dem sehr wenige Juden lebten, verlassen und bist nach Israel gegangen. Wonach hast du gesucht?
Ich wollte das Land kennenlernen, in einem Kibbutz arbeiten und schrieb mich dann an der hebräischen Universität in Jerusalem ein, wo ich vier Jahr lang studierte. Das war während der Oslo-Abkommen und alle dachten, es würde Frieden geben. Jitzchak Rabin war damals Ministerpräsident, wurde aber ermordet und alles hat sich verändert. Völlig entmutigt kehrte ich nach Frankreich zurück und schlug als Journalistin und Radiokorrespondentin einen neuen Weg ein. Wenn wir unsere Meinung ändern und uns neu erfinden, passieren die erstaunlichsten Dinge. Gleichzeitig begann ich, die Heiligen Schriften zu lesen. Das hatte mich schon immer interessiert, allerdings weniger wegen eines traditionellen religiösen Strebens als vielmehr, weil ich neugierig darauf war, was mir diese Texte über unsere Geschichte erzählen würden.

Wann hast du erkannt, dass du diese Idee strukturierter und professioneller verfolgen wolltest?
Anfang der 2000er Jahre suchte ich in Paris nach Talmud-Schulen, stieß aber schnell auf folgendes Problem: Die Klassen waren Männern vorbehalten. Man sagte mir immer wieder, ich müsse nach New York gehen. Also ging ich für geplante drei Monate zum Studium an die jüdische Yeshiva-Universität nach New York. Daraus wurden allerdings mehrere Jahre, da ich am Hebrew Union College in New York ein Rabbiner-Programm absolvierte. 2008 erhielt ich meine Rabbiner-Ordination. Ich zog zurück nach Paris und bin seitdem eine der Rabbinerinnen in der westpariser Kongregation der MJLF (der liberalen jüdischen Bewegung Frankreichs), einer liberalen Synagoge.

Was hast du in dieser Rolle gelernt?
Wir leben in einer Zeit, in der die Menschen die Illusion haben, dass sie die Vergangenheit wiedergutmachen müssen, um ihre Identität unverfälscht ausleben zu dürfen. Ich denke, genau das

Gegenteil ist richtig. Identität ist flüchtig und verändert sich. Wir sind, was wir sind, weil wir nicht mehr das sind, was wir vorher waren. Es gibt etwas in uns, das sich von Generation zu Generation verändert. Die Obsession, den Einzelnen auf seine ethnische Gruppe oder eine Familie zu reduzieren, ist die vollständige Negation von Aufklärung. Wir trampeln auf einem extrem universellen Empathieerbe, das uns vorschreibt, dass wir unserem Gegenüber uneingeschränktes Verständnis entgegenbringen müssen. Ich habe versucht, die Dinge hier zu verändern. Aber das ist schwer. Paradoxerweise leben wir in einem extrem *laizistischen* Land (siehe *Laïcité* auf Seite 23), das stolz auf seine antireligiösen Gefühle ist (Religion gilt als da Opium des Veralteten), und gleichzeitig gibt es religiöse Stimmen, die ihren hypertraditionellen Standpunkt laut in der Öffentlichkeit verkünden. Dieser Gegensatz war bei der Debatte um die Homo-Ehe besonders zu spüren, denn es waren nur religiöse Meinungen zu hören, die sich dagegen aussprachen. Grund dafür ist, dass Religion in Frankreich keine so große Bedeutung hat, dass wir die Meinung religiöser Anführer akzeptieren, wenn sie den Überzeugungen der Zivilgesellschaft widersprechen. Und hier liegt das Problem, denn ob wir wollen oder nicht, ist der religiöse Diskurs politisch und hat Einfluss auf den Staat.

Ist denn vor diesem Hintergrund *Laïcité* als Ideal immer noch realistisch?
Ich denke, dass das Prinzip der *Laïcité* ein Geschenk für Frankreich ist, aber wir haben aus dem Blick verloren, was es bedeuten soll. Für einige ist es die garantierte religiöse Freiheit. Aber in Wirklichkeit ist es die Freiheit des Bewusstseins: Jeder Bürger hat das Recht, zu glauben oder nicht zu glauben, ohne von der Gruppe, der er angehört, unter Druck gesetzt zu werden. *Laïcité* soll sicherstellen, dass es einen neutralen Schutzraum gegen religiösen Druck gibt. Aber tatsächlich ist das Prinzip auf fragliche Weise verändert worden, z. B. in Bezug auf das Verbot religiöser Symbole. Das ist eine Grauzone. Es gibt Orte, wie z. B. öffentliche Schulen, die als Schutzgebiete der Republik bezeichnet werden können. Sie müssen jedem religiösen Druck, jedem Verdacht, dass Lebensmittel und Kleidung für eine Art Proselytismus stehen, gegenüber neutral bleiben. Natürlich öffnen sich damit Tür und Tor für Missbrauch.

Können Frauen, die Verschleierung tragen, sich deiner Meinung nach bei dem aktuellen Verständnis der *Laïcité* frei ausdrücken?
Wenn verschleierte Frauen mir sagen, dass es ihre eigene Entscheidung ist, den Schleier zu tragen, antworte ich ihnen, dass ihre Theologen in diesem Stück Stoff unbestreitbar ein Werkzeug der Beherrschung sehen. Und selbst wenn dieses Symbol für diese Frauen nicht gilt, können wir nicht ignorieren, dass überall darüber gesprochen wird. Ich unterstütze alle Frauen, die sich auf ihre bevorzugte Weise kleiden, aber niemand kann behaupten, dass der Schleier ein »feministisches Statement« ist, solange keine solide Kritik am religiösen Patriarchat in dieser Tradition Platz findet. Während des faschistischen Regimes in Italien trug man ein schwarzes Hemd, um seine Zugehörigkeit zur faschistischen Bewegung kundzutun. Es war egal, ob ein schwarzes Hemd für jemand

anderes eine andere Bedeutung hatte. Unsere Taten und unsere Worte haben nicht nur Einfluss auf uns selbst. Sie sind nie von einer allgemeineren politischen Diskussion losgelöst. Dieses Thema muss heute in allen Religionen angegangen werden.

Zusammen mit dem Islamwissenschaftler Rachid Benzine hast du das Buch *Des mille et une façons d'être juif ou musulman* **(Tausendundein Weg Jude oder Muslim zu sein) geschrieben. Seid ihr beide von der Idee überzeugt, dass unsere Taten nicht nur uns selbst beeinflussen?**
Absolut. Bei der Frage nach dem Widerstand gegen den religiösen Feminismus sind wir einer Meinung. Ich sage jetzt nicht mehr, dass ich feministische Jüdin bin, sondern dass ich Feministin und Jüdin bin, denn es ist gefährlich, anderen zu suggerieren, unsere heiligen Texte seien feministisch. Und wir tun diesen Texten keinen Gefallen, wenn wir sie mit unseren politischen Themen infiltrieren. Wir müssen unsere Schriften und Traditionen kritisch lesen und dafür zu allererst anerkennen, dass sie voller patriarchalischer Denkweisen sind.

Dank dieses Ansatz giltst du als sehr kritisch. Warum wirst du deiner Meinung nach als spaltender oder sogar ketzerischer Mensch angesehen?
Für die konservativsten religiösen Stimmen (insbesondere die orthodoxen Juden) ist meine Ausdrucksfähigkeit und meine Präsenz in den Medien eine Bedrohung. Die Tatsache, dass ich im Namen der französischen Juden sprechen könnte, macht sie wütend, weil dies die Feminisierung des Rabbineramtes legitimiert. Diejenigen, die mich als Verräterin bezeichnen, sind selbst Verräter unserer Tradition, denn sie lassen nicht zu, dass sie sich entwickelt.

Deine Arbeit hinterfragt den Platz einer Frau, aber wie lassen sich in dieser Hinsicht die historischen Texte selbst interpretieren, falls das überhaupt möglich ist?
Eine Interpretation hängt immer von der Zeit ab; das gilt für alle Religionen. Und aus diesem Grund ist es auch unnötig zu fragen, ob unsere Religionen frauenfeindlich oder feministisch sind: Die Antwort hängt immer von der aktuellen Zeit und von den Stimmen ab. Du musst nur genau hinschauen und schon findest du eine Bestätigung deiner eigenen Ideologie. Die Frage lautet: Ist das Judentum im Jahr 2020 frauenfeindlich? Und die Antwort lautet häufig: Ja, wenn diese Religion keinen Raum für Frauen lässt, in dem sie sich physisch oder anhand ihrer Stimme behaupten können.

Gegenüberliegende Seite: Bei einem Spaziergang entlang des Flusses kann sich Delphine Horvilleur gut erholen.

Frankreich hatte lange den Ruf, antisemitisch zu sein, und in den letzten Jahren hat Paris immer mehr Gewalttaten verzeichnet. Denkst du, dass die Juden diese Erfahrung nur in Frankreich machen?
Auf jeden Fall gibt es Antisemitismus überall, nicht nur in Frankreich. Aber Frankreich ragt in dieser Diskussion besonders hervor, weil das Land sowohl helles Licht als auch fürchterlicher Schatten für Juden war. Es war das erste Land, in dem sich Juden emanzipiert haben. Es hat ihnen eine Heimat gegeben, war aber auch Heimatland der Dreyfus-Affäre. Das erste Land, in dessen Regierung in den 1930er Jahren ein Jude, Léon Blum, saß, aber auch das Heimatland des Vichy-Regimes. Wer also als Jude in Frankreich aufwächst, lernt schnell, dass dieses Land die beste und die schlimmste Umgebung sein kann. Es ist sozusagen eine Hassliebe und das hat viel mit der Geschichte zu tun, mit dem französischen Mythos, etwas zur Welt beitragen zu müssen. Das ist aber übrigens auch eine Eigenschaft, die Frankreich und Amerika vereint. Beide Nationen verhalten sich so, als sei es ihre Mission, die Welt zu beeinflussen. Und die Juden sagen das Gleiche von sich selbst.

Kämpft die Stadt ausreichend gegen Antisemitismus?
Die Behörden ergreifen viele Maßnahmen, aber das ist noch nicht genug. Antisemitismus ist im medialen Diskurs verankert und ist, im Unterschied zum institutionellen Antisemitismus des Zweiten Weltkrieges, weit verbreitet. In der politischen Klasse Frankreichs ist er heute natürlich ein Tabu. Aber in einigen sehr rauen Gegenden wächst der direkt gegen Juden gerichtete Hass in gleichem Maße wie der auf Frankreich gerichtete Hass. Wenn also der Staat die Juden schützt, wird dies als Bestätigung bestimmter Konspirationstheorien gewertet, die davon ausgehen, dass der Staat mit den Juden unter einer Decke steckt. Wird eine Synagoge angegriffen und der Staat schickt Soldaten zu ihrem Schutz, wird dies als weiterer Beweis dafür interpretiert, dass die Juden mehr als andere Bürger beschützt werden. Wir müssen uns von dieser konspiratorischen Rhetorik und dem Wettbewerb um die Opferschaft entfernen. Alle, Eltern, Lehrer und Kirchenvertreter, haben die gleiche Verantwortung: Jeder, der andere unterrichtet, muss dringend für mehr Nachgiebigkeit und neue Identitäten plädieren. Junge Menschen müssen lernen, dass sie keine Opfer sind.

Ist das in Paris möglich? Ist es der richtige Ort, um religiöse Harmonie zu verbreiten?
Paris ist aufgrund seiner Demografie eine besondere Stadt: Hier leben so viele jüdische und muslimische Menschen zusammen, wie in keiner anderen Stadt der Welt. Damit könnte Paris eines der größten Versuchsfelder für den Austausch werden. Aber die Geschichte dieser Stadt, so wie die gesamtfranzösische Geschichte, basiert auf Universalismus und der Negierung von Kommunalismums. Daher können wir dieses Problem auch nie auf diese Weise lösen.

Unabhängig von religiöser Zugehörigkeit: Was heißt es für dich, heute eine Frau in Paris zu sein?
Ich lehne Dogmen ab, denn ich möchte unseren Lebensstil schützen.

Zuhause in Paris

DEIN VON EINER FRAU GEFÜHRTES LIEBLINGSGESCHÄFT?
Tavline, ein sehr kreatives Restaurant, das sich auf israelische Küche spezialisiert hat und genau meine Überzeugung widerspiegelt: eine Mischung aus Tradition und modernem Wandel.

HAST DU EIN UNVERZICHTBARES RITUAL IN PARIS?
Ich gehe jeden Morgen mit meinem Freund, der Psychoanalytiker ist, in ein Café. Wir lesen die Zeitung und diskutieren über die Nachrichten. In New York habe ich den Café-Besuch, bei dem man die Welt neu gestalten und sich *à la française* beschweren kann, sehr vermisst. Ein vor allem in religiöser Hinsicht sehr inspirierender Ort für mich. Ich schreibe fast alle meine Predigten in einem Café (wie dem auf der obigen Abbildung). Ein Grund, weshalb ich Paris wahrscheinlich nie verlassen kann.

WAS TUST DU, UM DICH VON DER ARBEIT ZU ERHOLEN?
Es gibt nichts Entspannenderes als am Flussufer spazieren zu gehen oder den Musikern auf den Brücken der Stadt zuzuhören, vor allem auf der Île Saint-Louis.

Hoffnungsträgerin für Frauen in Not

DR. GHADA HATEM-GANTZER

GYNÄKOLOGIN UND GRÜNDERIN VON LA MAISON DES FEMMES

DAS LA MAISON DES FEMMES ist ein regenbogenfarbenes Frauenhaus in Saint-Denis, einem größtenteils von Migranten bewohnten Vorort im Norden von Paris. Hierher kommen Frauen, die Hilfe, Anleitung und einen urteilsfreien Raum brauchen. Hier gibt es keine Opfer, sondern einfach nur Frauen, die darauf vertrauen, dass ihre Körper und Seelen menschlich behandelt werden.

Für die dreißig bis sechzig Frauen, die hier jeden Tag ankommen, ist die Gründerin, die Gynäkologin und Geburtshelferin Dr. Ghada Hatem-Gantzer, ein Schutzengel. Mit ihrem mütterlichen Lächeln und ihren blauen Augen kümmert sie sich, unterstützt von ihrem Team aus Spezialisten von Psychologen bis zu Sexualforschern und Chirurgen, jeden Tag um die häufigsten Probleme der Frauen: von Verhütung, Familienplanung, Sexualerziehung und Schwangerschaftsberatung bis zu höchst traumatischen Fällen häuslicher Gewalt (inklusive Zwangsheirat), sexuellem Missbrauch, Genitalverstümmelung, Inzest und Vergewaltigung. Darüber hinaus kommen Trainer für Selbstverteidigung ins Haus, die kostenlose Kurse zur Entwicklung und Stärkung der Persönlichkeit anbieten. Die Stimmung in dieser Einrichtung ist geprägt von Gemeinschaft und Solidarität.

Die deckenhohen Fenster lassen auch den kleinsten Lichtstrahl einströmen und erhellen und wärmen zusammen mit den in lebhaften Farben gestrichenen Wänden die Räume. Jeder Beratungsraum trägt den Namen einer starken Frau: Gisèle Halimi, Malala Yousafzai, Frida Kahlo. Für Frauen, die missbraucht wurden oder Hilfe benötigen, ragt das Haus wie ein Leuchtturm der Hoffnung hervor. Und das ist genau die Absicht der Ärztin.

Dr. Ghade Hatem-Gantzer verbrachte ihre Kindheit in einer frankophonen Umgebung in Beirut und kam 1977 auf der Flucht vor dem Krieg nach Paris. Hier studierte sie Medizin und wollte zunächst Kinderpsychiaterin werden. »Aber das habe ich nicht geschafft. Vielleicht, weil ich selbst erfahren haben, wie ein Krieg Kinder kaputt macht«, erklärt sie. Ein Praktikum bei einer Gynäkologin gab ihr den Anstoß: »Gynäkologen sind Psychologen, Chirurgen und Fachärzte in einem. Ich hatte das Gefühl, dass ich in diesem Bereich nützlich sein könnte.« Nach dem Studium hatte sie keine klaren Pläne, wusste aber, dass sie nicht in die bedrückende Atmosphäre des Krieges zurückkehren konnte. Und dann kam das Schicksal ins Spiel: Sie lernte einen Franzosen kennen und gründete mit ihm eine Familie und begann ihre Karriere in Paris.

Sie erzählt mir von ihrer Zeit als Leiterin der Entbindungsstation im Les Bluets, dem führenden Krankenhaus der Stadt, in dem Dr. Fernand Lamaze die Methode der »schmerzfreien Geburt« einführte. Danach leitete sie acht Jahre lang die Entbindungsstation im Militärkrankenhaus Bégin in der Gemeinde Saint-Mandé östlich von Paris. Hier behandelte sie die Frauen von Soldaten und Botschaftern sowie Frauen, die beim Militär dienten. Und hier stieß sie auch auf zahlreiche Fälle von häuslichem und sexuellem Missbrauch. »Das ist nicht nur ein Problem der unterprivilegierten Schichten.«

2016 eröffnete sie im Nebengebäude des Delafontaine-Krankenhauses in Saint-Denis das La Maison des Femmes. Es war ein Testprojekt für die langfristige Umsetzbarkeit eines solchen Spezialzentrums, dem ersten dieser Art in Frankreich. Die Idee entstand als Reaktion auf die Ergebnisse der Abteilung für Familienplanung im Krankenhaus. »Wir konnten die vielen Anfragen gar nicht bewältigen und hatten weder genug Personal, noch die Ausstattung, um alle die Fälle von Missbrauch und Gewalt zu behandeln, die zu uns kamen«, erklärt Dr. Hatem-Gantzer, die für ihren Einsatz für die Rechte und Gesundheit von Frauen 2015 in die französische Ehrenlegion aufgenommen wurde. Ihrer Schätzung nach waren 14 bis 16 Prozent aller schwangeren Frauen, die sich im Krankenhaus vorstellten, Opfer weiblicher Genitalverstümmelung. Richtige Aufklärung und die richtige Umgebung waren also äußerst notwendig. Aber sie stellte sich Hunderte von Fragen: Würde es funktionieren? Würden sich die Frauen sicher fühlen? Würden sie ihr und ihrem Team vertrauen? Und ein nicht minder wichtiger Zweifel: Würde sie ihre Vision mit einer Finanzierung von etwa 950.000 Euro realisieren können, die vor allem aus Stiftungen und von privaten Spendern kamen. »In der Entwicklungsphase dieses Projekts wurde ein neuer Krankenhausdirektor eingestellt, der nicht sehr risikofreudig war und kaum Geld in meine Idee stecken wollte. Aber die Lawine war ins Rollen geraten und konnte nicht mehr gestoppt werden. Ich musste diese Idee also ohne großartige Unterstützung zum Leben erwecken«, erinnert sie sich. »Aber meine Stärke ist es, Unmögliches möglich zu machen. Als Libanesin bin ich gut darin!«

Sie sah diese Aufgabe als ihre moralische Verpflichtung den Frauen gegenüber, die Gefahren ausgesetzt sind und deren einzige Quelle der Information, Unterstützung und Behandlung Dr. Hatem-Gantzer und ihr Team ist. Es musste ein zentraler Anlaufpunkt geschaffen werden, damit es den Opfern leichter fällt, um Hilfe zu bitten. »Unsere Patienten müssen nicht monatelang auf einen Termin bei der Ärztin warten – alles geht schnell. Und bei einem Notfall sind wir ebenfalls in der Lage, schnell zu reagieren«, erklärt sie.

Gegenüberliegende Seite: Ein Leuchtturm der Hoffnung: das Frauenhaus von Dr. Hatem-Gantzer in Saint-Denis.

Aus ihrer Perspektive, handelt es sich nicht nur um Probleme der sozialen Ungerechtigkeit, sondern um Probleme mit dem Gesundheitssystem. Häufig erinnert sie ihre freiwilligen Mitarbeiter daran, dass Frauen aus allen sozialen und kulturellen Schichten Opfer häuslicher Gewalt sind. Doch als eine der am meisten sozial und wirtschaftlich benachteiligten Gegenden Frankreichs stellt das Département Seine-Saint-Denis eine wirkliche Herausforderung dar, vor allem wenn es um die besonderen Umstände der Patienten geht. Dr. Hatem-Gantzer hat wirklich schon alles gesehen: die undokumentierten Fälle, bei denen Frauen bei der Auswanderung nach Frankreich missbraucht wurden, Frauen, die zu Zwangsehen und unfreiwilliger Fortpflanzung verpflichtet wurden, Frauen, die nicht Französisch sprechen und daher ihrem Schmerz keinen Ausdruck verleihen können, Frauen, die wegen ihrer Flucht vor dem gewalttätigen Partner obdachlos werden, Frauen, die sich und ihre Kinder kaum ernähren können, und Frauen, die im neunten Schwangerschaftsmonat ins Frauenhaus kommen, ohne jemals zuvor medizinisch untersucht worden zu sein. Es gibt noch viele weitere Beispiele und die Ärztin möchte allen diesen Frauen helfen. »Ich hätte nie erwartet, dass sich in Saint-Denis so viel Leid konzentriert«, sagt sie nachdenklich.

Heute verfügt das Haus über ein Jahresbudget von etwa 800.000 Euro, aber selbst das ist kaum genug. Dr. Hatem-Gantzer gibt zu, dass sie sich ständig Sorgen um die Finanzierung und das Überleben des Frauenhauses macht. Das Team müsste doppelt so viel Platz zur Verfügung haben, aber das ist ohne eine weitere große Finanzierung durch private Spender, Stiftungen, die Stadt und andere regionale Fonds nicht möglich. Sie nimmt jeden Cent, den sie bekommen kann, und ist –verständlicherweise – frustriert: »Was ich wirklich brauche, ist eine regelmäßige öffentliche Finanzierung.« Präsident Macron hatte die Rechte von Frauen in seinem Wahlkampfprogramm zu einer Priorität erklärt, aber es hat sich wenig verändert. Die Ärztin Dr. Hatem-Gantzer kämpft um Fürsprache und große Spenden von wohlhabenden Persönlichkeiten. Und sie setzt auf Sensibilisierung. Sie und ihre Kolleginnen besuchen weiterführende Schulen und Hochschulen in der Umgebung, um dort über Sexualität, Schutz, Respekt vor dem Körper und die Möglichkeit, Nein zu sagen, zu sprechen.

»Behandlung ist ein Teil unserer Arbeit, aber Aufklärung ist der Schlüssel für Veränderungen und Akzeptanz«, erläutert sie. »In der Einrichtung arbeiten wohlhabende Freiwillige, die sprachlos über das sind, was sie sehen. Dieser dauerhafte Perspektivwechsel ist wichtig.«

Ihr Telefon vibriert erneut. Es geht um eine spontane Entscheidung für eine junge Frau – das Team arbeitet mit Sozialarbeitern zusammen. Sie geht davon aus, dass es der letzte Anruf für den heutigen Tag ist. Nimmt sie die Erlebnisse des Tages mit nach Hause? »Ja, natürlich. Ich kann nicht gut loslassen. Aber ich tue das, wofür ich bestimmt bin«, sagt sie zuversichtlich und zeigt ihr weiches, beruhigendes Lächeln. »Ich bin glücklich, weil ich lebe. Meine drei Kinder sind erwachsen. Jetzt kann ich mich um andere kümmern.«

Zuhause in Paris

DEIN VON EINER FRAU GEFÜHRTES LIEBLINGSGESCHÄFT?
Das Théâtre de Poche-Montparnasse, das von zwei unglaublichen Frauen, Stéphanie Tesson und Catherine Schlemmer, geleitet wird. Ich sehe mir möglichst alle Vorstellungen an.

DEIN LIEBLINGSSTADTTEIL?
Ich mag die Gegend um das Warenhaus Le Bon Marché. Als Studentin habe ich auf der Rue de Sèvres gelebt und bin viel in Saint-Germain-des-Prés rund um die Kirche Saint-Sulpice (der Brunnen vor der Kirche ist oben abgebildet) von der Seine bis zum Jardin du Luxembourg spazieren gegangen. Das ist für mich der wichtigste Teil von Paris.

AN WELCHEM ORT BIST DU GLÜCKLICH?
Im Musée Jacquemart-André, in dem einige leidenschaftliche Sammler ausstellen. Ich bin sehr beeindruckt von ihrer Liebesgeschichte, dem Haus, dem herrlichen Wintergarten und den phantastischen Dauerausstellungen der Impressionisten. Man kann sich gut vorstellen, wie im letzten Jahrhundert hier Feste gefeiert wurden.

Ausdauernd und kampfeslustig für Gleichberechtigung im Sport

SARAH OURAHMOUNE

BOXERIN, GEWINNERIN VON OLYMPISCHEM SILBER UND UNTERNEHMERIN

FÜR SPORTFANS IST SARAH OURAHMOUNE die hartnäckige Athletin, die nie aufgibt. Sie ist eine Frau, die immer gewinnt, die nach einem Karriereknick, einer Auszeit und der Geburt ihres ersten Kindes zurückkommt, neue Kraft gewinnt und sich bis zur Silbermedaille bei den Olympischen Sommerspielen 2016 in Rio hochboxt.

Heute steigt Ourahmoune im Boxer Inside, der von ihr gegründeten Boxhalle im 13. Arrondissement, nur noch in den Ring, um Hobbysportlerinnen und Amateure jeglichen Alters und mit jeglichem Hintergrund zu trainieren. Sie nutzt ihre geschäftlichen Fähigkeiten und ihren Ruf als die am höchsten ausgezeichnete Boxerin Frankreichs für ihren Kampf für Geschlechtergleichstellung in allen Sportarten und möchte sicherstellen, dass auch benachteiligte Franzosen bei den geplanten Sommerspielen 2024 in Paris berücksichtigt werden. Vor einer Führung durch die Boxhalle sprechen wir über ihre sportliche Karriere, über die Pessimisten, denen sie in ihrer Laufbahn begegnet ist und das Gegenteil bewiesen hat, und darüber, wie viel noch getan werden muss, um die Bedingungen für Frauen im Sport zu verbessern.

Wie bist du zum Boxen gekommen?

Ich war immer ein sportliches Kind und habe alle Sportarten ausprobiert. Mein älterer Bruder und ich waren die einzigen muslimischen Kinder in einer katholischen Schule und durften mittwochs statt zum Religions- zum Sportunterricht gehen. Zuerst habe ich Taekwondo für mich entdeckt, da lebten wir noch in Clichy. Aber in Aubervilliers, wo meine Familie später hinzog, war der lokale Club durch ein Feuer zerstört. Stattdessen gab es eine schöne Boxhalle, die ich aus reiner Neugier besuchte. Der Manager, Said, hatte an den Olympischen Spielen teilgenommen und wusste genau, wie er mir den Sport näher bringen konnte: Verteidigung mit den Fäusten ist eine edle Kunst, man berührt, ohne selbst berührt zu werden. Bei nur einem Training konnte er mich davon überzeugen, dass es mehr war als Schlägerei, und so ging ich dann regelmäßig zum Training.

Springen wir in die Zeit zurück, als der Sport für dich eine ernste Angelegenheit wurde. Du warst eine Jugendliche, die zur Schule ging, nebenbei boxte und für Wettkämpfe trainierte. Hast du dir damals eine Zukunft als erfolgreiche Athletin vorstellen können?

Nein, ich liebte den Wettkampf, aber der Sport hatte nie Vorrang vor der Schule. Ich hätte mir auch nie gedacht, dass es möglich sei, aus dem Boxen eine Karriere zu machen – vor allem, weil französische Frauen erst 1999 das Recht bekamen, im Ring zu boxen! Vorher waren Boxwettkämpfe gesetzlich verboten. Die Frauen konnten sich einen Trainer suchen, aber auch das war eher selten. Wenn eine Frau in den Ring stiegt, dann lediglich als Nummerngirl. So absolvierte ich erst 1999 meine ersten offiziellen Kämpfe, nahm an der ersten französischen Meisterschaft teil. Dann wurde ich mit sechzehn Mitglied der ersten französischen Frauenmannschaft und erhielt die Startberechtigung für Kämpfe im Ausland. Und als ich meine ersten Titel gewonnen hatte, bemerkte ich, dass dieser Sport für mich zu etwas Großem werden konnte. Letztlich habe ich meinen Platz im Boxen gefunden und fühlte mich schnell in meiner Identität bestätigt.

Ist das heute immer noch so?

Boxen hat mir immer Kraft gegeben. Ohne diesen Sport wäre ich immer noch so introvertiert und zurückhaltend wie früher. Boxen hat mir die Augen geöffnet. Deshalb kann ich auch so schlecht aufhören, denn ich habe Angst, einen Teil meiner Identität zu verlieren.

Du warst drei Jahre in Folge Europameisterin, 2008 Weltmeisterin und hast 2011 die Silbermedaille bei den europäischen Meisterschaften gewonnen. Du warst also ein aufsteigender Stern, aber bitter enttäuscht, als du dich 2012 nicht zu den Olympischen Spielen in London qualifizieren konntest. Hast du damals wirklich gedacht, deine Karriere sei so schnell zuende?

Das war ein riesiger Misserfolg für mich. Ich hatte vier Jahre lang auf dieses Ziel hin trainiert und fühlte mich richtig stark. Je reifer du wirst, desto besser wirst du im Boxen. Ich wollte also noch nicht wirklich aufhören. Aber ich wollte mich auch als Frau und beruflich weiterentwickeln und dafür schien der richtige Zeitpunkt gekommen. Ich ging zurück zur Schule, machte meinen Master in Kommunikation an der Pariser Sciences Po-Universität und wollte mein eigenes Geschäft aufziehen. 2011 gründete ich die Organisation Boxer Inside, wo ich Boxkurse für geistig behinderte Menschen und für Frauen (inklusive Kinderbetreuung) gebe. Nach meiner Zeit im Brutkasten der Sciences Po habe ich ein Jahr später ein Unternehmen gegründet, das Boxkurse in Unternehmen sowie Box-Workshops und -Seminare dazu organisiert, wie der Sport als Werkzeug für die persönliche Entwicklung dienen kann. Und im April 2018 hat sich der Kreis geschlossen, als ich die Boxhalle Boxer Inside eröffnete.

Gegenüberliegende Seite: Zurück im Ring. Sarah Ourahmounes Boxhalle Boxer Inside im 13. Arrondissement.

Aber deine olympische Karriere war damit nicht zuende. Obwohl du vom Französischen Boxverband keine Unterstützung bekamst, stiegst du zurück in den Ring und qualifiziertest dich für Rio. Gab es einen entscheidenden Moment, in dem du wusstest, dass du gegen diesen Widerstand kämpfen wolltest?

Ich war dreiunddreißig, hatte seit zwei Jahren nicht geboxt, meine Tochter war sechs Monate alt und alles sprach dagegen. Aber ich konnte meinen lang gehegten Traum nicht einfach so vergessen. Eines Tages sah ich einen Dokumentarfilm über die französische Turnerin Isabelle Severino, die sich mit achtundzwanzig Jahren und einer Größe von 1,70 Meter für die Olympischen Spiele in Peking qualifiziert hatte. Mit ihrem Alter und ihrer Größe sprengte sie alle Grenzen des Turnsports und ihre Geschichte gab mir den Mut, nach der Geburt meiner Tochter in den Ring zurückzukehren. Und dass mir alle sagten, dass ich nie Erfolg haben werde, spornte mich noch mehr an.

Waren dein Alter oder deine körperlichen Veränderungen der Grund dafür, dass der Verband dein Comeback weiterhin für unrealistisch hielt?

Mein Alter war sicherlich einer der Gründe. Der Verband wollte eine ausgewählte Gruppe junger Mädchen um die Zwanzig losschicken, die als wettbewerbsfähig galten. Ich sollte Leiterin dieser Gruppe sein, aber nicht selbst am Wettkampf teilnehmen. Ich hatte vielleicht eine Chance von 1:1 Mio., aber ich musste es einfach probieren. Zuerst musste ich jedoch den französischen Meistertitel zurückgewinnen. Das klappte 2015 und ich kam wieder in die französische Mannschaft. Dennoch zweifelte man weiter an meinen Möglichkeiten. Ich musste die jungen Boxerinnen der Trainingsgruppe besiegen, um mich selbst zu beweisen. Aber auf jeden Fall haben Frauen alle Voraussetzungen, um sich im Sport zu beweisen.

Der Verband vermutete also, dass deine Schwangerschaft und deine Auszeit deine Leistung erheblich beeinträchtigt hatten.

Aus Verbandssicht hatte man schon Frauen im Sport zugelassen – aber eine Mutter? Das war zu viel verlangt. Aber ich kann nicht leugnen, dass es eine körperliche Herausforderung war. Ich brauchte fast eineinhalb Jahre, um mich von der Schwangerschaft zu erholen. Aber jeder, egal, ob Frau oder Mann, muss nach zwei Jahren ohne Training hart kämpfen. Und außerdem hatte sich der Sport in der Zwischenzeit auch entwickelt. Die Bewertungskriterien legten nicht mehr den Schwerpunkt auf Kraft und Physis des Athleten, sondern eher auf die Technik. An diese Erwartungen musste ich mich erst einmal gewöhnen. Aber durch meine Schwangerschaft habe ich an Ausdauer und Kraft und natürlich auch an Reife und Erfahrung gewonnen. Die Mutterschaft verlieh mir eine andere Sicht auf den Sport, auf Wettkampf und sogar auf das Training. Weil meine

---

Gegenüberliegende Seite: Im Ring bei Boxer Inside, der Boxhalle von Sarah Ourahmoune im 13. Arrondissement.

Tochter immer bei mir war, hatte ich nur eine Stunde Zeit pro Trainingseinheit. Ich trainierte also effizienter, war aber immer froh, diese eine Stunde für mich zu haben.

Wie wir wissen, ist Sexismus auch im Sport ein großes Thema. Wie zeigt sich das beim Boxen?
Was die Bekleidung angeht, hatten wir die gleiche Diskussion wie im Tennis, denn es sollten Röckchen vorgeschrieben werden. Glücklicherweise haben viele Boxerinnen sich dagegen gewehrt und wir wurden auch von feministischen Organisationen unterstützt. Egal, was wir tragen oder wie gut wir trainieren, es muss immer ein Unterschied zwischen Männern und Frauen gemacht werden. Ich nenne mal ein Beispiel: Vor zwanzig Jahren kämpften Frauen in drei Runden à zwei Minuten und Männer in vier Runden. Auf unsere Nachfrage nach der Begründung hieß es, dass Frauen nicht die gleiche körperliche Kondition haben wie Männer. Dann gab es für Männer drei Runden à drei Minuten und für Frauen vier Runden à zwei Minuten. Der Unterschied wurde also eindeutig aufrecht erhalten, um hervorzuheben, dass wir Frauen nicht die gleiche Leistung zeigen wie Männer.

Wie engagierst du dich jetzt, nachdem du dich aus dem Wettkampfsport zurückgezogen hast, neben deiner Arbeit im Boxer Inside für den Sport?
Es gibt immer noch sehr viel zu tun, um gegen die allgemeine Diskriminierung von Frauen im Sport zu kämpfen. So sind zum Beispiel nach wie vor viel mehr Führungspositionen in Verbänden und olympischen Komitees von Männern besetzt. Ich arbeite mit verschiedenen Aktionen an der Demokratisierung des Sports. So bin ich zum Beispiel beim Comité National Olympique et Sportif Français (Französisches Olympisches Komitee) für den Bereich »Diversität« zuständig. In diesem Gremium arbeiten nur drei Frauen – das sind doch reine Quotenfrauen, die das Image aufpolieren sollen. Unsere Präsenz wird immer noch nicht ausreichend akzeptiert. Außerdem bin ich Vorstandsmitglied bei Paris 2024, wo ich daran arbeite, dass bei den Spielen auch die Bevölkerung aus dem Département Seine-Saint-Denis berücksichtigt wird. Hier wird das Herz aller Veranstaltungen sein, sodass die Menschen über Jobs, Vermietung, Training und die Kultur rund um die Spiele davon profitieren können.

Du hast aus Rio eine Silbermedaille nach Hause gebracht. Würdest du rückblickend sagen, dass das dein größter Erfolg war?
Ja, das war sicherlich einer der größten Erfolge. Aber ich würde nicht sagen, dass die Medaille wichtiger war, als Kinder zu bekommen. Das Abenteuer Olympia war ein Familienereignis und ich habe das wegen meiner Familie geschafft. Meine Tochter sollte verstehen, was ich da tue, aber sie durfte nicht darunter leiden. Am Anfang fühlte ich mich schuldig, aber meine Abwesenheit war auch positiv für sie, weil sie viel mehr Zeit mit ihrem Vater verbrachte und die beiden so eine ganz besondere Bindung entwickelt haben. Meine Älteste ist ein sehr mutiger Mensch. Grund dafür ist sicher, dass wir ihr beigebracht haben, dass alles möglich ist.

Zuhause in Paris

DEIN VON EINER FRAU GEFÜHRTES LIEBLINGSGESCHÄFT?
Ich mag es, tolle neue Geschäfte zu entdecken, wie z. B. das Restaurant (V)ivre im 2. Arrondissement, das von Caroline Savoy geleitet wird. Ich liebe es!

WELCHEN ORT EMPFIEHLST DU FÜR SPORTLICHE BETÄTIGUNG?
Der Pool im Hotel Molitor ist herrlich. Man kann einen Vormittag lang oder den ganzen Tag bleiben oder in den Wellness-Bereich gehen und dann noch auf einen Drink bleiben. Ich liebe diese Mischung aus Sport, Street Art und Kultur an einem Ort.

WOHIN GEHST DU MIT DEINEM MANN AUS?
Zum Abendessen bei einer Bootstour auf der Seine (siehe oben). Die Fahrt dauert ungefähr zwei Stunden und wir können die Schönheit des beleuchteten Paris genießen. Ein wundervoller Moment.

Image

und Interessenvertretung

IN DEM BUCH *BEAUTÉ FATALE* schreibt die Bestseller-Autorin und Essayistin Mona Chollet, dass die französischen Frauen nicht nur ein nationaler Schatz, sondern eine eingetragene Marke sind. »Ihre noble Mission ist es, die Eleganz des Landes aufrechtzuerhalten, und sei es nur, um dem internationalen Ruf einflussreicher Luxusunternehmen wie Moet Hennessy Louis Vuitton (LVMH) und Pinault Printemps Redoute[55] (PPR) zu dienen.«[56] So wundert es nicht, dass der Text Chollets nicht zwischen den französischen und den Pariser Frauen unterscheidet, denn Luxusmarken kennen diesen Unterschied ebenfalls nicht. Sie sind austauschbar – das ist das eigentliche Problem. Dieses Herumreiten auf einem einzigen Bild der französischen Schönheit entspricht nicht nur der Strategie großer Konzerne. Auch Autoren haben sich dieser einseitigen Sicht bedient. Mit Blick auf die Absurdität des Welt-Bestsellers *Warum französische Frauen nicht dick werden* von Mireille Guiliano spricht Chollet vom eher heimtückischen Effekt einer ausgewogenen Diät aus Brot, Champagner, Schokolade und Liebe: »Es geht um die Faszination der Amerikaner für den klischeehaften französischen Lebensstil, um die Besessenheit der Frauen für Diäten und ›Geheimnisse‹ (weil sie sie brauchen – arme Dinger).«[57]

Das eigentliche Bild der Pariserin, das Chollet zeichnet, sieht so aus: Sie hat sich vom Vorbild der Supermodels auf den Laufstegen von Chanel nicht viel weiterentwickelt und auch auf nationaler Bühne hat sie noch viel von der Marianne-Statue, der Nationalfigur der Republik. »Bei dem Wort »Pariserin« kommt jedem eine bestimmte Frau in den Sinn: Ihr Haar ist ungeordnet, das Gesicht ungeschminkt, ihr Outfit ein elegantes Understatement«, schrieb die französische Schauspielerin und Oscar-Preisträgerin Isabelle Huppert in einem Artikel der Oktober-Ausgabe der britischen *Vogue* über ihren persönlichen Stil. »Die Details haben sich vielleicht verändert – der Trenchcoat wurde durch einen dunkelblauen Blazer ersetzt, mal hat sie eine *Gauloise* (Zigarette) im Mund und mal nicht –, aber grundsätzlich ist das Bild immer das gleiche.« Aber stimmt das wirklich?

>»Meine Mutter hat den Völkermord in Armenien überlebt. Sie kam 1924 aus der Türkei nach Frankreich und träumte davon, Pariserin zu sein. Dazu gibt es einen Haufen Bücher und Geschäftsideen, in denen die Frauen allzu häufig weiß und wohlhabend sind. Aber inzwischen gilt Paris als die Stadt der Mode und Schönheit, und die interessantesten Frauen haben einen gemischten Hintergrund. Ausländerinnen und Menschen aus dem Hinterland sind also integriert.«

—SOPHIE FONTANEL, AUTORIN UND MODEJOURNALISTIN

Aber es sind nicht nur die ausländischen Medien, die dieses monolithische Bild der Pariserin zeichnen, auch die heimischen Medien stützen es. Die kollektive Vorstellung der Pariser Frau stimmt mit dem unpassenden und unrealistischen Bild, das die lokalen Medien von ihr zeichnen, überein. Für die unsichtbaren und häufig komplett ausgeblendeten Minderheiten wie farbige, übergewichtige und LGBTQ-Frauen hat das negative Auswirkungen »und führt sogar zu einem ausgeprägteren Selbsthass.«[58]

Als Sarah Zouak (Seite 130) ein kleines Mädchen war, träumte sie davon, eine der schlanken, weißen Frauen zu werden, die sie im Magazin *Madame Figaro* zu Hunderten bewunderte. Heute glättet sie gelegentlich immer noch ihr Haar, um diesem Ideal näher zu kommen: »Ich möchte, dass man mir zuhört«, erklärt sie. Als arabische Frau ist sie daran gewöhnt, unterrepräsentiert zu sein. Gesichter und Körper wie ihrer glänzen in Nachrichten, Fernsehsendungen und -filmen, Hochglanzmagazinen und selbst in Cartoons durch auffällige Abwesenheit. Gewohnheit heißt aber nicht, dass ihr die Auswirkungen nicht mehr auffallen. »Ich musste die Welt bereisen, um alle Rollenbilder zu finden, die ich gern erfüllen würde«, erzählt sie. »Ich hoffe, dass meine Kinder nicht mehr so hart kämpfen müssen.«

Der 2018 von der französischen Rundfunkaufsichtsbehörde CSA (Conseil Supérieur de l'Audiovisuel) veröffentlichte Jahresbericht zeigt deutlich, wie weit Frankreich hinter anderen Ländern hinterherhinkt. Hat sich die Quote nicht-weißer Personen auf dem Bildschirm leicht gesteigert (auf 20 Prozent), so ist dies auf amerikanische Serien zurückzuführen (für französische Produktionen ist der Wert auf 14 Prozent gefallen).[59] Solche Zahlen sind für betroffene Schauspieler und Schauspielerinnen keine Überraschung.

So beschreibt die Schauspielerin Aïssa Maïga in ihrem von fünfzehn weiteren afro-französischen Schauspielern mitgeschriebenen Buch *Noire n'est pas mon Métier (Schwarz ist nicht mein Job)* mit ernüchternder Genauigkeit und herber Kritik, wie unausgewogen das System des französischen Kinofilms für Schwarze, Araber oder Asiaten ist. »Damit wird die gesamte ehemalige koloniale Welt diskriminiert.«[60] Während also der Stoff der französischen Gesellschaft vollständig neu gewebt wird, wird ein idealisierter weißer und damit ungleicher Blick auf die Bevölkerung auf der Leinwand weiter gepflegt. Die Unsichtbarkeit des schwarzen Körpers zeigt sich auch in den Rollentypen, die schwarzen Schauspielern angeboten werden: Mehrheitlich sind es Karikaturen oder Stereotype wie Hausangestellte, Prostituierte und Einwanderer mit Akzent. Jedes Jahr werden in Frankreich Hunderte von Filmen und eine Unmenge neuer Sendungen produziert. Und doch übersehen Castingdirektoren Minderheiten mit einer solchen Leichtigkeit. Das System ist also, genauso wie das Land, für die erforderlichen Veränderungen noch nicht bereit. »Diejenigen, die sich selten oder gar nie auf der Leinwand oder der Bühne sehen, betteln darum, in der ohrenbetäubenden Stille einer wunderbaren Gesellschaft bestehend aus unterschiedlichen Rassen zu existieren«, schreibt Nadège Beausson-Diagne in ihrem Buch. »Wie sollen unsere Kind sonst ihre Identität entwickeln?«[61]

Die Botschaft, die diese Unsichtbarkeit transportiert, ist doch, dass Frauen und Minderheiten in der fiktionalen Welt nicht sichtbar sind. Aber heißt das auch, dass sie in der realen Welt keine Rolle spielen?

Das Phänomen von *Black Panther* lässt in dieser Hinsicht ein wenig Hoffnung aufkeimen. Dieser Film wurde in Frankreich nachhaltig diskutiert, zeigt er doch den Hunger auf Geschichten, in denen den Unterrepräsentierten ein Ehrenplatz zukommt. Junge Menschen sehen überall Superhelden, die ihnen selbst– allerdings in Führungsrollen – ähneln. Landesweit wurde dies an dem bahnbrechenden Erfolg der Serie *Crazy Rich Asians* deutlich, in der der persönliche Symbolismus dargestellt durch eine Vielzahl an Ausschnitten aus dem Alltagsleben umfassend kommentiert wurde. In seiner Stellungnahme in *The New Yorker* schreibt Hua Hsu, dass er beeindruckt war, »Freunden beim Essen auf dem nächtlichen Markt zuzuschauen, eine ältere Frau zu sehen, die den amerikanischen Neuankömmling beobachtet, den schmerzverzerrten, aber sympathischen Ausdruck eines Muttersprachlers zu sehen, der versucht, einen Chinesen zu verstehen.« Er fragt sich, ob damit vielleicht schon der Höhepunkt der Darstellung von Ausländern erreicht sei. »Man möchte nur einfach genauso heldenhaft, lustig, kleinkariert, albern oder langweilig sein dürfen wie alle anderen auch.«[62]

Doch in Frankreich verzögerte sich der Serienstart zunächst und wurde schließlich ohne großes Aufsehen durchgeführt. Für Grace Ly, Gastautorin im Podcast *Kiffe ta Race* ist der Grund dafür, dass Frankreich noch nicht soweit ist. »Wir können antiasiatischen Rassismus noch nicht einmal als Rassismus bezeichnen. Es ist eine Unterform von Rassismus, gewöhnlicher Rassismus, schlechter Humor. Man macht Scherze über Nem-Gerichte oder kantonesischen Reis. In Frankreich wird sich gar nichts ändern, auch nicht durch einen Film wie *Crazy Rich Asians*«, schreibt sie in ihrem Blog *La Petite Banane*.[63] Wer wird also den Wandel schaffen? Menschen wie sie – Aktivistinnen. Medienkonsumenten, deren Sicht auf die Welt vielseitig ist und die Kreative unterstützen, die sich auf die Integration konzentrieren.

Die Voreingenommenheit der Medien ist ein weltweites Problem, aber in Frankreich entwickelt sich der Fortschritt scheinbar besonders langsam. »Zwar gibt es in den USA und in Großbritannien ähnliche Bewegungen, aber die Probleme werden hier offen diskutiert und es gibt Medien, die sich aktiv bemühen, etwas zu verbessern«, stellt die Kulturjournalisten Jennifer Padjemi fest, die auch den Podcast *Miroir Miroir* mit ehrlichen Diskussionen über Diskriminierung bereitstellt. »Bei diesem Problem hinkt Frankreich immer hinterher. Der Grund dafür ist einfach: Bestimmte Menschen (und scheinbar sind es immer die gleichen) lassen sich einfacher zurückweisen und aus Machtstrukturen verbannen, wenn ein bestimmtes Urbild aufrechterhalten wird.« Wollte man das Problem der mangelnden Interessenvertretung in Frankreich lösen, müsste man mit dem Finger auf weiße, männliche, heterosexuelle, nichtbehinderte Privilegierte zeigen – auf die gewohnten Entscheidungsträger.

Für Frauen wie Muriel Tallandier (Seite 214), Julie Mathieu (Seite 221), beide im Verlagswesen tätig, und die Journalisten und LGBTQ-Aktivistin Alice Coffin verstärken die Unsichtbarkeit oder stark sexualisierte Darstellung lesbischer Frauen das Gefühl, dass sie außerhalb der Gesellschaft stehen. »Die Grundlage der Phobie gegen Lesben ist deren Unsichtbarkeit. Werden sie in der Öffentlichkeit gezeigt, wird damit nicht nur ein Portrait ihrer Sexualität gezeichnet, es ist auch ein politischer Akt«, erzählt Coffin der Podcasterin Lauren Bastide (Seite 35) in einer Live-Diskussion in der alten Markthalle Carreau du Temple. Und vor dem Hintergrund der dauerhaften, angeheizten Debatte über den Zugang zu medizinisch unterstützter Fortpflanzung (wie z. B. IVF), die zum Zeitpunkt der Veröffentlichung dieses Buches in Frankreich für lesbische und alleinstehende (heterosexuelle ohne Partner) Frauen mit Kinderwunsch immer noch verboten ist, ist dieser politische Akt ganz besonders wichtig. Die Stellungnahmen in den Medien zu diesem Thema, sowohl von den Befürwortern als auch den Gegnern, stammen größtenteils von Männern. Was ist der Grund dafür? Ganz einfach: Die Journalisten leisten keine gute Arbeit. »Zuerst interviewen sie einen Gegner der medizinisch unterstützten Fortpflanzung (einen Mann) und dann einen Befürworter, also in der Regel einen Politiker oder einen Vertreter der LGBT-Verbände, der aber meist ein schwuler Mann ist«, kritisiert Marie Kirschen, Gründerin der lesbischen Zeitschrift *Well Well Well* in einem Interview auf dem Podcast *Miroir Miroir* von Padjemi. Dieser Teufelskreis hat schwerwiegende Konsequenzen. »Es ist einfacher, Menschen ihre Rechte zu verweigern, wenn wir diese Menschen nicht sehen.« [64]

Wo sind Frankreichs Antworten auf homo- oder transsexuelle Frauen wie Ellen DeGeneres, Samira Wiley oder Laverne Cox, diesen Popkulturikonen in den US-amerikanischen Medien? Es gibt sie nicht. Und weil sie in der französischen LBGT-Community schmerzlich vermisst werden,

»Dank der sozialen Medien können wir uns selbst ausdrücken und werden einfacher gehört. Hier beginnen Bewegungen gegen Unterrepräsentation. Es bilden sich gemischte Gemeinschaften, die immer mehr zum Mainstream werden und eine eigene, gemeinsame Sprache haben. Nun müssen die herkömmlichen Medien endlich verstehen, dass sie sich grundlegend ändern müssen.

—ADELINE RAPON, JUWELIERIN

erheben die Frauen ausländische Rollenvorbilder im Internet zu ihren Ikonen. Unbestritten muss viel mehr getan werden, da Frankreich in Filmen, Fernsehsendungen, Newscasts und Druckmedien nicht ausreichend widergespiegelt wird. Es gibt durchaus einige Lichtblicke wie den internationalen Erfolg der Singer-Songwriterin und Tänzerin Héloise Letissier, besser bekannt unter dem Künstlernamen Christine and the Queens. Auch der Bestseller *On ne nait pas grosse (Man wird nicht dick geboren)* von Gabrielle Deydier aus dem Jahr 2017, der den überfälligen Dialog zum Thema Phobie gegen Fettleibigkeit auslöste, und die wichtigen Arbeiten der Dokumentarfilmemacherin Amandine Gay zum Thema Rasse und Akzeptanz, der über die Grenzen Frankreichs hinaus Anklang findet, sind hervorragende Beispiele. Aber es muss noch viel mehr passieren.

Glücklicherweise sind einige Frauen einfach nicht bereit, darauf zu warten, dass sich die alte Garde ändert. Es werden immer mehr Stimmen außerhalb der traditionellen Medien laut, die Weiblichkeit und Schönheit breiter definiert sehen und unterrepräsentierten jungen Frauen die Chance geben wollen, dazuzugehören.

Eine wichtige digitale Plattform ist Waïa, die die Schönheit schwarzer Frauen in all ihrer Diversität feiert. Der Zielgruppe der Millenials werden Geschichten von Frauen angeboten, die häufig von den traditionellen Medien gemieden werden. Die fünf Gründerinnen erklären, dass sich dieser Knotenpunkt für Mode- und Schönheitsthemen an Frauen mit anglo- und afro-europäischen Kulturhintergrund wendet. Die wenigen vorhandenen französischsprachigen Magazine für schwarze Frauen, schreiben sie auf ihrer Website, richten sich an ein älteres Publikum und blenden die Sorgen um Intersektionalität und positive Körperwahrnehmung aus.

Adeline Rapon, eine Juwelierin und bekannte Bloggerin auf Instagram, nutzt ihre Plattform für Diskussionen über ihre eigene gemischte Herkunft, über den Entschluss, auf die Achselhöhlenrasur zu verzichten und ihr Haar nicht mehr, wie viele Jahre lang, mit chemischen Keulen zu behandeln, damit es glatt bleibt. Als sie von Waïa gebeten wurde, eine Reihe von Sepia-Fotos zum Thema Körpertabus von Frauen (von Menstruation über Körperbehaarung bis hin zu Masturbation) zu posten, erkannte sie sofort die Chance, ihre Überzeugungen bei einer neuen Zielgruppe zu verbreiten. »Hier finde ich die gleiche Weichheit wie auf meiner eigenen Plattform und die gleiche laute Stimme gegen die Gewalt, der sich Frauen selbst Tag für Tag aussetzen.«

Auch Sophie Fontanel, Autorin und Modebloggerin, hat Instagram als ihre primäres Medium ausgewählt, um in radikaler Offenheit alle möglichen Themen von ihrem Sexualleben (oder der geplanten Abstinenz davon während ihres zwölfjährigen Zölibats, das sie im Buch *The Art of Sleeping Alone (Die Kunst, allein zu schlafen)* dokumentiert) über Stilfragen (sie identifiziert sich mit beiden Geschlechtern) bis zu ihrer Entscheidung, ihr Haar nicht mehr zu färben und wachsen zu lassen, bis ihr ganzer Kopf von natürlichem, schillerndem Silber umgeben war, zu präsentieren. »Frauen färben ihre Haare wegen des gesellschaftlichen Drucks«, sagt sie. Diese Tatsache und die Behauptung, dass die Werte und das Aussehen von Frauen ein Verfallsdatum haben, diskutiert sie in ihrer Kolumne für das Nachrichtenmagazin *L'Obs* und in ihrem Buch. So wurde sie zu einem alternativen Rollenvorbild für Frauen und Männer – nicht nur in ihrem Alter.

Und dank eines Podcasts wie *La Poudre* (Seite 35), *Quouïr*, *Quoi de Meuf*, *Miroir Miroir* und *Kiffe ta Race* (Seite 47) werden wichtige Diskussionen über Rasse, Sexualität, Interessenvertretung, Feminismus, Identität, Geschlecht und Diskriminierung – also über das Leben! – nun mit Menschen geführt, die üblicherweise ruhig gestellt werden.

Was die Repräsentation angeht, so kann sich nur durch Übergriffe etwas ändern. Aber auch von den Verbrauchern, den Internetnutzern, den Lesern – den durchschnittlichen Bürgern – können Veränderungen ausgehen. Was schlägt Jennifer Padjemi dazu vor? Der beste Anfang sind die sozialen Medien. »Die Menschen können Teil der Lösung sein«, erklärt sie. Am besten liest und hört man vielen Menschen zu, die anders aussehen und anders leben als man selbst.

Unüberhörbare Stimmen

2018 waren von 1.000 Persönlichkeiten, über die im Verlauf des Jahres am meisten gesprochen oder geschrieben wurde, nur 15,3 % Frauen.

WO SIND ALL DIE FRAUEN UND IHRE STIMMEN in den Medien? Offenbar lassen sie ihre Muskeln, wenn auch langsam, im Club der alten Männer spielen, die immer noch kontrollieren, auf wen, wie lange und unter welchen Bedingungen gehört wird. 2018 waren von 1.000 Persönlichkeiten, über die im Verlauf des Jahres in der französischen Presse am meisten gesprochen oder geschrieben wurde, nur 15,3 % Frauen. Das ist die zweitniedrigste Rate seit sechs Jahren (nach 16,9 Prozent 2017 – auch nicht gerade eine Zahl, auf die man stolz sein kann).[65] Nur etwa 19 Prozent der von den Medien interviewten Experten sind Frauen,[66] die auch noch der Begründung Glauben schenken sollen, dass es einfach zu wenig weibliche Experten gebe, die angefragt werden könnten. Sei es aus Böswilligkeit oder einfach nur aus Faulheit – diese journalistische Praxis ist inakzeptabel und unethisch. Daher haben zwei Frauen *Les Expertes* gegründet, die erste kostenlose Online-Datenbank mit französischen und französischsprachigen Expertinnen aus allen Branchen. Sie möchten ein Interview mit einer Illustratorin führen? Sie suchen eine Expertin für Geschlechterstudien oder Biotechnologie? In dieser Datenbank werden sie fündig.

Aber natürlich muss noch viel mehr getan werden, als eine Datenbank einzurichten. Die Studierenden in Journalismus- und Kunsthochschulen müssen genauso wie das Verlags- und Geschäftsleitungspersonal bei Nachrichten- und Mediensendern diversifiziert werden. In allen Medien muss einer Vielzahl von Stimmen Raum gegeben werden. Und wenn Männer erkennen, dass Frauen ausgeschlossen werden, müssen sie das Feld räumen oder zumindest ihre Stimme erheben. Denn eine solche Unsichtbarkeit wird in der Zukunft diese Konsequenz haben: Die Stimmen und Meinungen von Frauen sind weniger wert und Frauen sind als Menschen weniger wert.

Geschichtenerzählerinnen

Doppelleben für intelligente Nachrichten

ARIANE BERNARD

EHEMALIGE LEITERIN FÜR DIGITALISIERUNG BEI *LE PARISIEN*

185.000 KILOMETER IST ARIANE BERNARD 2017 und 2018 weltweit gereist – vor allem zwischen Paris und New York, ihren beiden Ankerpunkten in der Welt. Die Planung ihrer Reisen ist so zu ihrer Gewohnheit geworden, dass sie die exakte chronologische Abfolge ihrer Veranstaltungen bis auf die letzte Minute meistert, um in Rekordzeit wieder nach Hause zu kommen. Sie gibt zu, dass sie in gewisser Weise stolz darauf ist. Zwar ist sie hin- und hergerissen zwischen zwei Wohnungen und zwei Leben, organisiert dies aber mit einer solchen Effizienz, dass sie möglichst viel Zeit an beiden Orten verbringen kann.

Ich traf Bernard zum ersten Mal, als sie noch Chief Digital Officer für *Le Parisien* war, bei einer Geburtstagsfeier eines gemeinsamen Freundes, einem Verleger bei der *New York Times* und Bernards ehemaliger Kollege in den vierzehn Jahren, die sie für die *Times* arbeitete. In diesen ersten paar Stunden unseres Treffens nahm ich sie als Frau mit hoher Bildung und scharfem Verstand wahr, eine einfühlsame und sowohl selbstbewusste als auch zugängliche Geschichtenerzählerin. Und mit diesen Eigenschaften ist sie ein wirklicher Trumpf für die Medienwelt. Das machte sie neben ihren herausragenden Sprachkenntnissen (Ist sie Französin oder Amerikanerin oder beides?) zu einer faszinierenden Frau mit einem Hauch von Machtgehabe.

»Wenn du Ariane nicht kennst und dich eine Stunde mit ihr unterhältst, erstaunt es dich nicht, dass sie höhere Führungspositionen besetzt«, bestätigte mein Freund Jake, der sie an diesem Abend auch zum ersten Mal traf. »Sie ist eine Frau, die die großen Jobs inne hat, aber lieber über Theater, Reisen und Kultur spricht.« Die ultimative Pariserin – sie spricht lieber über das Leben als über die Arbeit. Eine Frau, die das Geschäftsumfeld kennt und sich darin bewegen kann, aber sich nicht von ihm vereinnahmen lässt. Auch bei unseren späteren Treffen kommt diese Eigenschaft immer wieder ans Tageslicht und wir diskutieren über alles Mögliche von den Spannungen eines Doppellebens bis zum unguten Gefühl bei der Bestellung eines Tisches im Restaurant.

Du hast in Amerika studiert und hast auch dort deine Karriere gestartet. Wie hat das dein Gefühl als Pariserin geformt oder verändert?

Wenn ich das siebzehnjährige Mädchen analysieren soll, dass 3.500 Kilometer von zu Hause entfernt studierte, dann ging es bei mir wohl eher um den Wunsch, etwas ganz anderes zu tun, als darum, eine andere Person zu sein. Ich wollte mich nie entwickeln, insbesondere weil mir immer bewusst war, dass ich mich von allen meinen Bekannten schon deutlich unterschied. Aber durch das Studium in den USA bin ich optimistischer geworden. Ich arbeite mit der Grundeinstellung »Ja, wenn« und nicht mit nach dem Prinzip »Nein, weil«, das in Frankreich gang und gäbe ist. Im Rückblick kann ich das hybride Ergebnis meiner langjährigen Abwesenheit aus Frankreich erkennen. Auf der einen Seite war ich überrascht, dass die Grundannahmen meines erwachsenen Ichs recht amerikanisch sind. Daher würde ich sagen, ich bin eine amerikanische Erwachsene, die eine französische Kindheit hatte. Auf der anderen Seite habe ich viele Züge und Überzeugungen, die ich als sehr französisch erkenne und wahrscheinlich auch nicht ablegen werde. Die wichtigste Überzeugung ist dabei wohl die zur Beziehung zwischen dem Bürger und dem Staat. Meiner Meinung nach sind die Belange einer Gesellschaft in einem Wohlfahrtsstaat, in dem sich die Kosten und Risiken der ungerechtesten und unfairsten Umstände der Herkunft (Gesundheit, Wohlergehen und weitere Einflüsse auf den Zugang zu Bildung) verteilen, von grundlegender Bedeutung.

Welche Schwierigkeiten hast du mit deinem Doppelleben?

Irgendetwas fehlt immer. Außerdem steht eine Person, die fast, aber eben nicht ganz an einem Ort beheimatet ist, immer unter einer gewissen Spannung. Und dann muss ich bestimmte Nachteile akzeptieren, denn ich bin vollständig und akzentfrei zweisprachig. So kann ich mich in keiner Sprache unterscheiden und kann nirgendwo den Vorteil genießen, weiß zu sein. Ich bin überall willkommen. Beide Länder sehen mich ganz als ihre Tochter an. Sie korrigieren sich nicht, um mir den Weg durch das Leben zu erleichtern. Meine französischen Teams hatten tatsächlich keine Vorstellung von dem Heimweh, das ich jeden Tag bei meiner Arbeit in Frankreich fühlte, und sie konnten wahrscheinlich nicht verstehen, wie schwer es ist, sich anzupassen. Meine amerikanischen Freunde können wohl nicht wissen, dass ich viele Dinge in Amerika mit den offenen, ungläubigen und manchmal verständnislosen Augen einer Einwanderin betrachte. Im Gegensatz zu einem Gast aus dem Ausland, der sich anpassen muss und dem seine Fehler und Ungeschicklichkeiten verziehen werden, bekomme ich in keinem Land eine Extrabehandlung. Natürlich bitte ich nicht darum, denn ich bin unglaublich glücklich, dass beide Länder meine Heimat sind. Aber da keines der Länder mein »anderes« Ich wirklich wahrnimmt, muss ich die Last alleine tragen; das macht manchmal einsam.

Du hast den Großteil deines Berufslebens in den USA verbracht. Welches sind die größten Unterschiede und Vorteile der beiden Arbeitskulturen?

In vielerlei Hinsicht fühle ich mich für die Arbeit mit einem französischen Team schlecht ausgestattet. Der größte Unterschied besteht darin, wie die jeweiligen Arbeitsgruppen einzelne und gemeinsame Risiken angehen. In beiden Ländern werden die gleichen Risiken erkannt, aber die Reaktion darauf ist unterschiedlich. Die Franzosen glauben, dass »die Gruppe« (das Unternehmen, die Gesellschaft als Ganzes) dafür verantwortlich ist, Risiken zu minimieren, bevor eine Entscheidung gefällt wird. Die Amerikaner denken sicher in gewisser Weise auch so, setzen es aber nicht genauso um. Zwischen Angst und Risiko besteht ein großer Unterschied. Ein Risiko ist da und die Angst bewirkt etwas. Aber wenn man nicht gewöhnt ist, auf Risiken zu stoßen, dann wird es schwer, zwischen Risiko und Angst zu unterscheiden. Genau das ist meiner Ansicht nach für die Franzosen schwer.

Wie wirkt sich Paris als Stadt auf eine Frau in einer Führungsposition aus?

Eine Frau in Paris zu sein, bringt Vorteile, aber auch Zwänge mit sich. So dürfen z. B. soziale und ästhetische Codes auch am Arbeitsplatz auf keinen Fall verletzt werden. Diese Herausforderung stellt sich auch in New York, aber Paris ist so vornehm und elegant, dass es schwer ist, diese Codes zu vernachlässigen, also z. B. vorlaut zu sein und zu sagen: »Das bin ich!«, das zu fordern, was man möchte und verdient hat. Um also ein Störenfried zu sein, musst du dir einen bestimmten Platz in der Gesellschaft erobern. Die Voreingenommenheit der Franzosen ist eine sich selbst erfüllende Prophezeiung: Du wagst es nicht, deine Meinung zu sagen, wenn sie nicht richtig scheint, aber dann wird sie auch nicht gehört. Und du kannst dich nicht weiterentwickeln. Wenn du deine eigenen Ziele verfolgen willst, musst du erst einmal akzeptieren, dass du ein Individuum bist, das genauso viel wert ist und genauso viele Rechte hat wie andere. Aber Paris ist so stark und so schön, dass man das Gefühl hat: Ja klar, ich bin ein Individuum, aber Paris legt die Regeln fest. Wenn du also dieses Gefühl hast und dich gelegentlich unangemessen verhältst oder die Regeln missachtest, dann hat die Tatsache, dass man in Paris »schön« ist, wahrscheinlich mehr Gewicht.

Was tust du dagegen?

Ich sage mir immer wieder, dass der moralische Grund für meine Position in der Gesellschaft darin liegt, dass ich von dem Ziel oder Projekt, das ich wirklich anstrebe, so überzeugt bin. Damit kann ich sicherstellen, dass ich etwas tue, an das ich glaube. Wenn mir der gesellschaftliche Zugang zu intelligenten und aussagekräftigen Nachrichten wichtig ist, dann darf es mich nicht kümmern, wie ich aussehe, während ich mein Ziel verfolge. Die Frage ist nicht, ob es hübsch ist, seine Hand zu heben oder sich zu erheben, sondern es geht darum, was du erreichen kannst und wie du Probleme und Ungerechtigkeiten beseitigen kannst. Und jeder, wenn auch nur geringe Vorteil, den ich habe, bedeutet, dass ich meine Meinung sagen und denen helfen kann, die ihre Stimme aus welchem Grund auch immer nicht erheben.

Vom Sammeln und Schreiben von Nachrichten bist du in das Management des Nachrichtengeschäfts gewechselt. Wie lässt sich das mit deinem Ziel vereinbaren, den Zugang zu Informationen sicherzustellen?

Zuerst dachte ich, dass ich Reporterin sein möchte, weil ich Nachrichten mag. Aber im Laufe der Zeit habe ich andere Funktionen kennengelernt, die dazu beitragen, dass Nachrichten in der Gesellschaft bereitgestellt werden. Glücklicherweise bin ich in diesem Bereich gelandet, weil digitale Nachrichten die traditionellen Verteilungswege übernommen haben. Damit haben sich die Systeme der Nachrichtendistribution drastisch entwickelt. Ich bin schon immer eine Anhängerin der Kunst, liebe aber auch Systeme und deren Struktur. Und hier bin ich wieder dankbar für meine amerikanische Ausbildung, die mich ermutigt hat, mehrere Interesse und Ziele zu verfolgen. Das französische Bildungssystem sieht Bildung als eine Serie enger werdender Optionen und als Selektion von Spezialgebieten (dabei werden Alternativen verworfen). Bei meiner Arbeit im Bereich Digitalisierung bei der *Times* (ich war für das Produktmanagement von Veröffentlichungswerkzeugen und Distributionssystemen verantwortlich) habe ich verstanden, dass es genauso darum geht, Nachrichten bereitzustellen wie darum, was der Reporter vor Ort macht. Das sind natürlich zwei Paar Schuhe, aber beide Jobs sind wichtig. Bei *Le Parisien* habe ich ein Team in allen Bereichen des digitalen Geschäfts geleitet (Engineering, Design, Daten und Innovation usw.). Ziel war es, unseren Zielgruppen interessante, nutzerorientierte und ansprechende Nachrichten-Websites und unseren Reportern und Redakteuren intelligente Tools bereitzustellen.

Und wohin könnte es dich als Nächstes verschlagen?

Über diese Frage denke ich häufig nach, auf jeden Fall möchte ich die Ideen, die mir lieb und teuer sind, weiter nähren. Wenn ich denke, dass die Diversität und die Gesundheit des Nachrichten-Ökosystems wichtig [sind], bin ich dann auch wirklich an den Stellen präsent, wo die Zukunft dieses Ökosystems gestaltet wird? Ich verbringe viel Zeit auf Konferenzen. Außerdem gehöre ich verschiedenen Arbeitsgruppen von Google und Facebook für die Produktentwicklung und für strategische Partnerschaften an, denn unabhängig davon, was man in der Branche über diese beiden großen Mitglieder unseres Ökosystems denkt, werde ich mich selbst niemals aus Diskussionen heraushalten, solange Diskussionen geführt werden. Aber ich habe keine Ahnung vom rechtlichen Rahmen meiner Branche. Ich würde meinen Horizont in dieser Hinsicht gern erweitern und mit meiner eigenen Perspektive und meinen Erfahrungen zu zukünftigen Entscheidungen beitragen – von wo aus auch immer.

Zuhause in Paris

WOHIN GEHST DU (AUSSER NACH HAUSE), WENN DU VON EINER DEINER ZAHLREICHEN REISEN ZURÜCKKEHRST?
Zum Beispiel in die Tuilerien (siehe oben) oder einfach zu Marks & Spencer am Charles-de-Gaulle-Flughafen Terminal 2E in Paris. Dort kaufe ich immer schnell ein, wenn ich aus dem Flugzeug gestiegen bin.

AN WELCHEM ORT BIST DU GLÜCKLICH?
Im Parc Monceau – den mag ich wirklich sehr. Es gibt ein Foto von der vierjährigen Ariane, die an einem dämmrigen Herbsttag an der Hand ihres Vaters über die Alleen des Parks spazieren geht. Diesen Tag vergesse ich nie.

WELCHER STADTTEIL HAT EINE BESONDERE BEDEUTUNG FÜR DICH?
Das 9. Arrondissement. Hier habe ich einen Großteil meiner Kindheit verbracht. Meine Eltern haben einunddreißig Jahre im gleichen Block gelebt, an nur zwei verschiedenen Adressen!

Aufbruch zur einer Tour in das weibliche Herz der Stadt

HEIDI EVANS

GRÜNDERIN VON WOMEN OF PARIS

ALS DIE IN LONDON GEBORENE HEIDI EVANS NACH PARIS KAM, hatte sie nicht viel mehr in der Tasche als die Liebe zur französischen Sprache, die Lust am Abenteuer und eine sehr wage Idee ihrer Zukunft. Zunächst arbeitete sie als Reiseleiterin für unterschiedliche Unternehmen. Dabei lernte sie die schönsten Wahrzeichen von Paris kennen, tauchte in die Geschichte der Stadt ein und lernte neugierige Reisende kennen. Sehr schnell erkannte sie ihre Begabung als Reiseleiterin und Geschichtenerzählerin. Und gleichzeitig kam ihr eine weitere Erkenntnis, die ihr den Weg zum Unternehmertum öffnen sollte: Die meisten Rundgänge durch die Stadt vertuschten die Frauen in der Geschichte, die die Stadt geprägt haben. Tatsächlich werden Frauen in den von großen, heldenhaften Männern dominierten Geschichten über Paris lediglich als historische Fußnoten behandelt.

Eine entmutigende Realität, die aber auch eine wunderbare Gelegenheit bot. 2016 gründete Evans Women of Paris Tours, das erste Unternehmen, das verschiedene Themenrundgänge anbietet, die sich der Geschichte der Frauen und deren entscheidendem Einfluss auf Kunst, Theater, Wissenschaft, Kultur, Politik und Alltag widmen. Ich nehme an der Sugar & Spice-Tour (Zucker- und-Gewürze-Tour) zu den Problemen und Errungenschaften von Schriftstellerinnen in Paris teil und treffe mich danach mit Evans, um mit ihr über die Bedeutung ausgewogener Geschichten, ihre historischen Lieblingsfiguren und die Zukunft der *Femmes de Paris (Frauen von Paris)* zu sprechen.

Wann hast du festgestellt, dass im Tourismus zu wenig Geschichten über die historischen Frauen von Paris erzählt werden?
Etwa zwei Monate nach meiner Ankunft in Frankreich habe ich eine kostenlose Stadtführung geleitet. Meine Tante war gerade zu Besuch bei mir und hat an meiner Tour teilgenommen. Am Ende stellte sie fest, dass es interessant sei, wie wenig über Frauen gesprochen wurde. Ab diesem Moment ging mir die Idee nicht mehr aus dem Kopf.

Und dann wurde dir an jeder Straßenecke bewusst, wie wenig Frauen wahrgenommen werden? Hast du das an einer bestimmten Stelle auch persönlich erfahren?
Sogar als ich zum Beispiel die Werke im Musée d'Orsay studiert habe. Ich entdeckte zum ersten Mal die Impressionistinnen und war schockiert, dass ich in meiner ganzen liberalen Kunstausbildung, in der ich die führenden Künstler, Schriftsteller und Denker Europas kennengelernt habe, eigentlich nichts über Frauen in der Kunst gelernt habe. Alle Teilnehmer an meinen Führungen, selbst solche, die nur wenig über die Kunstgeschichte wussten, kannten Monet, Degas und Van Gogh, konnten aber keine Malerin nennen.

Warum ist es dir so wichtig, Geschichten von Frauen zu erzählen und die Reisenden damit in gewisser Weise zu erziehen?
Auf der einen Seite hatte ich erkannt, dass die Reisenden aktiv nach diesen Informationen suchten. Viele meiner Kunden erzählen mir, dass sie mich in Google unter *feministische Touren Paris* oder *Frauentouren Paris* gefunden haben. Auf der anderen Seite muss die Geschichte richtig dargestellt werden. In den meisten Rundgängen zur Einführung in Paris werden die großen Männer hervorgehoben, die die Stadt beeinflusst haben. Als Zweites werden dann die bösen, rebellischen Frauen genannt. Die meisten von ihnen haben einen sehr schlechten Ruf. Zum Beispiel Marie Antoinette und Catherine de Medici – beide wurden von den Franzosen verteufelt. Und dann gibt es Frauen wie Simone Veil, die heiß geliebt wird. Aber selbst sie kam erst zu Ruhm, als sie 2018 im Panthéon bestattet wurde.

Aber das ist für dich nicht nur problematisch, weil die Geschichten falsch dargestellt werden, sondern auch weil der Beitrag von Frauen in Wissenschaft, Politik, Medizin und Kunst größtenteils unter der Teppich gekehrt wird.
Genau – Stadtführungen sollen informelle Bildung vermitteln. Auf diese Weise erfahren die Gäste ganz spielerisch mehr über die Stadt. Da ist es extrem wichtig, dass die Geschichte korrekt erzählt wird.

Warum hat die Tourismusbranche diesen Punkt deiner Ansicht nach so sehr vernachlässigt?
Die Wahrzeichen der Stadt sind mit einer patriarchalischen Vergangenheit verknüpft. Wenn Touristen eine Liste der Sehenswürdigkeiten erhalten, die sie bei ihrem Besuch in Paris unbedingt anschauen sollten, dann stehen darauf nur sehr wenige Arbeiten von Frauen. Im Louvre, dem wohl berühmtesten Museum der Welt, findet sich zum Beispiel nur eine Handvoll Werke von Frauen. Das Haus und der Garten von Rodin ist ein Museum, das vollständig einem männlichen Künstler gewidmet ist. Es werden ein paar Werke von Camille Claudel gezeigt, seiner Studentin und Liebhaberin. Sie ist eine eigenständige Bildhauerin, der auch ein eigenes Museum gewidmet ist. Dennoch ist sie eher unbekannt und das Museum befindet sich in einem Vorort von Paris, in den sich nur wenige Touristen verirren. Das Musée de la Vie Romantique, ein Museum über das Leben von George Sand, liegt komplett abseits der Touristenpfade. Der Grund dafür ist, dass die Stadt, die ja schon selbst ein Museum ist,

das genaue Spiegelbild ihrer Vergangenheit ist. Leider waren Frauen in der Vergangenheit von Paris größtenteils unsichtbar. Das ist für mich, die ich aus London komme, eine interessante Beobachtung, denn in der britischen Hauptstadt ist die größte Touristenattraktion die Queen. Den Frauen, die Großbritannien mit geformt haben, wie z. B. Queen Victoria und Elizabeth I., wird größtenteils kein Hass entgegengebracht, sondern sie werden bewundert, vielleicht sogar mehr als die Männer.

Man könnte aber auch sagen, dass Paris selbst weiblich ist – der Eiffelturm wird z. B. als Eiserne Lady bezeichnet.
In der französischen Seele verkörpert die Frau genau das: die verführerische eiserne Lady, die Erotik des Eiffelturms. Sicher beschreiben zahlreiche Historiker sie (die Stadt) als Muse für männliche Künstler und Schriftsteller. Und daher ist sie eher eine passive Inspiration als eine aktive Kreative.

Manche Menschen denken, dass man zuerst die Frauen aus der Geschichte ehren muss, um die Frauen von heute zu würdigen. Korrigierst du deiner Ansicht nach mit deiner Arbeit eine falsche Annahme?
Ich bin der Meinung, dass wir auf der Suche nach Inspiration immer noch in der Vergangenheit danach suchen, was wir in der Zukunft machen können. Wir müssen all diese unglaublichen Dinge sehen, die diese Frauen getan haben. Wir müssen die Rolle verstehen, die sie in der Stadt gespielt haben, wenn wir uns entwickeln wollen. Vielleicht versuche ich irgendwie, Veränderungen anzustoßen. Im französischen Curriculum stehen z. B. sehr wenige Schriftstellerinnen. Welche Botschaft wird wohl damit vermittelt?

Sprichst du dabei vom französischen Abitur?
Ja, ich habe das bemerkt, als ich meinen ersten Stadtrundgang für Women in Paris vorbereitet habe. Fast jedes Jahr wurden Petitionen eingereicht, damit Schriftstellerinnen in den Abiturlehrplan (in dem die Lektüre bestimmter Texte vorgeschrieben wird) aufgenommen werden. Schließlich wurde – welch' großer Erfolg – 2017 eine Frau (Madame de La Fayette) aufgenommen. Sie wird nun neben den zahlreichen Pflichtlektüren männlicher Schriftsteller wie Flaubert, de Balzac und Hugo gelesen. Und genau deshalb spreche ich bei meiner Tour über Schriftstellerinnen: die Tatsache, dass Werke von Frauen erst im späten zwanzigsten Jahrhundert als wichtig erachtet wurden. Zwar kannte man Colette und wenige andere, aber deren Schriften galten eher als frivole, anspruchslose Frauenliteratur. Deshalb ist der »Espace des Femmes«, zu dem ich meine Gäste gerne führe, so wichtig. Hier finden sie eine Buchhandlung, einen Verlag und eine Galerie, die sich den Schriftstellerinnen widmen.

Welche der vielen Frauen, deren Arbeiten und Leben du bei deinen Touren vorstellst, spricht dich persönlich am meisten an?
Im Moment würde ich wohl sagen Mata Hari, die niederländische Kurtisane und Stripteasetänzerin. Derzeit wird sie auch in anderen Rundgängen insbesondere rund um den Eiffelturm erwähnt, weil

sie im Ersten Weltkrieg zur Arbeit als Spionin für die Deutschen überzeugt wurde. Am Turm wurden feindliche Übertragungen abgehört. Aber das ist schon alles, was man über sie hört. Doch mich interessiert viel mehr, warum und wie sie letztendlich in dieser Situation gelandet ist. Sie heiratete einen wohlhabenden, aber gewalttätigen Mann, von dem sie sich später scheiden ließ. Ihr Sohn starb und sie verlor das Sorgerecht für ihre Tochter. Sie blieb mit gar nichts zurück. So zog sie nach Paris, um sich selbst neu zu finden, und tanzte, um zu überleben. Als Kurtisane kam sie immer wieder mit hochdekorierten Militäroffizieren zusammen, die ihre Verführungskunst nutzen wollten. Ich frage mich, wie es ihr wohl in der Welt nach #MeToo ergangen wäre.

In deinem Rundgang erwähnst du die erschreckend geringe Zahl an Frauen in der Académie Française, der Sprachbehörde Frankreichs (in 385 Jahren hat es nur neun weibliche Mitglieder gegeben; derzeit sind es fünf). Welche anderen Fakten überraschen die Gäste in Bezug auf die Rolle von Frauen in der Kunst oder auf ihre Art der Einflussnahme?
Die Touristen sind immer erstaunt darüber, dass es etwa sechstausend Straßen in Paris gibt: Davon sind viertausend nach Männern benannt und nur dreihundert nach Frauen. Dann die Geschichte, dass Simone Veil erst die fünfte Frau ist, die im Panthéon bestattet wurde (davon fand eine Frau dort auch nur ihren Platz, weil ihr Mann dort bestattet wurde). Und im Allgemeinen ist immer interessant, dass Frankreich in Fragen zu gesetzlich verankerten Frauenrechten weit hinter anderen Ländern herhinkt. Aber die tollste Geschichte erzählt, wie all diese großen Frauen über die großen Männer in ihrem Leben definiert werden. So ist George Sand meist besser wegen ihrer Verbindung zu Chopin bekannt als für ihre schriftstellerischen Werke, obwohl sie die am zweitbesten verkaufte französische Romanautorin in Frankreich ist (nach Hugo). Simone de Beauvoir wird häufig im Zusammenhang mit Sartre genannt (und im 6. Arrondissement gibt es einen Ort, der beiden gewidmet ist). Außerdem wissen nur wenige, dass die Buchhandlung Shakespeare and Company tatsächlich nicht das Original ist. Es gab einen ersten Laden in der Rue de l'Odéon, der der amerikanischen Auswanderin Sylvia Beach gehörte und ein wichtiger Treffpunkt für Schriftsteller wie Hemingway und Joyce wurde (dessen Buch *Ulysses* Sylvia Beach 1922 veröffentlichte). Trotzdem ist auf dem Schild am Haus der ursprünglichen Buchhandlung nichts über Shakespeare and Company vermerkt, sondern nur über James Joyce. Sylvia Beach spielte eine wichtige Rolle in der Kunstszene der frühen zwanziger Jahre in Paris, aber sie ist in den öffentlichen Erzählungen größtenteils in Vergessenheit geraten. Dennoch war sie viel zu wichtig, als dass ich sie bei meinen Touren nicht erwähnen könnte.

Wie hat sich durch die Organisation der Touren deine eigene Wahrnehmung von Paris verändert?
Ich sehe Paris so wie alle Frauen, für die die Stadt ihre Heimat ist. Und dann gibt es noch einen wichtigen Aspekt: Die Stadt kann dich nicht vereinnahmen. Es gibt so viel Pariserinnen, die nicht hier und noch nicht einmal in Frankreich geboren sind. Und heute sehe ich mich als eine von ihnen.

Zuhause in Paris

DEIN VON EINER FRAU GEFÜHRTES LIEBLINGSGESCHÄFT?
Es gibt zwei: Muscovado, ein Café, das von zwei Schwestern betrieben wird, die ein exzellentes Frühstück, Mittagessen und Abendessen servieren und gelegentlich eine Pop-up-Night organisieren. Und Combat, eine Cocktailbar im Geiste von Female-Forward (siehe Seite 233).

WELCHE STRASSE MAGST DU BESONDERS?
Die Rue Sainte-Marthe im 10. Arrondissement, eine enge Straße mit bunten Häusern, Galerien und Bars.

WOHIN GEHST DU NACH DER ARBEIT, UM DICH ZU ENTSPANNEN ODER MIT FREUNDEN ZU TREFFEN?
Ins Martin (siehe oben), hier fühle ich mich fast wie zu Hause. Ich treffe hier immer Menschen, die ich kenne; das ist wunderbar. Das Bier ist nicht teuer, der Wein ist gut und die Produkte stammen aus dem Vorortgarten des Besitzers Loïc Martin.

Genaue Beobachterin der Wünsche und Identitäten von Frauen

LEÏLA SLIMANI

AUTORIN UND TRÄGERIN DES PRIX GONCOURT

NUR SELTEN HABE ICH DIE GELEGENHEIT, den Arbeitsplatz einer Künstlerin besuchen zu dürfen. In einem solchen heiligen Gral bin ich versucht, jedes Staubkorn zu inhalieren, mir jedes Buch, jedes Bild und jeden unordentlichen Zeitungsstapel ins Gedächtnis einzuprägen, um diese Sensation für immer mit mir zu tragen. Ganz, als ob mich diese Erfahrung für immer verändern würde. Genau dieses Gefühl habe ich, als ich die preisgekrönte Autorin Leïla Slimani in ihrem Homeoffice treffe. Sie trägt ein Keith Haring-T-Shirt, weite Jeans und hellgrüne Sneakers, bittet mich zügig herein und zieht mich zu ihrem Plüschsofa, auf dem ich Platz nehme, während sie sich mir gegenüber auf den Schreibtischstuhl setzt. Mit ihren wirren Locken aus festem Haar mit goldfarbenen Spitzen schenkt sie mir ein warmes Lächeln und lehnt sich gegen den langen von handschriftlichen Notizen und Zeitschriften übersäten Schreibtisch. Direkt neben ihrem Computer liegt eine Kopie von Joseph Anton: Die Autobiografie von Salman Rushdie. »Das ist Forschung«, erklärt sie. Links von mir hängt ein gerahmtes Portrait von Slimani aus dem Jahr 2016, als sie den Prix Goncourt erhielt, die höchste Literaturauszeichnung Frankreichs, die ihr für ihren verstörenden zweiten Roman *Dann schlaf auch du* verliehen wurde. Daneben sehe ich bunt durcheinander gewürfelt Familienfotos, Buntstiftzeichnungen ihres Sohnes, Ausschnitte aus Zeitschriften und Briefe ihres Verlegers. Rechts von mir erhebt sich eine Bücherwand mit Werken von Koryphäen mehrerer Generation wie Oscar Wilde, Simone de Beauvoir, Sophie Calle und ihrer persönlichen Heldin Simone Veil.

Das ist ihre Welt, ihr kreativer Raum, in dem sie Louise, Myriam, Adèle und zahllose weitere komplexe und häufig problembehaftete Charaktere zum Leben erweckt. In diesen meditativen Kokon wickelt sie sich ein, wenn sie Zeit für sich hat. Die beginnt, wenn die Kinder zur Schule gehen, bis sie um 16:30 Uhr wieder nach Hause kommen, und startet erneut nach Mittagessen, Badewannensessions, Zubettbringen und Mahlzeiten mit ihrem Mann, an den meisten Tagen bis tief in die Nacht. In diesem einen Zimmer kreiert sie Geschichten, die ein Millionenpublikum begeistern.

Noch bevor ich ein Werk von Slimani gelesen hatte, war sie mir bereits oberflächlich als die neue bedeutende Stimme im Kanon der großen, lange von Männern beeinflussten Literatur bekannt. Seit 2016 ist sie eine von zwölf Frauen und erst die zweite Marokkanerin, die den erstmals 1903 ausgelobten Preis gewonnen hat. Der Erfolg ihres Buches katapultierte sie sofort ins Rampenlicht der Öffentlichkeit und sie gewann die Aufmerksamkeit der politischen und intellektuellen Elite des Landes. Präsident Macron ernannte sie kurz nach seiner Amtseinführung zu seiner persönlichen Referentin für frankophone Angelegenheiten. Ein Amt, unter dem sie Frankreich vertritt und die französische Sprache international bewirbt. So wurde sie von einer relativ Unbekannten zur Verkörperung der französischen Kultur.

Die in der marokkanischen Politik- und Verwaltungshauptstadt Rabat geborene Slimani wurde in einem ihrer Meinung nach friedlichen, familienorientierten und geschützten Umfeld großgezogen. Doch ihre Familie war stark konformistisch und hatte keine Verbindung zu der Kultur, die sie geprägt hat. Dennoch hatte sie Zugang zu Literatur, pflegte ihre lebhafte Fantasie und genoss eine französische Ausbildung, die die Grundlagen für eine Zukunft in Frankreich legte. Mit achtzehn kam sie zum Studieren nach Paris und betrat eine andere Welt, in der ihr Leben einsam und individualistisch war, ihr jedoch auch verführerische kulturelle Angebote zeigte, die ihre Seele fütterten. »Ich konnte alles machen. Anonym sein, mich selbst neu erfinden, ohne dass jemand meine Vergangenheit kannte«, erzählt sie und zeichnet damit ein Bild ihrer Sehnsüchte, die ihr erst bewusst wurden, als sie erkannte, wie schnell sie einen Neuanfang bewältigen konnte.

Nach dem Studienabschluss arbeitete sie als Journalistin für die Wochenzeitung *Jeune Afrique*, reiste regelmäßig für Aufträge nach Marokko und Tunesien und bekam ihr erstes Kind, noch bevor sie sich überhaupt als Schriftstellerin versucht hatte. Viele Punkte ihres Lebens in Paris waren bestimmt durch Einsamkeit, die Schwierigkeit, Kontakte zu schließen, und die Angst, beim Versuch, sich anzupassen, die eigene Identität zu verlieren. »Ich habe fast vergessen, wie sich das damals anfühlte, aber ich weiß, dass ich immer Angst hatte, die Leute könnten mir misstrauen. Ich glaubte, besser Französisch sprechen, höflicher und diskreter sein zu müssen als jeder andere, um zu beweisen, dass ich gut bin. Als Frau aus Nordafrika musste das einfach so sein.«

Aber egal, was sie tat oder wie gut sie war, ihre Arbeit und ihre neue Berühmtheit lösten Enttäuschung aus. »Für manche war ich keine Nordafrikanerin mehr. Ich hatte die entsprechenden Eigenschaften verloren, weil ich keine Religion oder andere Überzeugung ausübte. In gewisser Weise war ich ›weißgewaschen‹. Und für Nordafrikaner bin ich kein Vorbild, weil ich keine gute Nordafrikanerin bin. Ich bin nicht devot, bescheiden und gehorsam.« Aber sie besteht darauf, dass ihr die Menschen wichtiger sind, die sie als unabhängiges Individuum wahrnehmen. »Ich hoffe, dass die Frauen, die so aussehen wie ich und Angst davor haben, frei und unabhängig zu sein, meine Arbeit sehen und erkennen, dass es sich lohnt.«

Gegenüberliegende Seite: Die wunderbare Bücherwand im Arbeitszimmer von Leïla Slimani.

Kurz gesagt geht es in ihren Büchern um den Alltag und alltägliche Menschen. Aber sobald man eingetaucht ist, erweist sich der Alltag als Sprungbrett für prägnante Verweise auf die dunkleren Seiten des Lebens und der Gesellschaft. Themen wie Mutterschaft, Liebe, Sexualität, Vergnügen, psychische Zustände, Identität und Traditionen behandelt sie mit erfrischender Offenheit, selbst wenn das die Leser verunsichert. In ihrem preisgekrönten ersten Roman *All das zu verlieren* sorgen die lähmende Langeweile der Protagonistin Adèle als nihilistische Zeitungsjournalistin, Ehefrau und Mutter in Paris und ihre unersättliche Sexsucht, die sie vor ihrem Mann zu verbergen versucht, dafür, dass sie tief in die Selbstisolation versinkt. Obwohl sich die meisten Leser wahrscheinlich nicht mit Adèle identifizieren, sind ihre chronisch sexuellen Zwänge, die Frage der Befriedigung und des Auslebens ihrer unverhüllten Eigenschaften in hohem Maße nachvollziehbar. Die Prosa in all ihren Werken ist zugänglich, büßt aber nie an Kraft ein. Mit ihren wohl gewählten Worten, die noch lange nach dem ersten Lesen wie ein unerwarteter Schlag nachwirken, hat sie im stilistischen Spektrum das perfekte Mittelmaß zwischen starker Vereinfachung und unnötiger Ausschmücken gefunden. Gleichzeitig ist das aber auch der Grund dafür, warum einige Leser *Dann schlaf auch du* bereits nach der ersten Zeile aus der Hand legen: »Das Baby ist tot«. Sie fordert ihre Leser auf, ein – häufig schmerzhaftes – Gefühl zu empfinden und sich ganz darin zu verlieren. »Ich möchte, dass meine Leser eine menschliche Verbindung zu diesen Charakteren empfinden«, erzählt sie mir. »Sie sollen sich aufgerüttelt und unwohl fühlen. Sie sollen anhand der Geschichten über ihr eigenes Leben nachdenken und einen Freund oder einen neuen Bekannten mit anderen Augen betrachten, weniger beurteilen.«

Sie infiltriert den Alltag mit dem Dunklen und Bösen und erinnert uns damit daran, dass selbst hinter einem nach außen perfekten Leben Menschen stehen, die ihre Wünsche, ihre Kämpfe durch die soziale und berufliche Dynamik immer wieder neu ausfechten müssen und manchmal vor Verzweiflung wild um sich schlagen. Slimanis Anhänger und Kritiker schenken ihr viel Aufmerksamkeit wohl weniger aufgrund ihres literarischen Scharfsinns als vielmehr, weil ihre Geschichten alle Erwartungen über den Haufen werfen. Sie stellt Paris, wo ihre Geschichten spielen, sowohl als Schönheit als auch als Biest dar – ein ehrliches, wenn auch schrilles Bild der Stadt.

»Paris ist die schönste und interessanteste Stadt der Welt. Sie ist eine riesige Theaterbühne und behält trotzdem ihre Dunkelheit und ihr Mysterium bei. Sie ist so außergewöhnlich, weil sie nicht nur schön ist.« Je nachdem, was ein Mensch in seinem Leben durchmache, fährt sie fort, komme er entweder mit dieser Schönheit oder mit Traurigkeit, Gewalt, Elend oder Verdorbenheit in Kontakt und manchmal mit allem gleichzeitig. Deshalb sei die Stadt keine Fantasie, sondern real. Sie spiegele das ganze Spektrum des Lebens, von Gefühlen und Umständen wider.

Und dann gebe es noch die Menschen selbst, die Beziehungen und die Rollen z. B. zwischen Mutter und Kindermädchen, zwischen berufstätiger Mutter und Gesellschaft und natürlich die Wünsche einer Frau. Ständig wird sie gefragt, warum sie nicht über Themen schreibt, die ihrer Heimat, ihrer Herkunft näher sind. Warum ist sie so provokativ? Zum Teil ist sie sicherlich so

»Ich bin stolz darauf, die französische Sprache zu vertreten. Sie ist das Tor zur Freiheit. Jeder, der die Sprache sprechen möchte, darf das auf seine Weise tun. Man darf sie verändern, umbauen, ausschmücken – die Sprache ist kein Heiligtum.«

erfolgreich, weil sie über etwas schreibt, das außerhalb ihrer eigenen Erfahrung liegt. Sie wagt es, über Themen zu schreiben, auf die sie, wie man ihr sagte, kein Recht habe.

»Jede Schriftstellerin und jeder Schriftsteller hat etwas zu sagen. Ich bin in einem sehr bürgerlichen Milieu groß geworden und die Literatur hilft mir das auszudrücken, was ich im echten Leben nicht sagen kann. Hier kann ich über Gewalt, Sexualität und Brutalität sprechen«, erklärt Slimani und fügt hinzu, dass ihr die Ideen wie Geistesblitze kommen und häufig mit ihrer eigenen Erziehung zusammenhängen. Die Inspiration für die Psychologie und das Unglück im Zusammenhang mit der Hypersexualität von Adèle zum Beispiel holte sie sich bei der Dominique Strauss-Kahn-Affaire im Jahr 2011. Dagegen findet der Kindsmord in *Dann schlaf auch du* Parallelen im Jahr 2012, als die Krim-Kinder in New York City von ihrem Kindermädchen ermordet wurden. Sie taucht in Welten ein, die sie erforschen muss, wie eine Schauspielerin, die eine Rolle spielt, der sie sich voll und ganz unterwirft. »Ich habe mich nicht bewusst entschieden, ob ich über meine marokkanische Herkunft oder etwas anderes schreiben möchte. Die nationale Identität ist bereits ein so dominantes Thema im Alltag, dass ich davor fliehen wollte. Vielleicht wäre dieses Thema einfacher gewesen, weil es auf der Hand liegt, aber es interessiert mich nicht.«

Selbst wenn ihre eigene Identität und ihre persönlichen Erfahrungen beim Verlassen der Heimat keine Inspiration für sie sind, bleibt sie fasziniert von den häufig anonymen Frauen, mit denen sie in Marokko aufgewachsen ist, und deren Kampf gegen die Widrigkeiten des Lebens. Häufig denkt sie an ihre algerische Mutter, die in Marokko Zuflucht gefunden hat, an ihre Tante, die Algerien wegen drohender Enthauptung verlassen hat, weil sie keinen Schleier tragen wollte, und an all die jungen Mädchen so um die vierzehn Jahre, die sie im Bahnhof von Casablanca gesehen hat – Mädchen, die vergewaltigt und geschwängert wurden und deshalb ihre Heimat in Schande verlassen müssen. »Diese unbekannten Frauen haben mich verstört und verfolgen mich genauso wie die Ungerechtigkeiten, die sie erfahren haben«, beklagt sie. »Sie haben aus mir eine Feministin gemacht.«

Die unbekannten Frauen, die in den Werken von Frauen wie Virginia Woolf und Gisèle Halimi dargestellt werden, dienen ihr als intellektuelles Werkzeug, mit dem sie dem Kampf für die Frauen- und Menschenrechte ein Gesicht gibt. »Mein Ziel ist es, das, was ich zu sagen habe, möglichst deutlich zu sagen. Dann liegt es an den Lesern, ob sie mich verstehen oder interessiert sind oder

nicht. Ich kämpfe dafür, dass Frauen Zugang zum Lesen und Schreiben haben, denn hier herrscht nach wie vor eine grundlegende Ungerechtigkeit. Selbst in der heutigen Zeit können oder dürfen Millionen von kleinen Mädchen nicht zur Schule gehen und werden nie lesen oder schreiben lernen.« Slimani wurde von einem Kindermädchen aufgezogen, die das gleiche Schicksal hatte, sodass sie die Demütigung, die ihre Vertraute aufgrund ihres Analphabetismus erfuhr, sehr gut beobachten konnte. Slimani hat den Prix Goncourt gewonnen, aber ihre Großmutter konnte nicht lesen und schreiben. Die Unterdrückung von Frauen auf der ganzen Welt ist inakzeptabel und ist der eigentliche Grund für ihren Kampf.

Wenn sie schreibt, dann geht es ihr weniger um die Liebe zum Geschichtenerzählen, sondern vielmehr um die Macht, die sie damit ausüben kann. »Das einzige, was ich kann, ist Wörter zu benutzen. Aber ich weiß, dass ich damit ein großes Privileg und eine schlagkräftige Waffe habe.«

Oben: Eine von Slimanis weiteren Arbeiten: Eine Ode an ihre Heldin Simone Veil.
Das Werk von Leïla Slimani umfasst fiktionale und nicht fiktionale Texte, Essays sowie Kommentare zu Menschenrechten und aktuellen Ereignissen. Ihr erstes Sachbuch, *Sexe et mensonges: La Vie sexuelle au Maroc (Sex und Lügen: Gespräche mit Frauen aus der islamischen Welt)* behandelt Sexualität in Marokko, dargestellt durch Gespräche mit fünf Frauen.

Zuhause in Paris

DEIN VON EINER FRAU GEFÜHRTES LIEBLINGSGESCHÄFT?
Die BNF (Bibliothèque Nationale Française) in der Rue de Richelieu. Sie ist eine der schönsten Bibliotheken der Welt und beherbergt eine unermessliche Auswahl an Büchern. Die Direktorin ist die Hüterin der größten Schätze der Menschheit.

DEIN LIEBLINGSSTADTTEIL?
Pigalle, in diesem Stadtteil wohne ich und seine Geschichte fasziniert mich. Jede Straße erinnert mich an etwas, einen Film, einen Roman, ein Lied oder einen Augenblick. Alles ist verhext und belebt von Menschen aus der Vergangenheit und der Gegenwart – und meine Familie lebt hier. Ich kenne alle Besitzer der Cafés und Restaurants. Es dauert sehr lange, bis man in Paris sein »Dorf« gefunden hat. Die Pigalle ist meines.

AN WELCHEM ORT BIST DU ALS SCHRIFTSTELLERIN GLÜCKLICH?
Das Musée d'Orsay ist ein außergewöhnlicher Ort, an dem ich literarische Inspiration finde. Die Museums-Buchhandlung ist wunderbar – da musst du unbedingt hingehen.

Sammlerin klassischer Literatur für Leser jeden Alters

SARAH SAUQUET

LEHRERIN, AUTORIN UND GRÜNDERIN VON UN TEXTE UN JOUR

ALS SARAH SAUQUET MARCEL PROUSTS *Auf der Suche nach der verlorenen Zeit* gelesen hatte, wusste sie, dass sie zur Lehrerin berufen war. Mehr als ein Jahrzehnt unterrichtete sie im Lycée de Foucauld im 18. Arrondissement Fünfzehnjährige in Literatur und vermittelte ihnen ihre ansteckende Liebe für die Klassiker. Aber wie bekommt man die Digital-First-Generation dazu, Interesse für einen dreihundert Seiten dicken Wälzer zu entwickeln? Eine wahre Herausforderung. Sie wollte die Aufmerksamkeit der Jugendlichen mit einem Format wecken, für das sie empfänglich sind, und startete Un Text Un Jour (Ein Text pro Tag; später folgte die englische Version A Text A Day), eine mobile App, auf der täglich Auszüge aus etwa vierhundert Texten aufpoliert mit Quizfragen, Autorenbiografien und semantischen Anekdoten angeboten werden. Sehr schnell wurde diese App zu der am meisten im App Store heruntergeladenen Literatur-App. Damit wurde Sauquet zu einer Art literarischem Vormund erhoben – eine Rolle, die sie gern annimmt.

Ich treffe Sauquet – sie mit einem Buch in der Hand – auf eine Tasse Tee im Café Marly, um mit ihr die heilenden Kräfte von Büchern, ihre lebenslange Faszination für Kunst und den Zustand der allgemeinen Bildung in Frankreich zu diskutieren.

Bist du in einer Familie von Lesern aufgewachsen?
Ich war eine passionierte Leserin in einer Familie voller Sportler! [Sie lacht] Zwar lasen wir alle gern, aber ich liebte Büchern ganz besonders. Sie eröffneten mir eine Welt, machten mich neugierig. Ich erkannte früh, dass es keinen besseren Trost für mich gab als ein gutes Buch oder einen Besuch im Kino.

Also hat Kunst im Allgemeinen deine Kindheit geprägt. Welche Frauen haben dich inspiriert?
Romy Schneider, Vivien Leigh und Marie Trintignant. Als Kinoliebhaberin habe ich diese Schauspielerinnen in verschiedenen Situationen meines Lebens für mich entdeckt und jede von ihnen hat mich mit ihrer Persönlichkeit einfach umgehauen. Die Stimme von Janis Joplin, die mich mein

ganzes Leben lang sozusagen begleitet hat, hat eine so brennende Kraft, dass ich eine instinktive, in gewisser Weise unbeschreibliche Wildheit mit ihr assoziiere, ein Amerika voller Motels und eine gewisse Mythologie, die ich gern in meiner Nähe weiß. Und dann gibt es noch Hélène [Gordon] Lazareff, die Gründerin des Magazins *Elle*, und Régine Deforges, eine Verlegerin, Dramatikerin und Romanautorin, die sich bemüht hat, erotische Literatur in Frankreich zu verbreiten. Denn obwohl über dieses Genre viel gesprochen wird, wird es nur selten gelesen. Sie hat Geschichten veröffentlicht, die unerlaubt und unter der Ladentheke gehandelt wurden. Damit hat sie neuen Stimmen eine Öffentlichkeit gegeben. Als Teenager habe ich ihre Reihe *Das blaue Fahrrad* verschlungen.

Gibt es Bücher, die du als Erwachsene immer wieder liest?
Ja, viele und zwar aus unterschiedlichen Gründen. Aber *Sarahs Schlüssel* von Tatiana de Rosnay hat einen besonderen Platz in meiner Bibliothek und das nicht nur, weil die Protagonisten Sarah heißt. In diesem unglaublich wichtigen und notwendigen Buch wird die Geschichte des Vélodrome d'Hiver diskutiert, eine beschämende Zeit in der französischen Geschichte, die wir auf keinen Fall vergessen dürfen. Sarah ist eine sehr bewegende und robuste Persönlichkeit, die uns daran erinnert, dass kein Weg im Leben einfach ist, dass wir das Recht haben, Fehler zu machen und von Neuem zu beginnen. Komplizierte Lebenswege sprechen mich an und in diesem Buch finde ich immer Antworten auf die Fragen, die ich mir stelle.

Du hast eine solche Faszination für das geschriebene Wort. Damit hättest du gut und gern auch andere Wege beschreiten können. Warum hast du dich für die Bildung entschieden?
Ich wollte eine Karriere machen, die Sinn ergibt, und da gibt es nur wenige Berufe, die wirklich sinnvoll sind. Unterrichten ist sehr bereichernd, genauso wie der Kontakt zu meinen Schülern. Ich bin regelmäßig erstaunt, dass ich Eindruck bei ihnen hinterlasse. Sie sollen verstehen, dass klassische oder zeitgenössische Literatur zwar kein Ausweg ist, aber einen Lösungsvorschlag für fast alle Probleme bietet. Für mich ist es in Ordnung, dass sie anders lesen als ich in ihrem Alter, denn sie haben andere Fähigkeiten. Sie wollen, dass ich ehrlich zu ihnen bin und sie wie Erwachsene behandele. Was das angeht, sind sie sehr empfindlich. Für mich ist das nicht immer einfach. Ich gebe ihnen nur Bücher, die ich selbst mag, die ich sozusagen abgesegnet habe. Wenn wir diese dann besprechen, wissen die Schüler, dass meine Analysen ehrlich sind. Aus diesem Geben und Nehmen habe ich viel gelernt. Und da ich nur in Teilzeit unterrichte, habe ich genug Zeit, um selbst zu schreiben (ich habe einige Bücher veröffentlicht) und mich um mich selbst zu kümmern. Ich habe eine chronische Krankheit, wegen der ich mich immer wieder ausruhen muss.

»In Paris gibt es fünfzig öffentliche Bibliotheken, die kostenlos genutzt werden können. Ich finde es toll, dass der Zugang zur Kultur nichts kostet.«

Un Texte Un Jour ist eine intelligente, mobile und sehr zurückhaltende Art, Menschen zum Lesen der Klassiker zu überzeugen. Welcher Stein hat diese Idee ins Rollen gebracht?

Meine Mutter. Sie war Ingenieurin und hatte bereits einige Apps für ihre Arbeit produziert. Ein Jahr nachdem ich jedem in meiner Familie eine gedruckte Literaturanthologie in die Hand gedrückt hatte (wie du siehst, ist das meine Art, mit der Welt in Kontakt zu treten), schlug sie mir vor, eine Art digitale Literaturanthologie zu erschaffen. Wir haben die App zusammen entwickelt und sie ging 2012 online. Damals gab es kaum Literatur-Apps auf dem Markt, sodass wir sofort bekannt wurden. Später haben wir dann noch *Un Poème Un Jour* und anschließend die englische App *A Text A Day* entwickelt. Heute haben wir sechs verschiedene Apps im Angebot.

Welche Erwartungen hast du?

Ich habe die App als pädagogisches Werkzeug entwickelt. Ich habe sie mit meinen Schülern angewendet und wollte, dass andere Lehrer sie ebenfalls im Unterricht nutzen. Doch zu meinem großen Erstaunen wurde die erste App vor allem von einem allgemeinen Publikum heruntergeladen und verwendet, Nutzer im Alter von fünfundzwanzig bis fünfzig Jahren. Ein Beweis dafür, dass es nie zu spät ist zu lernen.

In deiner App werden Texte von Männern und Frauen, Franzosen und Ausländern vorgestellt. Der französische Lehrplan hat dagegen eine notorische Tendenz zu männlichen Autoren: Erst 2017 wurden die Bücher von Madame de la Fayette im Lehrplan für das Abitur in Literatur aufgenommen. Wie wählst du die Werke aus, die du in deinen Unterricht aufnimmst?

Es stimmt, dass im letzten Jahr vor dem Literatur-Abitur laut Lehrplan kein Werk einer Schriftstellerin im Unterricht besprochen wurde, bis eine Petition durchgeführt und *La Princesse de Montpensier (Die Prinzessin von Montpensier)* aufgenommen wurde. Im zehnten und elften Schuljahr können die Lehrer selbst bestimmen, welche Werke sie im Unterricht behandeln möchten. Und zum Thema Literatur habe ich eine sehr nuancierte Meinung. Bevor ich mich um das Geschlecht der Autorin oder des Autors kümmere, wähle ich einen Text wegen seiner Qualität aus. So ist zum Beispiel Victor Hugo ein größerer Romancier als Georges Sand, ich finde die Gedichte von Ronsard schöner als die von Louise Labé und ich ziehe Marcel Proust Marguerite Duras vor. Ich entscheide mich also nie aus Paritätsgründen für eine Schriftstellerin. Aber in jedem Jahr wähle ich auch Schriftstellerinnen aus, die meine Schüler lesen müssen. Meist sind dies allerdings zeitgenössische

Autorinnen wie Tatiana de Rosnay und Daphne du Maurier. Dennoch ist die Auswahl weiblicher Autorinnen für mich kein Steckenpferd. Meiner Meinung nach gibt es zahlreiche Möglichkeiten, in der Bildung feministische Werte zu vermitteln. So kann man zum Beispiel Schülerinnen Rollenvorbilder anbieten und sie damit in den Mittelpunkt stellen. Sie weibliche Autoren lesen zu lassen, ist da wirklich nicht die einzige Lösung.

Zwar haben sich die Lehr- und Lernmethoden in deiner Zeit im Bildungssystem schon weiterentwickelt. Dennoch ist die Unzufriedenheit der Lehrer erheblich angestiegen; Streiks sind im öffentlichen Dienst an der Tagesordnung. Wo liegen die Probleme?
Wir haben zu wenig Lehrer und wir haben zu wenig finanzielle Mittel, um den Beruf so zu gestalten, dass er für die Lehrer von morgen interessant ist. Darüber hinaus stimmt das Verhältnis von Arbeit und Aufwand nicht mehr. Wir haben viel zu viele Schüler pro Klasse, manchmal sind es sechsunddreißig, und die Lehrer haben zu wenig Freiheit, die Klassen und die Lehrinhalte nach ihrem Ermessen zu gestalten. Viele Lehrer üben den Beruf aus, weil sie den Kontakt zu den Schüler lieben. Aber bei so großen Klassen und dem hohen Zeitdruck ist es schwer, dieses Verhältnis zu bewahren und die Schüler beim Erwachsenwerden zu unterstützen.

Insgesamt wird in puncto persönlicher Entwicklung der Schüler von den Lehrern (und den Schulen im Allgemeinen) in Frankreich viel verlangt. Aber es ist nicht Aufgabe der Schule, alle Probleme zu lösen, auch die Eltern und Schüler müssen mit einbezogen werden.

Und sicherlich wird das nicht besser, wo doch Präsident Macron im Schuljahr 2019–2020 bis zu 2.600 Lehrerstellen in mittleren und weiterführenden Schulen streichen will. Verändert sich deine Wahrnehmung des Berufes damit?
Wie zahlreiche meiner Kollegen halte ich das für eine problematische Reform. Damit wird von den Lehrern verlangt, noch mehr zu arbeiten, obwohl eine Vollzeitstelle bereits extrem intensiv ist. Ruhepausen und der psychologische und persönliche Ausgleich sind extrem wichtig, um eine Klasse leiten zu können, vor allem eine Klasse mit immer mehr Schülern. Aber seit dieser Ankündigung hat sich die Presse schon deutlich auf die Schwachstellen unseres Systems gestürzt. Darüber bin ich sehr froh. Die Menschen müssen die Ausmaße des Problems erkennen. Insgesamt bestätigt all das meine Einstellung zum Unterrichten, denn wenn sich nichts ändert, werden jüngere Lehrer eine extrem rare Spezies werden. Ich hoffe, dass dies der Anfang eines ernsthaften Diskurses über die Erneuerung eines zerfallenden Systems wird.

Zuhause in Paris

EIN VON EINER FRAU GEFÜHRTES LIEBLINGSGESCHÄFT?
Mein Lieblingsgeschäft wird nicht von einer Frau geführt, ist aber immer *voll* mit Frauen! Die städtische Bibliothek Marguerite Durand, die erste Bibliothek in Frankreich, die ausschließlich Bücher zur Geschichte der Frauen, zum Feminismus und zur Gleichstellung der Geschlechter anbietet.

WELCHER ORT INSPIRIERT DICH?
Die Oper Palais Garnier (siehe oben). Hier habe ich immer das Gefühl, mich in einem Roman von Zola oder Balzac zu bewegen!

WO LIEST ODER SCHREIBST DU AM LIEBSTEN?
Im Café Marly. Hier finde ich einfach alles: eine wunderbare Aussicht, Pariser Klassizismus und genau das Bild, das ich von Paris habe, wenn ich die Augen schließe. Ich habe schon oft dort zu Abend gegessen, aber manchmal gehe ich auch einfach zum Lesen dorthin.

Spotlight auf zeitgenössische schwarzafrikanische Kunst

NATHALIE MILTAT

GRÜNDERIN DES APPARTEMENT

NATHALIE MILTAT BEZEICHNET IHRE RÄUME NUR UNGERN ALS KUNSTGALERIE im herkömmlichen Sinne. Auch sieht sie sich selbst nicht als Galeristin. Aber wenn sie einen Teil ihres Lofts für eine Ausstellung zeitgenössischer Werke von schwarzafrikanischen Künstlern und Künstlerinnen öffnet, wird sie zu einer wichtigen Botschafterin dieser Kultur.

Seit 2011 lädt das Appartement, wie sie ihre Galerie- und Performance-Räume in einem Gebäude im Stil Gustave Eiffels des neunzehnten Jahrhunderts nennt, Gastkuratoren für Ausstellungen ein, die im Kontext dieser privaten Räumlichkeiten ihre Wirkung entfalten können. Mit jeder erfolgreichen Ausstellungssaison wuchs ihr Wunsch, aufsteigende afrikanische Talente zu unterstützen. So lobte sie 2014 den Orisha-Preis aus, den ersten Preis für zeitgenössische afrikanische Kunst, dem 2016 die Gründung von Orafica folgte, einer gemeinnützigen Organisation zur Förderung von Kunst und schwarzafrikanischer Kultur durch künstlerische und kulturelle Initiativen.

Bei unserem Treffen im Appartement sprechen wir über ihren Weg von Benin nach Paris, die Schwierigkeiten der Kunstrestitution und ihren Anspruch, zeitgenössischer afrikanischer Kunst in der örtlichen Gemeinde eine dauerhafte Heimat zu bieten.

Du bist in Benin geboren, hast in Kamerun gelebt und bist dann in deinen späten Teenagerjahren nach Paris gezogen, um hier zur Schule zu gehen. Wie haben diese Erfahrungen deine Selbstwahrnehmung geformt?
Ich war neun Jahre alt, als wir nach Kamerun zogen, wo mein Vater bereits lebte. Aber ich habe mich nie zwischen den Kapiteln meines Lebens hin- und hergezogen gefühlt. Bis zum heutigen Tag bin ich sehr glücklich darüber, an Orten mit einer solch reichen Kultur gelebt zu haben. Der Umzug von Benin nach Kamerun war schon eine bedeutsame Erfahrung: Ich hatte nicht den gleichen Akzent, es war schwer für mich und einige Klassenkameraden haben mich gemobbt. Aber man muss bedenken, dass in Paris Sprache nicht der einzige Türöffner ist. Als ich dort ankam, war ich siebzehn und hatte die Grundlagen der französischen Kultur bereits gelernt, ohne einen Fuß in

das Land gesetzt zu haben. Die Franzosen, die in Kamerun lebten, spielten Pétanque, tranken Pastis und schauten ihre Kinofilme (Louis de Funès war sehr beliebt!). Ich habe eigentlich die gleichen Erfahrungen gemacht wie heute.

Was war der Auslöser für dein Kunststudium? Eine faszinierende Erfahrung aus deiner Heimat oder ein Eindruck, den du in Frankreich gewonnen hast?
In Kamerun konnte ich keine Museen besuchen, aber mein Vater hatte viele Bilder zu Hause und liebte Skulpturen. Ich war einfach umgeben von schönen Dinge, die nicht unbedingt etwas mit Kultur zu tun hatten. Erst viel später, nachdem ich mein Jurastudium abgebrochen hatte (der Weg, den sich mein Vater für mich vorgestellt hatte), wollte ich sehen, wo mich die Kunst hinführt. Ich ging zur École du Louvre und entdeckte eine völlig neue Welt. Fasziniert von der Geschichte, die mir die Objekte und archäologischen Materialien erzählten, begann ich mit dem Studium der Kunstgeschichte und spezialisierte mich später auf zeitgenössische Kunst mit dem Schwerpunkt auf schwarzafrikanischen Werken. Ich habe in dieser Zeit so viele Werke entdeckt, die es nur hier gab und nicht in Afrika. Und heute fordern einige afrikanische Staaten wie zum Beispiel Benin die Restitution ihrer Kunstwerke.

Bist du auch der Meinung, dass Artefakte und Kunstwerke, die ohne Genehmigung in andere Länder gelangten, in die Ursprungsländer zurückkehren sollen?
Diese Kulturstücke sind Teil eines Erbes und sichern den Fortbestand einer bestimmten Kultur. Mithilfe dieser Werke können wir unsere Vergangenheit und unsere Wurzeln verstehen. Vor diesem Hintergrund ist es sinnvoll, sie zurückzugeben.

Wenn alle Werke zurückgegeben würden, wäre das Musée du Quai Branly sicher leer. Vielleicht ist das keine schlechte Idee.
Ich denke, es ist Zeit, kleine Museen wie das Quai Branly auf der ganzen Welt zu eröffnen. Es ist wichtig, dass die Afrikaner Kontakt zu ihrem Erbe und ihrer Kultur aufnehmen, um sich selbst in einem neuen Licht zu sehen.

Du gehörst zu den wenigen, die schwarzafrikanische Kunst in Paris ins Rampenlicht stellen. Dein Engagement für die Künstler wurde zu Recht anerkannt. Wie fühlt sich das an?
In den zeitgenössischen Galerien werden heute immer mehr afrikanische Künstler ausgestellt (zum Beispiel in der Galerie Anne de Villepoix und der Galerie Jérôme Poggie). Ein Zeichen dafür, dass die afrikanischen Kunst wertgeschätzt wird. Ich freue mich, dass ich dazu beitragen kann. Ich habe lediglich ein Problem damit, dass die Werke so sporadisch gezeigt werden. Sie werden kurz gepusht

---

Gegenüberliegende Seite: Im Appartement: Eine der Skulpturen, die Nathalie Miltat von ihrem Vater geerbt hat.

und dann passiert wieder gar nichts. Ich wäre froh, wenn sie zum künstlerischen Programm der Stadt gehören würden und mit den Kunstliebhabern immer gegenwärtig wären.

Mit deinem ersten Projekt, der Noire Galerie, hast du in Paris viel Aufmerksamkeit erregt. Hattest du gehofft, dass es die Lücke in der Kunstszene schließen würde?
Nach meinem Abschluss an der École du Louvre gründete ich mit anderen zusammen die Noire Galerie als Fenster für zeitgenössische schwarzafrikanische Kunst. Während des Studiums wurden wenig Inhalte zu diesem Thema vermittelt und die erste große Ausstellung zeitgenössischer (nicht westlicher) Kunst fand erst 1989 statt (Les Magiciens de la Terre). Für diese Kunst gab es zu der Zeit so wenig Raum, und unsere Galerie wollte diese Künstler hervorbringen und sie der Öffentlichkeit vorstellen. Wir wollten eine Art Nomadengalerie schaffen, die Veranstaltungen an unerwarteten Orten organisierte.

Soviel ich weiß, war dieses Projekt nicht von langer Dauer. Warum hast du trotz deines Erfolgs aufgehört?
Letztendlich war es nicht das richtige Format. Aber es hat mir die Idee für den Orisha Award gegeben, der zum ersten Mal 2014 ausgelobt wurde, um afrikanische Künstler auch weiterhin der Öffentlichkeit zugänglich zu machen. Der Preis wird alle zwei Jahre vergeben und von einer Verleihungsfeier begleitet. Das ist eine gute Möglichkeit zu zeigen: *Ja, es gibt einen Preis für moderne afrikanische Kunst!* Die Preisträger werden bei der Vorbereitung einer Ausstellung in Paris unterstützt, die ein Jahr nach der Verleihung stattfindet. Darüber hinaus gibt es neben dem Preis und der Ausstellung viel Presse- und Öffentlichkeitsarbeit. Viele Künstler, die ich unterstützt und ausgezeichnet habe, haben mir erzählt, dass sie wegen des Preises in der Lage sind zu arbeiten. Das ist unglaublich.

Und das alles passiert an diesem hybriden Ort, der gleichzeitig dein Zuhause ist.
Richtig, aber ich zeige die Werke nur in diesem Raum. Meine Ausstellungen sind von dienstags bis samstags geöffnet. Zwischen den Ausstellungen passiert hier eigentlich nichts. Dann habe ich Zeit zum Luftholen und genieße die Leere.

Was kommt als nächstes?
Einige Künstler haben mich gebeten, sie bei der Beschaffung von Materialien zu unterstützen, und ich habe erkannt, dass sie diese Werkzeuge wirklich benötigen und Zugang dazu haben müssen, um arbeiten zu können. Ich denke darüber nach, ein Ressourcenzentrum in Afrika einzurichten, damit die Künstler Zugang zu Werkzeugen und zur Literatur über Kunsttheorie erhalten, Aufenthalte in Künstlerresidenzen absolvieren und dann zum Arbeiten nach Paris kommen können. Was das Appartement angeht ... mal sehen!

Gegenüberliegende Seite: Blick aus dem Appartement vom Nathalie Miltat im 10. Arrondissement.

Zuhause in Paris

DEIN VON EINER FRAU GEFÜHRTES LIEBLINGSGESCHÄFT?
Da kann ich nicht nur eines nennen! Das Baratin in Belleville, eines meiner Lieblingsrestaurants. Ich mag die gleichzeitig traditionelle und innovative Küche von Raquel Carena. Außerdem liebe ich den Concept-Store Nelly Wandji, der von einer junger Franko-Kamerunerin gegründet wurde. Hier bekommst du einen tollen Eindruck vom Reichtum der zeitgenössischen afrikanischen Handwerkskunst.

DEIN LIEBLINGSSTADTTEIL?
Das 10. Arrondissement; hier lebe ich. Es ist immer noch ein sehr kosmopolitisches Viertel mit einem großen Mix vieler Kulturen. Ich bin froh, dass ich genau an der Grenze zum 19., 11. und Marais lebe, das ist toll.

AN WELCHEM ORT BIST DU GLÜCKLICH?
Im Louvre, dessen Entwicklung und Wandel ich seit meiner Studienzeit beobachte. Dort kann ich mich nach all dieser Zeit immer noch richtig verlieren und einfach durch die verschiedenen Räume und Hallen des Museums schlendern.

Essen und kulturelles Erbe als ein Fest der Freiheit

POONAM CHAWLA

KULTURFÜHRERIN, AUTORIN UND ÜBERSETZERIN

NOCH BEVOR ICH AUS DEM AUFZUG STEIGE, weiß ich, dass ich am richtigen Ort angekommen bin. Durch die leicht angelehnte Wohnungstür strömt mir ein verführerischer Duft von Gewürzen, Knoblauch und Zwiebeln entgegen. Ich klopfe vorsichtig an und betrete die Wohnung mit dem üblichen *Allô*, um meine Ankunft anzukündigen. »Ich bin in der Küche; komm einfach rein«, höre ich sie rufen. In der Küche finde ich Poonam Chawla. Die kleine Frau mit schulterlangem Bob und einem geknöpften Kleid schlurft zwischen Herd und Arbeitsplatte hin und her, wo sie Hühnchen-Kebab auf Platten legt und große Mengen an scharfem Daal aus roten Linsen in Bowls löffelt. »Hier unterrichte ich«, erklärt sie mir in ihrer für Pariser Verhältnisse großen Küche, die den Blick auf einen sattgrünen Hofgarten freigibt. Alle Arbeitsflächen sind randvoll mit hausgemachten Zutaten, Kräutern und Gewürzen zustellt, darunter ihr selbst gemischter Masala Chai.

»Heute Morgen habe ich ein Video mit einem Rezept für ein Curry aus Broccoli und Kartoffeln für meine Website gemacht. Ich muss das auch noch ausprobieren. Broccoli ist ein neues, sehr reichhaltiges Gemüse; in Indien verwenden wir eher Blumenkohl.« Und schon habe ich etwas gelernt!

Ich helfe ihr, das Mittagessen auf dem Tisch im Esszimmer zu servieren, dann setzen wir uns hin und sprechen zwei Stunden lang über die Unwägbarkeiten ihres Lebens, ihrer Karriere als Übersetzerin, Kulturführerin und Autorin und über die heilende Kraft von Mahlzeiten.

Wir gehen ja immer davon aus, dass Amerika in der Vorstellung von Immigranten das Land der unbegrenzten Möglichkeiten ist, aber Frankreich und insbesondere Paris steht den USA in dieser Hinsicht in nichts nach. Und das war Chawla, die mit sechzehn begann, Französisch zu lernen, schon sehr früh klar. An der Jawaharlal Nehru University in Neu-Delhi spezialisierte sie sich auf französische Linguistik und strebte eine Karriere im Tourismus an. Und hier traf sie auch ihren Mann, den sie mit vierundzwanzig aus Liebe heiratete – gegen den Willen ihrer Eltern. »Er kam aus einer anderen Kaste. Er war kein Arzt, sondern Reisevermittler. So haben sie der Heirat ihren Segen gegeben, sie aber nicht unterstützt.«

Als sie sechsundzwanzig war, wurde ihr erster Sohn Nikhil geboren, ihre Ehe allerdings lief damals schon sehr schlecht. »Er kontrollierte mich und war ein Macho und emotional instabil. Das hatte ich so nicht erwartet.« Nach der Geburt ihres zweiten Sohnes Pushan übernahm sie die Rolle als Ernährerin der Familie, arbeitete an zwei Arbeitsstellen, während ihr Mann ins Straucheln geriet. Während der Woche arbeitete sie als Übersetzerin für Indian Railway und am Wochenende als Touristenführerin in der Stadt. »Über die Touristen bin ich mit sehr vielen Menschen in Kontakt gekommen, auch mit Franzosen«, erinnert sie sich. Und das war dann auch der Anfang für ihr neues Leben. »Ich habe ein Jobangebot als Übersetzerin in Bayonne im französischen Baskenland bekommen. Dann habe ich mir ein Visum besorgt, die Kinder mitgenommen und meinem Mann gesagt, er solle versuchen nachzukommen.«

Die Arbeit war zwar erfolgreich und zuverlässig. Aber sie war sozial so sehr ausgeschlossen, dass es – vor allem für ihre Söhne – sehr schwer war, sich anzupassen. »Es gab nur wenige Familien wie uns. Das Baskenland war extrem weiß. Meine Jungs mussten in der Schule rassistische Bemerkungen ertragen und ich fühlte mich, als lebte ich in einem abgeschotteten Raum. Freunde habe ich nur schwer gefunden. Ich habe sogar eine zeitlang mein Nasenpiercing abgenommen, um so auszusehen wie die anderen.« Und ihr Mann kam niemals nach, sodass die zunächst nur geplante Scheidung (eine sozial akzeptierte Form) schnell in die Tat umgesetzt wurde.

Nach einer Scheidung und neun Jahren in Bayonne zog sie mit ihren beiden Kindern nach New Jersey, wo ihr Bruder schon seit Jahren lebte. Doch schnell stieß sie auf die gleiche Diskriminierung, eine Erfahrung, die sich nach dem 9. September noch verschlimmerte. »Der Rassismus gegen dunkelhäutige Menschen nahm eklatant zu, das war sehr beunruhigend. Einmal wollte sogar ein Fotograf keine Passfotos von mir machen! Meine Jungs fühlten sich als Franzosen, wurden aber wie Indios behandelt. Wir waren alle verloren«, führt sie aus und schüttelt den Kopf. Als es nicht mehr ausreichend Arbeit gab und die Verzweiflung immer größer wurde, zog es sie wieder nach Frankreich. Dieses Mal ließ sich die Familie allerdings in Paris nieder und dort lebt Chawla seit 2003 wenige Blocks vom Place du Trocadéro im 16. Arrondissement.

Hier fand sie ihr Glück und schuf der Familie ein Zuhause. Und von hier aus zog sie ins indische Viertel, das Viertel im 10. und 18. Arrondissement von Paris, in dem Inder und Sri Lanker leben. Annähernd einhundert spezialisierte Geschäfte von Kosmetiksalons und Modegeschäften bis hin zu Gewürzmärkten und Restaurants sind hier zu finden. In dieser Umgebung begann sie, Führungen anzubieten, bei denen sie Touristen, Journalisten, Botschaftsmitarbeitern und Mitarbeitern französischer Firmen wie Chanel und SNCF die Geschichte und die Sehenswürdigkeiten dieses Viertel näherbrachte. Ihre dunklen Augen glänzen vor Stolz, wenn sie erzählt, dass sie zu

---

Gegenüberliegende Seite: Ein Tante Emma-Laden in Little India, im Lieblingsviertel von Poonam Chawla in Paris, wo sich ein riesiges kulinarisches Angebot findet.

einer Art Verbindungsglied geworden ist – zu den Ladenbesitzern (damit der Umsatz stimmt) und zu ihrem eigenem Erbe. »Paris hat mich vervollständigt.«

Aber die Schmerzen in ihren Beinen und Muskelkrämpfe wurden immer schlimmer, sodass sie nur noch schwerlich laufen konnte. 2008 erhielt sie die Diagnose Dystonie, eine neurologische Erkrankung des Bewegungsapparats, die Parkinson ähnelt. »Meine Krankheit ist sehr selten. Es gibt keinen Biomarker, keine Heilung und auch keine Behandlung. Alle Ärzte, die ich konsultierte, verschrieben mir Ruhe und tiefes Atmen. ›Leben Sie Ihr Leben‹, verordneten sie«, seufzt sie. »Alles ist kompliziert, wenn das Gehen auf einmal schwierig wird.«

Sie reduzierte ihre Führungen in Paris und die Reisen, die sie für Franzosen nach Indien organisierte. Aber während unseres Mittagessens beklagt sie sich nicht ein einziges Mal über ihr Schicksal, sondern erzählt voller Akzeptanz über Tatsachen, die ihren Charakter geformt haben. Und obwohl sie durch die Krankheit und deren Auswirkungen sichtbar eingeschränkt ist, fühlt sie sich nicht schwach oder behindert. Sie hat das Kochen – das größte Heilmittel für sie – und dafür ist sie dankbar.

»Weil ich mehr zu Hause bleiben musste, habe ich mich auf das Kochen konzentriert. Ich biete Kochkurse zur nordindischen Küche an, die ich selbst sehr liebe, und dokumentiere meine Rezepte auf meiner Website«, erzählt sie und füllt mein Glas erneut mit kaltem Masala Chai. »Zusammen mit meinem Sohn Pushan, der Fotograf geworden ist, habe ich zwei Bücher in Frankreich veröffentlicht.« Ihre Söhne haben von ihren Kochexperimenten und den Geschichten, die sie über Essen erzählen kann, sehr profitiert. »Wenn ich nach Hause komme, riecht es immer, als würde sie kochen«, erzählt mir Pushan. »Immer bruzzelt ein Curry in der Pfanne, und ich spüre die Wärme eines selbstgebackenen Chapatis, rieche den Duft von Pulao-Reis und ihrer Mangokuchen.« Der Duft der Heimat.

Manchmal, wenn sie sich stark fühlt, genießt sie es, Führungen durch ihre Lieblingsgegend der Stadt durchzuführen. »Man sagte mir, ich soll meditieren, aber das kann ich nicht. Ich kann nur mithilfe von Essen meditieren«, stellt sie mit einem zarten Lächeln fest. »Wenn ich koche oder über den Markt gehe, vergesse ich alles und der Schmerz verschwindet.«

Zuhause in Paris

DEIN VON EINER FRAU GEFÜHRTES LIEBLINGSGESCHÄFT?
Meine Physiotherapeutin und Beraterin Vanessa Alglave-Tefridj! Zwei- bis dreimal pro Monat bekomme ich bei ihr eine Massage, eine Sportberatung oder eine Atem-Therapie. Ich rede so gern mit ihr (und sie liebt mein Essen). Und dann gefällt mir noch Stella Centre de Beauté Indien, ein nach der Inhaberin benannter Friseursalon, zu dem ich gelegentlich gehe. Hier bekommt man auch ein wunderbares Augenbrauen-Threading und eine Hennafärbung.

DEIN LIEBLINGSSTADTTEIL?
Meine beiden Wohnungen in der Nähe des Place du Trocadéro im 16. Arrondissement und im indischen Viertel.

WAS MUSS MAN IM INDISCHEN VIERTEL UNBEDINGT GESEHEN HABEN?
VT Cash & Carry (siehe oben). Hier bekomme ich meine indischen Gewürze, Gemüse, Mangos – alles, was ich brauche. Ohne diesen Laden wäre ich verloren.

Genussbereiterinnen

Zwischen Genuss und globaler Ethik

MIHAELA IORDACHE

LEITERIN DER KAFFEERÖSTEREI BELLEVILLE BRÛLERIE

KLASSISCHE GITARRE UND KAFFEERÖSTEN sind zwei Begriffe, die sich nicht gerade ergänzen. Aber Mihaela Iordache, leitende Rösterin in einem der führenden Kaffeeunternehmen der Stadt, der Belleville Brûlerie, besteht darauf, dass die beiden Leidenschaften in ihrem Leben mehr Gemeinsamkeiten haben, als man denken sollte.

Wir treffen uns an einem feuchten Morgen im Spätfrühling zu einem Frühstück im Broken Biscuits. Sie kommt in lockeren Seidenhosen, einem dunklen Leinen-T-Shirt und dunkelroten Sandalen. Ihr Haar ist einem Pferdeschwanz gebändigt, aus dem einige zarte Locken über ihre Schläfen hängen. Sie zeigt auf eine Frau in Yoga-Hosen und Konzert-T-Shirt, die gerade ihren Kaffee bezahlt, und erklärt mir: »Mir gefällt, dass sie so entspannt ist. In meiner Heimat ist man nicht so informell. Wenn man in Rumänien vor die Tür geht, egal wohin, dann brezelt man sich auf.« Sie schaut mich wieder an und lächelt erleichtert. »Meine Mutter wäre entsetzt, wenn sie meine Kleider sähe.« Paris ist Freiheit.

In der Kaffee-Karriere von Iordache war nichts vorherbestimmt. Die Tochter eines Priesters und einer Apothekerin, deren einzige Gemeinsamkeit eine harte Ausbildung war, wuchs in Bukarest unter den strengen Vorgaben des christlichen Glaubens und der klassischen Musik auf. Ab ihrem neunten Lebensjahr und bis vor sechs Jahren widmete sich ihren gesamten Alltag dem Erlernen und Spielen der klassischen Gitarre.

Als sie sich entschied, ihre Heimat zu verlassen, wollte sie zunächst nur den Grenzen der Familie und des Landes entfliehen, wo auch immer der Weg sie hinführen möge. Dank ihre musikalischen Begabung landete sie in Paris, wo sie unter der Leitung des bekannten Pariser klassischen Gitarristen Judicaël Perroy lernte. Doch der Gitarrenunterricht war mörderisch; nach einer Weile wurde die Musik für sie zu einer Last und bot ihr nicht mehr die nötige Erfüllung. »Das ganze Jahr über arbeitest du allein, acht Stunden am Tag, um für eine Vorführung fit zu werden. Du hast keine Pausen und nach einer Weile kannst du dich nicht mehr konzentrieren. Am Ende

wollte ich nur noch weglaufen.« Dennoch schloss sie das Studium ab, beendete aber die professionelle Musikkarriere, noch bevor sie überhaupt absehen konnte, wo diese hinführen würde.

Und dann trat, wie ein göttliche Eingebung, *Le Café* als Ort und Produkt in ihr Leben. Sie lebte damals in der Nähe der Pigalle und ging fast täglich in das KB Café, einen der ersten Kaffeeläden in der Gegend. Obwohl sie Kaffee bis zu ihrem ersten Besuch vehement ablehnte (und sogar als Geldverschwendung bezeichnete), trankt sie ihn hier ausschließlich, weil es der preiswertestes Artikel auf der Karte war. »Ich kam hierher, um im WLAN nach Jobs und einer Wohnung zu suchen«, lacht sie. »Damals arbeitete Tim Teyssier, der heute Inhaber von O Coffeeshop ist, noch hier. Bei jedem Besuch schaute ich ihm bei der Arbeit zu und hörte, wie leidenschaftlich er über etwas sprach, das ich bislang mit einer gewissen Arroganz betrachtet hatte. Das machte mich neugierig«, erklärt sie. Anschließend kam sie mit einem Notizbuch und verbrachte viele Stunden damit, Tim Fragen zu stellen und seine Ratschläge zu beherzigen. Er empfahl ihr, an einer Kaffeeverkostung in der Belleville Brûlerie teilzunehmen, was sie auch sofort tat – ein entscheidender Wendepunkt in ihrem Leben. Sie hielt sich den ersten Kaffee unter die Nase und atmete tief ein. »Es war ein gualtemaltekischer Kaffee mit einer Note von Schokoladennusskuchen. Wenn ich das sage, denke alle, ich übertreibe, aber ich fühlte mich gleich wieder wie das fünfjährige Mädchen, das in der Küche meiner Großmutter sitzt. Sie buk einen Kuchen, der genauso roch wie dieser Kaffee. Ich fühlte mich sofort zu Hause und das passiert nicht oft«, erinnert sie sich. Sie stellte ihr Glas ab und wusste sofort, wie sie ihre Zukunft gestalten wollte. »Ich glaube, ich habe mich in Kaffee verliebt.«

Daraufhin schrieb sie alle Kaffeeläden in Paris an, um sich um eine Ausbildung zu bewerben. Sie wusste, dass sie viel lernen musste, aber für die disziplinierte Musikerin war das kein Problem. Aber leider antwortete ihr keines der Unternehmen. Natürlich war sie enttäuscht, blieb aber hartnäckig, bis Ten Belles, ein weiteres bekanntes Kaffeehaus ihr eine Stelle anbot. »An die Kaffeemaschine durfte ich allerdings nicht. Ich musste bedienen und den Abwasch erledigen«, bedauert sie. »Kaffee hatte damals etwas von einer Subkultur. Aber ich war geduldig.«

Menschen aus der Kaffeebranche, die Iordache lange kennen, erinnern sich, wie ernsthaft sie das Thema schon damals behandelte: Auch heute *lebt* und *atmet* sie Kaffee und spricht von nichts anderem. »Für meine Neugier gibt es keine Abstufungen. Entweder interessiert mich etwas oder nicht. So bin ich«, gibt sie zu. Und so startete sie mit Vollgas in die Kaffeebranche, gab vormittags Gitarrenunterricht, um Geld zu verdienen, arbeitete von mittags bis abends bei Ten Belles und bezahlte Teyssier mehrere Monate dafür, dass er sie abends unterrichtete. An den Wochenenden nahm sie an Verkostungen bei Belleville teil und sorgte dafür, dass die Gründer des Unternehmens, David Flynn und Thomas Lehoux, ihr Potential erkannten.

Nachdem sie erst fünf Monate Erfahrung an der Maschine gesammelt hatte, versuchte sie ihr Glück bei der Barista-Meisterschaft in Lyon und erreichte das Finale. Sofort boten Flynn und

Lehoux ihr eine richtige Ausbildung an, woraufhin sie noch ein Jahr lang bei Ten Belles arbeitete, um dann an die Brûlerie zu wechseln und hier ihren Weg bis zur Rösterin zu verfolgen.

Die größte Faszination an Kaffee und dem Kaffeerösten liegt für sie in der Präzision und der ständigen Balance zwischen unterschiedlichen Merkmalen. In dieser Hinsicht ähnelt das Handwerk im Grunde der Musik. »Am Hauptsitz von Belleville erfolgt der Röstvorgang auf einem fünfzehn Kilogramm schweren gasbetriebenen Trommelröster. Als wir an diesen Standort umgezogen sind, musste ich das Profil jedes einzelnen Kaffees neu überdenken, damit der Geschmack unverändert bleibt«, erklärt sie mir. Kaffee ist wie die hölzerne Gitarre, auf der sie spielte, ein organischer, lebender Gegenstand. Wenn das Wetter sich im Tagesverlauf ändert, wenn die Raumtemperatur schwankt und auch bei jeder neuen Jahreszeit muss sie die Einstellungen des Rösters anpassen – genauso wie sie ihre Gitarre unter allen Umgebungsbedingungen neu stimmen musste. »Es ist wie ein Tanz zwischen dem Röster, dem grünen Kaffee, seinem Alter, dem Kontext, den Gaseinstellungen des jeweiligen Tages, meiner Nase, meinem Gaumen und meiner Konzentrationsfähigkeit«, holt sie aus. »Es ist der intuitive Teil meines Jobs, den ich nur schwer erklären kann, der sich aber mit allem vergleichen lässt, was ich in der Musik gelernt habe.«

Sie hat sich einen guten Platz in einer Branche erobert, dessen Bedeutung in Paris in den letzten sechs bis acht Jahren exponentiell gewachsen ist. Diesen Erfolg verdankt sie ihrer Meinung nach ihren Arbeitgebern und der Mission, von der sie überzeugt ist. »Ziel ist es, guten Kaffee zu demokratisieren und zwar auf ethische und transparente Weise. Und hinter diesem Ziel stehe ich.«

Unser Gespräch endet in einer Diskussion, die wir bereits für mein Buch *The New Paris* geführt haben, als sie noch als Barista arbeitete: Warum wird guter Kaffee in Paris wertgeschätzt? Ich frage mich, ob sich ihre Meinung hierzu im Laufe der Zeit geändert hat. Unverändert ist ihre Meinung, dass Kaffee ein Geschmackserlebnis ist, eine Streicheleinheit für die Seele. Aber darüber hinaus besteht sie heute darauf, dass man anhand von Kaffee auch verstehen kann, wie die Welt funktioniert. »Durch meine Arbeit in der Kaffeebranche habe ich mehr über die Welt gelernt als bei jeder anderen Arbeit. Kaffee ist ein Produkt der Kolonialisierung und es geht immer um das Geschäft. Es sind etwa 70 Menschen daran beteiligt, die Bohnen von der Farm an ihr Ziel zu bringen. Der Preis, den die meisten Verbraucher vor allem im Supermarkt sehen, ist Zeichen einer riesigen Ungerechtigkeit.«

Ihren Beitrag für Paris, für Frankreich und für die ganze Branche sieht sie nicht nur in der Herstellung eines Produktes, das Anerkennung verdient. Sie möchte Teil des Diskurses über die Ethik des Kaffees sein und damit sowohl die gesamte Produktionskette beeinflussen als auch die Verbraucher dazu aufrufen, genauer darüber nachzudenken, was sie ihrem Körper zuführen. »Am Kaffee, genauso wie an der Mode oder bei anderen Lebensmitteln, kann man erkennen, dass jede unserer Entscheidungen Auswirkungen auf den Planeten hat. Wenn wir als Verbraucher wissen, was wir kaufen, haben wir viel Macht und können Verbesserungen fordern. Alles hängt

»Ich war immer von Männern umgeben, die mir sagten, wo es langgeht. Aber ich habe mir meinen Platz erobert. Das war genau mein Weg.«

miteinander zusammen – wir alle sind miteinander verbunden.« Sie ist überzeugt davon, dass die kleinen Schritte wichtig sind. »Die Menschen fühlen sich hilflos, wenn sie denken, dass Veränderungen im großen Stil möglich sind. Aber man darf nicht nur reden, man muss auch aktiv werden.« Und wenn Kaffee dazu beitragen kann, *encore mieux*.

Sie ist nun vier Jahre im Röstergeschäft und erkennt erst heute, dass sie in ihrer Position Aufmerksamkeit bekommt. Wenn Sie ihre Meinung kundtut, dann wird sie auch gehört. So wird sie immer häufiger gebeten, Veranstaltungen für Frauen in der Kaffeebranche zu organisieren, nicht nur, weil sie eine Frau ist, sondern weil man ihre Erfahrung schätzt. »Ich habe mich immer so sehr auf meine Arbeit konzentriert, dass das nun ein völlig neues Feld für mich ist«, gibt sie bescheiden zu. »Kaffeerösten ist wie Musik – ein einsamer Job. Ich mag die Idee, mehr mit Menschen in der Kaffeebranche in Kontakt zu kommen. Das wird mir gut tun!«

Zuhause in Paris

DEIN VON EINER FRAU GEFÜHRTES LIEBLINGSGESCHÄFT?
Ich gehe sehr gern zu Broken Biscuits, dessen Mitinhaberin Christine O'Sullivan ist. Sie ist bescheiden, arbeitet hart und ist sehr, sehr talentiert. Außerdem bewundere ich, wie Carina Soto mit ihr gemeinsam die Gruppe Quixotic Projects (Candelaria, Le Mary Celeste, Hero, Les Grands Verres) aufgebaut hat. Sie hat einen großartigen Geschmack und ein emotionales Verhältnis zu allem, was sie probiert.

WAS TUST DU, WENN DU ALLEIN SEIN MÖCHTEST?
Ich gehe gern vor zehn Uhr morgens in den Park Buttes-Chaumont (siehe oben). Dann trifft man dort nur Läufer und Gärtner und es ist sehr ruhig. Es ist auch einer der wenigen Parks, die mich an Bukarest erinnern.

WO GEHST DU GERN AM WOCHENENDE HIN?
Mein Wochenende hat im weitesten Sinne auch etwas mit meiner Arbeit zu tun. Ich mag die Jazz-Abende im La Fontaine de Belleville (im Besitz der Belleville Brûlerie). Hier gibt es gute Musik und ich treffe viele Freunde.

Frischer Wind in der Konditorei und im Verlagswesen

MURIEL TALLANDIER

VERLEGERIN UND MITBEGRÜNDERIN VON FOU DE PÂTISSERIE

JEDER ARBEITSTAG BEGINNT MIT DEM GLEICHEN RITUAL für Muriel Tallandier. Der Wecker klingelt vor sieben Uhr, aber sie kuschelt sich noch einmal zwanzig Minuten lang in die Kissen und denkt über den letzten Abend, den kommenden Tag, das vergangene und das zukünftige Leben nach. Ihr Frau Julie Mathieu (siehe Seite 221) bereitet das Frühstück zu und die beiden essen gemeinsam mit ihrer Tochter, bevor diese in die Schule gehen muss. Mit dem Bringen und Abholen wechseln sie sich ab – es sind heilige Momente, auf die sie nie verzichten möchten, egal wie hoch der Stapel auf dem Bürotisch ist. Anschließend fährt Tallandier zu Pressmaker, dem unabhängigen Verlag, den sie 2012 gegründet hat.

Ich lernte sie kennen, weil Mathieu sie mir bei der Eröffnung ihrer ersten Confiserie, der Fou de Pâtisserie, vorstellte. Mathieu hatte mir viel über sie erzählt, sodass ich mir bereits ein Bild über sie gemacht hatte, mir aber die Frau, die ich dann traf, nicht vorstellen konnte. Und vor mir stand eine motivierte, gut gelaunte Unternehmerin mit vertrauenerweckender Stimme und einem gewissen Selbstbewusstsein. Sie strahlte vor Dankbarkeit dafür, dass sie gemeinsam mit ihrer Frau, mit der sie eine tiefe Leidenschaft für gutes Essen und Kultur teilt, ein Unternehmen leiten kann. Damals war sie unglaublich cool – eine ziemlich vage Bezeichnung für eine Eigenschaft, die doch ihre ganze Persönlichkeit erfasst. Und cool ist sie auch heute noch.

Seit unserem ersten Treffen haben sich unsere Wege mehrfach bei Veranstaltungen rund um Backwaren, mal mit, mal ohne Mathieu gekreuzt, und wir haben Nachrichten zu interessanten Büchern und Restaurants auf Instagram ausgetauscht. Eines Tages lud sie mich zu einem gemeinsamen Mittagessen mit Mathieu ein, da sie meine Meinung zu einem wertvollen Beitrag in ihrem Magazin hören wollte.

Ich stelle Tallandier hier so ausführlich vor, weil sie bei jedem unserer Treffen viel mehr Interessen an meiner Geschichte hatte als daran, ihre eigene zu erzählen. Immer war sie von meinen Fähigkeiten mehr überzeugt als ich selbst. Lange habe ich nur kleine Fragmente aus ihrem Leben

erfahren und erst als ich sie bat, sie in meinem Buch vorstellen zu dürfen, setzte sich ein umfassenderes Bild über sie zusammen.

Und dieses Bild zeigt zumindest mir, dass Tallandier eine Frau mit unstillbarer Neugier, Wärme, grenzenloser Hingabe für Familie und Freunde und mit einer Vision ist, mit deren Hilfe sie ihr Unternehmen so führt, dass sie ihr Leben nach ihren Vorstellungen leben kann.

So wie die Vorfahren der Tallandiers wurde Muriel als Kind von Akademikern in Saint-Denis geboren. Ihr Vater war Direktor einer weiterführenden Schule und so wuchs das Mädchen an all den Orten in Frankreich auf, an die die Familie aufgrund des Jobs des Vaters zog. Erst als sie in den frühen Neunzigerjahren ihr Kunststudium an der berühmten École Estienne aufnahm, kam die lang ersehnte Rückkehr nach Paris. »Ich war immer das schwarze Schaf der Familie. Meine Brüder wurden Professoren für Biochemie und Physik und ich bin selbstständig!« Kichernd lehnt sie sich im ledernen Armsessel ihres Büros zurück. Als Kind träumte sie von zwei unterschiedlichen Berufen: Sie wollte Chirurgin werden oder für die Presse arbeiten. »Ich habe jede Zeitschrift und Zeitung gelesen, die ich in die Hand bekam. Die Zeitschrift *Elle*, die meine Mutter per Post bekam, liebte ich, obwohl alles, was darin stand, für mich unerreichbar war«, erklärt sie. »Und ich wollte unbedingt zurück nach Paris. Für mich waren Redakteure und Verleger die ultimativen Symbole für das Pariser Leben und da wollte ich mitmischen.« Außerdem wollte sie noch alles genießen, was Paris zu der Zeit zu bieten hatte: Es war die Stadt der Freiheit und Partys, der Stars und Intellektuellen, die sich in den legendären Nachtclubs trafen. In Lille, wo sie vor ihrer Rückkehr in die Hauptstadt lebte, kannten alle ihren Vater und damit kannten alle auch sie. Sie fühlte sich gefangen in der Dynamik einer kleinen Stadt, vor allem in dem Versuch, ihre Gefühle als junge Erwachsene in den Griff zu bekommen. »Ich war neunzehn und hatte mich gerade meinen Eltern gegenüber geoutet. Ich mochte die Vorstellung, in der großen Stadt anonym zu sein«, erinnert sie. »Außerdem wurde doch alles in Paris produziert. Alles, was ich sah und las, wurde in Paris erzeugt. Erst als ich in Paris ankam, fühlte ich mich richtig lebendig.«

Ihre Ankunft in Paris beschreibt sie wie das Erlebnis von Alice im Wunderland, die in ein Kaninchenloch fällt und in einem anderen Land landet. Nur, dass es in ihrem Fall darum ging, vom Vorort in die Großstadt zu kommen. Die Studienjahre in ihrem zweiten Lebensjahrzehnt verbrachte sie in einer sozial gemischten homosexuellen Gruppe, die vom 16. Arrondissement bis in die Banlieue (Vororte) zu finden war. Eine sehr spannende Zeit, erzählt sie, im schichtenorientierten System, das typisch für das Pariser Leben ist. »Du wirst aufgrund der Schule, die du besuchst, der Familie, aus der du stammst, und des Stadtteils, in dem du lebst, beurteilt.« Sie aber entwickelte sich in dieser Umgebung nicht zuletzt deshalb, weil sie nach vorn schaute, als ob das System für sie selbst keine Gültigkeit habe.

Trotz ihres vorherrschenden Interesses an den Medien begann ihre Karriere in der Musikindustrie: zunächst bei Polygram (das später von Universal übernommen wurde), dann als Marketingdirektorin bei Sony Music und schließlich als Leiterin des Musikprogramms für TF1, die

»Wir müssen aus dem Traum von Vater-Mutter-Kind, vom Märchenprinzen aufwachen und unsere eigenen Geschichten erfinden. Ich denke, dass das in Paris möglich ist.«

französische Medien- und Fernsehanstalt. Das Programm war schnell zum Scheitern verurteilt, aber das Unternehmen schätzte ihre Fähigkeiten und bot ihr eine Stelle in einem Bereich an, in dem sie immer landen wollte: dem Verlagswesen.

»Ich war bei TF1 für alles verantwortlich, das nichts mit Fernsehen zu tun hatte. Eines der größten Projekte war die Entwicklung eines Magazins für Pop-Sendungen. Mir hat das so viel Spaß gemacht, dass ich TF1 Publishing gegründet habe, eine ganze Einheit mit Büchern, Zeitschriften und Druckerzeugnissen.« Einige Jahre später verließ sie das Unternehmen, um das erste ihrer zahlreichen Verlagsgeschäfte zu gründen.

Als sie dreißig Jahre alt war, traf sie Mathieu in einem Nachtclub. Die beiden verliebten sich, zogen bald zusammen und unterstützen sich seitdem gegenseitig in all ihren ambitionierten Vorhaben. Mathieu strebte eine Karriere in der Politik an (von der sie sich später aber wieder zurückzog) und Tallandier sammelte in ihrem ersten Verlagszweig zahlreiche Zeitschriften für Kinder und junge Erwachsene.

»Wir beide liebten das Reisen und vor allem die Vorstellung, viel zu arbeiten, um mehr Zeit zum Reisen anzusparen. Wir wollten das bestmögliche Leben führen. Mein Zeitplan als Unternehmerin war für solche Ideen etwas flexibler«, erklärt sie. »Nach meiner Entbindung von unserer Tochter Gabrielle haben wir unser Leben neu strukturiert, um mehr Zeit miteinander zu verbringen – in Paris und auf Reisen.«

Kurz nachdem Tallandier Pressmaker, ihren zweiten und derzeitigen Verlag gegründet hatte, kam auch Mathieu zum Unternehmen. »Ich habe ihr alles beigebracht, was sie über die Branche wissen muss, aber sie hat eine natürliche Begabung für das Schreiben und Managen. Und eine Engelsgeduld. Ich nenne sie la *force tranquille* (die ruhige Kraft)«, lacht sie. »Ich bin genau das Gegenteil. *Pas tranquille.*« Die beiden ergänzen sich sowohl im Privaten als auch bei der Arbeit. Und so lag es für die zahlreichen talentierten Schriftsteller und Designer, mit denen sie zusammenarbeiten, auf der Hand, dass sie ihre »Leuchtturm« veröffentlichen: *Fou de Pâtisserie* und die kleine Schwester *Fou de Cousine*.

Das vorrangige Ziel dieser beiden Zeitschriften ist, sowohl die Grands Chefs als auch aufstrebende Talente mithilfe von Profilen, Interviews, Rezepten und Backgeheimnissen, die Liebhaber von Backwaren nur hier bekommen können, bekannt zu machen. Der natürliche nächste Schritt bestand darin, diese Erfahrung auch im echten Leben anzubieten. Nachdem die Zeitschrift einige Jahre erfolgreich vermarktet wurde, hatten sie gemeinsam das Vertrauen der talentiertesten

Konditoren, Bäcker und Chocolatiers des Landes gewonnen, die die Idee eines Konditorei-Konzeptladens begrüßten und Tallandier, Mathieu und ihr Team aus erfahrenen Vermarktern von Backwaren mit ihren Kenntnissen und ihrem Image unterstützen. Heute führen die beiden Läden und eine Backwaren-Bar im Feinkostladen Maison Plisson und haben einen Band mit fünfundachtzig Rezepten der vierzig besten Konditoren herausgegeben. »Ich möchte Dinge erschaffen, die schön, aber *populaire* – zugänglich sind. Nur allzu häufig bleiben solche herausragenden Produkte einer Elite vorbehalten. Wir möchten, dass die Bedingungen für alle gleich sind.«

Freundlich weist sie meine Vermutung zurück, dass sie und Julie Visionärinnen in der Branche sind. »Vor allem ist Julie der echte Star des Ladens. Ich bin eher die Frau im Hintergrund. Ich versuche, Barrieren einzureißen und unsere Vision umzusetzen«, grinst sie. »Eigentlich geht es bei uns um Diversifizierung – wahrscheinlich die einzige Überlebenschance für die Presse.«

In ihren Augen sind die Projekte nicht zu ambitioniert. Begriffe wie »übertrieben« oder »verboten« gibt es für Tallandier nicht. »Ich will nicht sagen, dass nichts unmöglich ist, denn das ist Quatsch. Aber ich schaue im Leben oder bei der Arbeit nicht auf Dinge, die unerreichbar sind«, erzählt sie mir. Sie findet Lösungen, räumt Hindernisse aus dem Weg – eine Philosophie, die sie auch auf die Mutterschaft anwendet. »Wir wollten unbedingt Kinder, aber wir wussten auch, dass das nicht einfach werden würde. In Frankreich ist eine künstliche Befruchtung für lesbische Paare oder alleinstehende Frauen immer noch verboten, aber wir fanden einen Gynäkologen in Paris, der gewillt war, die Regeln flexibel auszulegen.«

Aktuell steht sie vor einem Hindernis, das größer ist als sie selbst: Alle Verleger und Regierungsvertreter versuchen gemeinsam, eine Lösung für die taumelnde Verlagsbranche in Frankreich zu finden. Ihre persönliche Mission besteht darin zu retten, was zu retten ist, angefangen beim Vertrieb. Als eine von zwölf Treuhänderinnen im Vorstand des führenden Medienvertriebsunternehmen in Frankreich, unter dem 75 Prozent aller Titel inklusive der staatlichen Zeitungen und der eigenen Publikationen von Tallandier verkauft werden und das am Rande des Bankrotts steht, soll sie das Lenkrad herumreißen.

»Frankreich bleibt eines der Länder mit dem reichsten und vielfältigsten Medienangebot der Welt. Das ist sehr wertvoll«, insistiert sie. »Und ich gehöre zu den Menschen, die davon überzeugt sind, dass man nur in der Gruppe stark ist. Das ist für mich sinnvoll.«

Zuhause in Paris

DEIN VON EINER FRAU GEFÜHRTES LIEBLINGSGESCHÄFT?
Maison Plisson von Delphine Plisson. Ich bewundere diese Frau, sie hat ein Auge für außergewöhnliche kulinarische Produkte aus Frankreich. Das Café Lai'Tcha von Adeline Grattard, mit deren südostasiatischen Speisen man sich wie auf Reisen fühlt. Und Emmanuelle Zysmans Schmuckladen in der Rue des Martyrs, in dem man den wahren Geist von Paris fühlt.

DEIN LIEBLINGSSTADTTEIL?
Natürlich das 10. Arrondissement! Die selbsterklärte Hochburg der neuen Food-Szene, höchst kreativ, höchst gewagt und höchst gourmand. Ein trendiges Viertel, ein unvergleichliches kulturelles Angebot und zauberhafte Orte zum Entspannen: der Canal Saint-Martin, rund um die République, Faubourg-Saint-Denis, La Cour des Petites-Écuries.

WO GEHST DU GERN MIT DEINER TOCHTER HIN?
In den Kulturpark La Villette, um Ausstellungen und Aktivitäten zu besuchen, und ins Centre Pompidou (siehe oben). Wir bleiben meist einen halben Tag, essen zu Mittag, schauen uns eine Ausstellung an, bewundern die Straßenkünstler vor dem Museum, essen ein Eis.

Handwerksmeisterin französischer Confiserie

JULIE MATHIEU

CHEFREDAKTEURIN UND MITEIGENTÜMERIN VON
FOU DE PÂTISSERIE (ZEITSCHRIFT UND GESCHÄFT)

WAHRSCHEINLICH WAR ES SCHICKSAL, dass ich Julie Mathieu traf. Es war 2015 und ich kam gerade ins Restaurant Le 51, um dessen Inhaber Charles Compagnon für mein erstes Buch zu interviewen. Er führte mich in sein Büro, wo Mathieu mit Claire Pichon, der Chefredakteurin einer der von ihr mitgeführten Zeitschriften *Fou de Cuisine* saß, um Charles für eine eigene Story zu befragen. Am Ende blieb ich zum Mittagessen und lernte beide Frauen kennen, sprach mit ihnen über meine Arbeit, über die Food-Szene, über ihre Zeitschrift und natürlich darüber, wie verliebt wir alle in Charles Restaurant waren. An diesem Tag in der Gesellschaft erfahrener Food-Journalistinnen mit ihren vergangenen, gegenwärtigen und zukünftigen kulinarischer Erlebnissen habe ich viel gelernt, denn beide Zeitschriften glänzen durch umfassendes Wissen über die gastronomische Landschaft und die Menschen und Verfahren, die sie gestalten, nicht nur in der Stadt, sondern im ganzen Lande. Aber zu meinem Erstaunen waren sie noch nicht länger professionell in ihrer Branche unterwegs als ich in meiner.

Mit Mathieu treffe ich mich im Büro im 10. Arrondissement, das sie mit ihrer Frau und Geschäftspartnerin Muriel Tallandier (siehe Seite 214) teilt. Wir nehmen vor einer Bücherecke Platz, die vollgepfropft ist mit den besten Kochbüchern, die in den letzten Jahren in Frankreich und Europa veröffentlicht wurden. Hier erzählt sie mir als Erstes, dass sie eine Spätzünderin ist. Sie schämt sich nicht dafür und bedauert es nicht, sondern präsentiert es mir als Tatsache. Aber vor dem Hintergrund, dass man in Frankreich schon gegen Ende der Pubertät dazu gedrängt wird, seinen präzise geplanten Karriereweg vorzulegen, ist diese Eigenschaft wirklich von Bedeutung. Erst etwa zehn Jahre nach Beginn ihrer Partnerschaft mit Tallandier, nachdem sie Mutter wurde und erkannte, dass das Leben in der Familie sich nicht mit ihrer angestrebten politischen Karriere vereinbaren lässt, schreibt, redigiert und managt sie in Vollzeit. Heute weiß sie nicht mehr, ob zuerst ihr Interesse an der Politik schwand oder ob zuerst der Wunsch wuchs, zusammen mit ihrer Tochter mehr Zeit zu haben und mehr von der Welt zu sehen. Auf jeden Fall war sie bereits vierzig Jahre, als die Realität sie einholte.

Mit Mathieu lässt sich immer leicht ein Gespräch führen. Wir haben schon über unsere Katzen und unsere Liebe zum Reisen und zum Essen gesprochen. Ihr Leben dreht sich um Menschen, die die besten Mahlzeiten und Rezepte des Landes zubereiten und andere dazu motivieren. Aber das ist schon alles, was ich über sie persönlich weiß. »Komm' doch mal vorbei, dann erzähle ich dir meine Geschichte«, fordert sie mich mit einem breiten Lächeln auf.

Mathieu wurde im 12. Arrondissement geboren und wuchs in Vincennes auf. Mit sechs Jahren zog sie in einen Vorort im Südosten von Charenton-le-Pont. Nach der Trennung ihrer Eltern war der Vater kaum noch präsent, sodass sie und ihre Brüder von der Mutter, einer Krankenschwester, erzogen wurden, die alle Rollen zu übernehmen versuchte: Vater, Mutter, Erzieherin, Freundin, Vertraute. Sie verbrachte viel Zeit ihrer Kindheit mit ihrem Bruder und beim Teamsport: Rugby, Volleyball, Wasserpolo, Hockey, alle möglichen Sportarten, bei denen sie mitmachen konnte. Obwohl zu Hause nicht über ihre Präferenzen oder ihre Sexualität gesprochen wurde, ist Mathieu überzeugt davon, dass ihre Mutter Bescheid wusste. »Meine Großmutter schickte mir zu meinem dritten Geburtstag ein Kleid, das ich sofort in den Mülleimer warf. In dem Alter muss das keine Bedeutung haben, aber für mich war es wichtig. Und meine Mutter wusste das.«

Da ihre Mutter rund um die Uhr arbeitete, um die Familie zu ernähren, fand Mathieu Zuflucht in akademischen Kreisen und schuf sich dort eine Familie außerhalb ihres Zuhauses. Eine bestimmte Idee für ihre berufliche Zukunft hatte sie nicht. Aber mit ihren Freunden sprach sie über Politik, Kinofilme und die Liebe und laut ihrer Aussage erwachte in dieser Zeit ihr staatsbürgerliches Bewusstsein. »Ich wollte einen Beitrag zu etwas Wichtigem leisten«, erklärt sie, aber das musste auf der anderen Seite des *Périphérique* sein, in Paris. Sie träumte von einem Geschichtsstudium an der Sorbonne und davon, ihren Traum von Paris als dem wahren Epizentrum für Intellektualität auszuleben. In der Generation ihrer Mutter waren Frauen dazu bestimmt, eine Familie zu gründen oder, falls sie berufstätig sind, als Sekretärin oder Krankenschwester zu arbeiten. Ein richtiges Studium war für Frauen ein Zeichen der persönlichen Emanzipation. »Wie Simone de Beauvoir, unabhängig und frei von den sozialen, durch Erziehung auferlegten Zwängen. Das war es, was ich wollte. Ich wollte in Paris leben, studieren und frei sein«, erzählt sie.

Zu Beginn ihres, wie sie es nennt, »neuen Lebens« in Paris lebte sie einem schuhkartongroßen Appartement in Montmartre, verbrachte aber die meiste Zeit in Cafés wie dem Café de Flore, in dem der Geist illustrer Denker weht. »Das gehörte zu meinem sozialen Aufstieg. Ich wollte ein gutes Leben führen«, sagt sie. »Ich wollte nie reich sein, ich wollte gut leben.«

Sie stürzte sich kopfüber ins Studium, begann auch eine Doktorarbeit und finanzierte ihr Leben fünf Jahre lang durch Arbeit im Gaumont-Kino. Sie liebte ihre geschenkte Unabhängigkeit. »Ich wohnte in einem historischen Stadtteil und habe das Leben in vollen Zügen genossen. Ich war immer bis in die frühen Morgenstunden aus und führte meine erste ernsthafte Beziehung mit einer Frau.«

»Eine Pariserin denkt bei allem, was sie tut, an sich selbst, nicht an andere. Das Leben muss nicht pausieren, weil sie Kinder bekommt.«

Mathieu outete sich gegenüber ihrer Mutter offiziell, als sie achtzehn war. Sie war zwar nicht dagegen, wie bei Tallandier, brachte mir aber die üblichen Plattitüden entgegen, dass ich nicht den »einfachsten« Weg gewählt hätte. »Die beste Freundin meiner Mutter war homosexuell und galt nie als großes Vorbild für Stabilität. Ich glaube, sie hatte Angst, dass auch meine Zukunft so aussehen müsse«, erklärt sie. Wenn sie ihr Comingout mit den Erfahrung vergleicht, die sie heute als lesbische Frau macht, stellt sie fest, dass sich nicht viel verändert hat. Lesben sind immer noch zum großen Teil unsichtbar in den Medien, wenn sie auch relativ akzeptiert sind. »Im kollektiven Unterbewusstsein gelten zwei Frauen, die zusammen sind, als schön. Heterosexuelle Männer finden das attraktiv und Frauen ist es egal. Aber homosexuelle Männer, die zusammen auftreten? Das ist eine ganz andere Geschichte, denn es wirkt ›beleidigend‹, weil es gegen die Männlichkeit heterosexueller Männer spricht«, argumentiert sie. »Ich habe meine Sexualität noch nie verborgen – nicht zu Hause, nicht in der Schule und nicht bei der Arbeit. Meine Mutter gab mir ihren Segen, aber ich brauchte die Genehmigung von niemandem.« Und sie empfindet auch keine Scham. Eine Weile unterstrich sie ihre Männlichkeit mit Doc Martins, Jacketts und sehr kurz geschnittenem Haar – echte Klischees, wie sie sagt, aber Teil einer sehr wichtigen Phase. Die Codes der Pariserin hatte sie immer vor Augen: ihre Schönheit, ihre Stil und ihr Verhalten. Aber sie empfand eine glückselige Distanz von diesem Frauenbild. In vielerlei Hinsicht fand sie genauso zu sich selbst wie ihre Frau.

Als sie Tallandier im Alter von einunddreißig Jahren traf, wollte sie mit ihr nicht nur ihr Leben teilen, sondern glaubte an ihre Ideen zur Veränderung – und unterstützte sie. Sie brach die Doktorarbeit ab und absolvierte einen Master in Politikwissenschaften mit dem Ziel, für Arnaud Montebourg zu arbeiten, der damals Abgeordneter in der Nationalversammlung war (und später unter François Hollande Wirtschaftsminister wurde). »Im Jahr 2002 hatte es die rechte Partei, der Front National, zum ersten Mal in die zweite Runde der Präsidentschaftswahlen geschafft. Ganz Frankreich war schockiert und Muriel und ich wurden zu aktiven Mitgliedern der sozialistischen Partei«, erinnert sie sich. Zwei Jahre lang arbeitete sie als parlamentarische Assistentin für Montebourg und kämpfte an seiner Seite für die Reform der sozialistischen Partei (»*Tant pis*, hat nicht geklappt«, fügt sie unaufgeregt hinzu). »Fast wäre ich Abgeordnete in der Nationalversammlung worden. Aber dann hätte ich mein gesamtes Privatleben opfern müssen und außerdem war ich auf diesen Posten damals nicht vorbereitet.« Es folgten andere Jobs wie im Krisenmanagement für gewählte Beamte und als Headhunterin für Politiker. Doch dann traf sie die endgültige Entscheidung, sich ganz aus der Politik zurückzuziehen, um mit Tallandier zusammenzuarbeiten.

»Es war wie ein Neustart, aber wir wollten zusammenarbeiten und mehr Zeit für die Familie haben. Tallandier brachte mir alles über das Verlagswesen bei und ich bin einfach ins kalte Wasser gesprungen«, beschreibt sie ihre Arbeit, der sie sich heute höchst verbunden fühlt. Gemeinsam gründeten die beiden im Grunde ihres Herzens verhinderten Gastronominnen die Zeitschrift *Fou de Pâtisserie*, genau zu der Zeit, als sich das Thema Backen in Büchern und Fernsehsendungen immer größerer Beliebtheit erfreute. »Wir wollten die Arbeit der großen Köche und Konditoren so vielen Menschen wie möglich nahebringen. Und es gab keine andere Zeitschrift zu diesem Thema; wir füllten also offensichtlich eine Lücke«, beschreibt sie ihre Idee. Die erste Ausgabe erschien 2013 und kurz danach wurde Mathieu dauerhaft zur Chefredakteurin des Magazins. Nach nur wenigen weiteren Ausgaben waren sie und ihr Redaktionsteam zu wahren Botschafterinnen für französische Konditorkunst geworden. Die Zeitschrift selbst avancierte zum primären Informationsblatt für die aufstrebenden Talente der Branche wie Nicolas Haelewyn von der Konditorei Karamel oder Myriam Sabet (siehe Seite 227) von Maison Aleph.

Dank Mathieu werden heute an jedem Tag der Woche im Laden von Fou de Pâtisserie die Isphahan-Croissants von Pierre Hermé und die Schokoladen des in Dijon ansässigen Chocolatiers und »Meilleur Ouvrier de France« (alle vier Jahre werden die besten Handwerker Frankreichs gekürt) Fabrice Gillotte neben den Éclairs von Carl Marletti angeboten. Sie ist die Wächterin über die Geschichten dieser Confiseure, die darauf vertrauen, dass sie ihnen auch weiterhin Strahlkraft verleiht. »Wir wollen doch alle das Gleiche«, sagt sie. »Wir wollen die unvergleichliche Handwerkskunst dieses Landes bewahren und verfügbar machen.«

Ihre heute neunjährige Tochter wird mit einem klaren Verständnis für den Wert und die Bedeutung einer leidenschaftlichen Arbeit erzogen. Natürlich ist das keine Garantie, aber zu Hause hat sie zwei wichtige Vorbilder für die Höhen und Tiefen, die eine Karriere durchlaufen kann. Außerdem lernt sie, welchen Einfluss die Umgebung auf das Leben eines Menschen nehmen kann. Als Mathieu und Tallandier sich entschieden, eine Familie zu gründen, zogen sie weg aus dem Westen von Paris, wo es zu weiß und zu konservativ war, in das 10. Arrondissement. Hier wollten als Familie ein gutes Leben führen.

»Wir wissen, wo wir herkommen. Wir wollten, dass sie das richtige Leben kennenlernt, das echte Paris, das keine homogene Masse ist«, sagt sie voller Weichheit und gleichzeitig voller Überzeugung. »Unser Stadtteil mag sich verändern, aber hier kümmert sich niemand um unsere Familienstruktur. Wir sind einfach wir.«

Zuhause in Paris

DEIN VON EINER FRAU GEFÜHRTES LIEBLINGSGESCHÄFT?
Die Galerie Miranda, deren Inhaberin Miranda Salt ist. Sie stellt wunderbare Fotos internationaler Künstler aus, die in Europa nur wenig bekannt sind. Das ist ein richtiges Statement.

WO GEHST DU GERN MIT DEINER TOCHTER HIN?
Ins Centre Pompidou. Es liegt in einem lebhaften Viertel, zeigt faszinierende Ausstellungen, bietet Workshops für Kinder, hat ein Dach mit einer herrlichen Aussicht auf die Stadt, von der ich nicht genug bekommen kann, und ist offen für die Welt.

AN WELCHEM ORT BIST DU GLÜCKLICH?
Wenn ich auf meinem Fahrrad sitze. Ich kann Musik hören, mein Gesicht in den Wind halten und habe das Gefühl, frei zu sein, wie im Urlaub.

Oben: Exquisites Gebäck aus der Konditorei Fou de Pâtisserie von Julie Mathieu.

Eroberung der Backszene mit dem Duft der Levante

MYRIAM SABET

GRÜNDERIN UND EIGENTÜMERIN VON MAISON ALEPH

FÜR DAS UNGESCHULTE AUGE haben die historischen Juden- und Homosexuellenviertel des Marais mit ihren Falafel-Läden, unabhängigen Boutiquen und LGBTQ-Bars den gleichen Weg genommen wie die meisten betuchten Enklaven der Stadt: Sie wurden überrannt von Markenketten und Luxusmarkenhäusern. Aber mit dem Einzug der levantinischen Konditorei Maison Aleph von Myriam Sabet lebte der künstlerische Touch, nach dem die Einwohner lautstark zurückverlangten, wieder auf. Und sie schaffte etwas Einzigartiges.

In einem der wenigen ruhigen Momente in ihrem geliebten Laden in der Rue de la Verrerie spreche ich mit Sabet über ihren radikalen beruflichen Wandel, ihre Vision für levantinische Konditorei und die Unterstützung der Veteranen der Branche.

Einen Großteil deiner beruflichen Laufbahn hast du als Börsenhändlerin verbracht, bevor du die Richtung komplett gewechselt hast. Was mochtest du an deinem ersten Beruf und was hat sich dann verändert?
Ich mochte das Adrenalin und die Highs, das war alles sehr intensiv. Der Börsenhandel ist ein großes Geschäft, in dem sehr viel Druck herrscht. Ich konnte mithalten, weil ich ein Arbeitstier war und mit dem Lebensstil glücklich war: neun Wochen Urlaub für Einsteiger. Ich bin zwölf Jahre dabeigeblieben, weil ich die Herausforderung liebte. Als eine von wenigen Frauen hatte ich bei Geschäften mit Kunden Erfolg, die meine Kollegen nicht einmal für möglich hielten. Aber als ich mein erstes Kind bekam, änderten sich meine Prioritäten. Die Frauen, mit denen ich arbeitete, würden alles tun, um im Job voranzukommen. Aber in diesem Strategiespiel war ich nie besonders gut. Als ich Mutter wurde, wollte ich meine Zeit nicht mit diesem Zeug verschwenden. Sogar die Herausforderung, die mich früher motiviert hat, wurde auf einmal bedeutungslos. Mein Mann war meine Stimme der Vernunft und riet mir, aufzuhören, weil ich unglücklich war. Im Gegensatz zu vielen anderen unterstützte und verstand er meine Entscheidung, einen sicheren Job aufzugeben.

Es dauerte fünf Jahre, bis du deine Bäckerei Maison Aleph eröffnetest. Wie bist du darauf gekommen?
Ich verschwendete keine Zeit. Zuerst habe ich mich für eine professionelle Pâtisserie-Ausbildung an der École de Boulangerie et Pâtisserie (Bäcker- und Konditorenfachschule) angemeldet und dort alle

fachlichen Fähigkeiten erworben, die ich brauchte. Dann habe ich ein Praktikum in einer Bäckerei in meiner Nachbarschaft und in der Konditorei Ladurée gemacht, um beide Seiten des Berufs kennenzulernen. Und genau in dieser Zeit ist das Konzept in meinem Kopf herangereift. Ich wollte eine neue, aber stark pariserische Marke sein mit einem ausgewogenen Verhältnis von Geschmack und Design. Es hat allein zwei Tage gedauert, bis ich einen Namen gefunden hatte. Damals hatte mich gerade meine Mutter besucht – alle guten Dinge passieren, wenn sie in der Stadt ist, darauf schwöre ich. Ich glaube sehr daran, dass die Dinge passieren, wenn sie passieren sollen.

Es dauert lange, bis man den richtigen Namen gefunden hat! Warum hast du dich für diesen Namen entschieden?
Aleph ist der erste Buchstabe in vielen Alphabeten, im Hebräischen und im Arabischen. Er steht für die erste Seite, den Beginn einer neuen Geschichte. Und natürlich gibt es die Verbindung zu Aleppo. Außerdem ist es ein Symbol für die ersten Süßigkeiten in der Kindheit.

Du bringst etwas Bekanntes und doch Unbekanntes in die Branche. Die Pariser kennen levantinische Backwaren als widerlich klebrig-süßes Konfekt, das im Anschluss an eine reichhaltige Mahlzeit angeboten wird. Du hast diesem Wort aber eine völlig neue Bedeutung gegeben.
Ich bin zwar in Syrien geboren, aber ich mag keine geografischen Grenzen. Daher wollte ich ganz bewusst, dass diese Backwaren ein Spotlight auf die Region werfen – dazu gehören der Libanon, Jordanien, Syrien, Israel und Teile der Türkei. Normalerweise erinnern sich die Menschen daran, wie schwer und übersättigend diese in Zuckersirup getauchten Süßigkeiten sind, und verbinden etwas Unangenehmes damit. Aber ich habe eine wesentlich positivere Erinnerung. Ich kombiniere französische Konditoreiverfahren mit Texturen und Aromen der Region und biete etwas völlig Neues an (wie z. B. die »Nester« aus Kadaïf-Engelshaar aus geklärter Butter und gefüllt mit aromatisierten Cremes oder kandierten Früchten, oder eine neue Form von Baklava).

Hast du dich gefühlt, als würdest du ganz allein in eine völlig neue Welt kommen oder hast du Unterstützung gehabt?
In der Szene der Konditoren-Unternehmen habe ich eine unglaublich starke gegenseitige Unterstützung gefunden. Unter den »Meilleur Ouvrier de France« (alle vier Jahre werden die besten Handwerker Frankreichs gekürt) gab es sogar Mentoren, die mir großzügig ihre Hilfe angeboten haben. Sie sagten mir, dass sie von meinem Start in der Branche sehr beeindruckt seien. Ich musste nur darum bitten und sofort gab es Unterstützung. Das gilt für jeden.

Bilder oben von links nach rechts: Myriam Sabets Tempel levantinischer Backwaren im Marais; »Nester« aus Kadaïf-Engelshaar im Maison Aleph, hergestellt aus geklärter Butter und gefüllt mit aromatisierten Cremes oder kandierten Früchten.

Zuhause in Paris

DEIN VON EINER FRAU GEFÜHRTES LIEBLINGSGESCHÄFT?
Der Gourmetmarkt und das Café Maison Plisson. Delphine Plisson hat hier in der Stadt, die voll ist mit Spezialitätenläden, ein außergewöhnliches Angebot. Sie macht das Unmögliche möglich, selbst wenn es oft schwierig ist. Und sie bleibt bei allen Herausforderungen im Geschäft immer gelassen.

WO GEHST DU AM LIEBSTEN MIT DER FAMILIE HIN?
Sonntags zum Marché d'Aligre (siehe oben), das ist wertvolle Familienzeit für uns. Ich gehe hier mit meinem Mann schon seit den sechzehn Jahren, die wir zusammen sind, hin. Wir kaufen unsere Lebensmittel bei den lokalen Produzenten ein und entspannen uns dann bei einem Kaffee.

DEIN LIEBLINGSSTADTTEIL?
Der Marais! Und nicht nur, weil mein Geschäft hier ist. Ich liebe die Vielfalt, die Energie und den Innovationsgeist, der im nördlichen Teil des Viertels in der Nähe der Place de la République zu spüren ist.

Reiterin auf der neuen Welle der Craft Cocktails

MARGOT LECARPENTIER

MIXERIN UND MITBEGRÜNDERIN VON COMBAT

MARGOT LECARPENTIER IST IN NEW YORK auf den Geschmack von Cocktails gekommen, aber in Paris hat die unerschrockene Unternehmerin ihr vorheriges Leben als Rechtsberaterin für Musiklabel über den Haufen geworfen und gegen die boomende Barszene eingetauscht. 2017 eröffnete sie Combat, eine preisgekrönte Cocktailbar, deren Namen in zweierlei Hinsicht symbolträchtig ist: Combat war der frühere Name des Stadtteils zwischen der Place du Colonel Fabien und Belleville. Aber bei unserem Gespräch, zu dem wir uns außerhalb der Öffnungszeiten in ihrer Bar im Look eines französischen Cafés treffen, erzählt sie mir, dass der Name auch für ihren Kampf als Frau und Unternehmerin steht, eine Konzeptidee mit Leben zu füllen.

Wann war dir klar, dass du zukünftig die Stadt mit einer neuen Welle von Cocktailbars beleben wolltest?
Das ging Schritt für Schritt. Ich war gerade nach meinen Jobs bei Sony Music und Domino Records von New York nach Paris zurückgekommen. Die Musikbranche steckte mitten in einer Krise und so suchte ich nach einer neuen Anstellung. Leider stellte sich heraus, dass meine Erfahrung nicht zählte, denn ich hatte einfach nicht die richtigen Kontakte an höherer Stelle. Ich muss wohl nicht erwähnen, dass ich enttäuscht war, also sagte ich mir »Scheiß drauf«. Der Experimental Cocktail Club suchte nach einer Aushilfe und so sprang ich gleich am Tag nach meiner Bewerbung hinter die Theke. Das war ein echter Wendepunkt in meinem Leben, weil ich verstand, dass das ein richtiges Métier war, das ich lernen konnte. So lernte ich, Mixerin zu werden, und tauchte darin völlig ein. Niemand konnte mich aufhalten. Ich lernte schnell, bekam wichtigere Jobs. Nach drei Jahren bekam ich den Segen des Chefs und verließ den Club, um mit meiner Freundin Elena Schmitt eine eigene Bar zu eröffnen.

»Die Pariserin kann von ihrer Persönlichkeit her in der grausamen Stadt überleben, erniedrigt sich aber nicht, nur um dazuzugehören.«

Hattest du auf deinem Weg nach oben jemals das Gefühl, dass du um deinen Platz kämpfen musst?
Der Anfang in der Barszene war ein Kampf. Aber vielleicht war ich auch zu naiv, um auf Sexismus zu achten. Auf jeden Fall habe ich immer weitergemacht. Ich war immer eine Kämpferin und mochte das Risiko. Aber nach einer Weile tauchten einige unterschiedliche Hindernisse auf meinem Weg auf. Da war diese Glasscheibe auf dem Weg zum eigenen Geschäft, gegen die nur Frauen laufen.

Wie ist das zu verstehen?
Sobald du Respekt einforderst, stößt du auf Paternalismus, auf eine Art passive Frauenfeindlichkeit, die einige Männer noch nicht einmal selbst an sich erkennen. Sie ist ganz heimtückisch. Sie schleuderte mir entgegen, als ich einen Kreditantrag bei der Bank stellte (und mich ein Mann fragte, warum ich nicht lieber einen Teesalon eröffne – das ist kein Scherz), als ich den Verwaltungskram erledigte, um mein Geschäft zu eröffnen und als ich mit Vertragspartnern (Rechtsanwälte, Architekten – immer Männer) verhandelte. Zuerst dachte ich, es läge an meinem Alter, aber das war naiv. Der Grund war, dass ich eine Frau bin. Sie nahmen einfach eine überlegene Haltung ein. Das war nicht immer sofort spürbar, hinterlässt aber Spuren. Vor allem hat es in mir die unbedingte Feministin geweckt.

Wie gehst du mit diesen, wie du sie nennst, Hindernissen heute um?
Im Allgemeinen versuche ich, mich nicht darüber zu beklagen, denn dann müsste ich ständig jammern. Stattdessen konzentriere ich mich darauf, mit anderen Frauen darüber zu sprechen, warum ich diese Perspektive erlangt habe, wie ich nicht immer fair behandelt wurde, wie ich das schlechte Verhalten anderer immer wieder entschuldigt habe. Wenn ich damit den Feminismus auch bei anderen Frau wecke, dann habe ich das Richtige getan. Ich rate den Frauen Folgendes: »Immer, wenn du denkst, eine Situation ist normal, frage dich, ob das so auch einem Mann passieren würde.« Und so bekommen sie jedes Mal einen Ruck.

Gegenüberliegende Seite: Combat, die Craft-Cocktailbar von Margot Lecarpentier in der Rue de Belleville, ein einladendes Stammlokal und ein sicherer Ort für Frauen.

Sobald man eine wie auch immer geartete Community gründet, wird einem der Begriff *communautarisme* **an den Kopf geworfen. Wie wurde deine Entscheidung, nur Frauen einzustellen, aufgenommen?**
Es kamen einige Fragen, aber ich habe aufgehört, mich selbst zu erklären. Wenn du zwei Lebensläufe vergleichst, den eines Mannes und den einer Frau, und der Mann ist besser, dann hat er einfach mehr Möglichkeiten gehabt. Ich fühle mich nicht schuldig, wenn ich Frauen einstelle.

Hat diese frauenorientierte Sichtweise dein Geschäft beeinflusst?
An manchen Abenden sind nur Frauen in der Bar. Wir haben viele LGBT-Kunden. Für sie ist es wichtig, dass sie sich bei uns sicher fühlen, sie selbst sein können und sich wohl fühlen. Und wir haben viele Stammgäste, die ich sehr mag. Viel zu oft werden Frauen als Stammkunden einer Bar ja schräg angeschaut, vor allem, wenn sie alleine kommen. Wenn eine Frau allein in den Experimental Cocktail Club kam, sagten die Männer: »Ist doch klar, was die will!« Bei uns gibt es solche Vorurteile nicht.

Bereits in deinem ersten Jahr als Unternehmerin warst du in der Community und in der Branche akzeptiert (2018 bekamst du den Le Fooding Bast Bar d'Auteur-Preis). Welche Zukunft siehst du für Combat vor dir?
Ich wünsche mir, dass wir mehr werden als eine Cocktailbar. Und das passiert auch schon: Wir unterstützen feministische Projekte und arbeiten mit Organisationen und kreativen Frauen zusammen, die die gleichen Werte vertreten wie wir und einen Ort für ihre Arbeit benötigen. Außerdem wollen wir einen festen Platz in der Cocktail-Szene haben und für unsere kontinuierliche Qualität bekannt sein. Bei der Eröffnung wurden wir glücklicherweise von der Presse direkt mit Lob überschüttet und von der Branche anerkannt, sodass wir gebeten wurden, mit anderen Bars im Ausland zusammenzuarbeiten. Aber damit holen wir nicht das Beste aus uns raus. Wir müssen tagein tagaus für die besten Erfahrungen unserer Kunden sorgen. Wenn wir in fünf Jahren immer noch genauso beliebt sind und Anerkennung für das bekommen, was wir tun, dann können wir stolz sein.

Lecarpentier ist außerdem Ko-Autorin des Buches *La bible des alcools* (Hachette, 2018)

Zuhause in Paris

DEIN VON EINER FRAU GEFÜHRTES LIEBLINGSGESCHÄFT?

Mamiche! Eine hervorragende Bäckerei, die von entspannten Frauen geführt wird. Wenn ich es schaffe, früh aufzustehen, fahre ich mit dem Fahrrad ins 9. Arrondissement, um eine Babka (einen Hefezopf) zu kaufen (siehe oben)

WAS TUST DU, WENN DU NICHT HINTER DER THEKE STEHST?

Ich gehen zum Essen aus (wahrscheinlich häufiger als ich sollte!). Normalerweise plane ich meine Freizeit und meine Fahrradtouren so, dass ich in einem bestimmte Restaurant lande. Das kann zum Beispiel Aux Deux Amis, Le Chateaubriand (ich kenne die Mitarbeiter und gehe häufig auf ein Glas Wein hin), La Cave à Michel oder Double Dragon sein. Und dreimal in der Woche spiele ich Badminton in einem Verein (Club Populaire et Sportif im 10. Arrondissement).

AN WELCHEM ORT BIST DU GLÜCKLICH?

Auf den Brücken von Paris. Ich höre Musik über meine Kopfhörer und egal, wo ich hinschaue, der Blick ist immer fantastisch.

Ein Keks als Delikatesse – eine neue Idee in der Restaurantszene

MOKO HIRAYAMA

BÄCKERIN UND MITEIGENTÜMERIN VON MOKONUTS

ES DUFTET NACH FRISCH GERÖSTETEM KAFFEE und getoasteten Backwaren – so wird Moko Hirayama jeden Morgen an ihrem Arbeitsplatz begrüßt. Und das ist so gewollt. Wenn sie um Viertel vor neun am Morgen ihre Töchter in die Schule gebracht hat und in diesem außergewöhnlichen Restaurant-Café-Bäckerei ankommt, das sie mit ihrem Ehemann und Chef Omar Koreitem eröffnet hat, wartet bereits eine Tasse mit frisch gebrühtem Kaffee auf sie. Sie kommt ganz pünktlich, um die morgendlichen Stammgäste zu begrüßen. Einige kommen mit einem Stapel Zeitungen und ihren Notizbüchern unter dem Arm, andere mit ihren Computern oder einem Freund. Und alle möchten ihren Kuchen des Tages probieren und Hirayama und Koreitem dabei zuschauen, wie sie ein Mittagessen für die Gäste des bereits voll ausgebuchten Restaurants zubereiten.

Betritt man das Mokonuts – der Name könnte liebevoll an Hirayamas unbändige Energie hinweisen, ist aber ein Kosename, den ihr ein früherer Kollege verliehen hat –, hat man das Gefühl, in die Küche einer Familie zu kommen: Manchmal ist es ruhig, manchmal dröhnend laut und meist steht man irgendwie im Weg, aber Hirayama sieht das immer gelassen.

Das Mittagessen, das meist Wochen im Voraus ausgebucht ist, ist eine Mischung aus Aromen und Inspirationen aus den Erfahrungen der beiden Inhaber – französisch, libanesisch, amerikanisch, japanisch – und ändert sich täglich. Hirayama besteht darauf, dass ihre Küche sich in keine Kategorie pressen lässt, obwohl das schon häufig versucht wurde. »Die Menschen erinnern mich mehr an meinen Hintergrund als ich selbst denke«, sagt sie. »Die Franzosen versuchen immer, unserer Küche – genauso wie mir – ein Etikett aufzudrücken. Aber so einfach kann man nicht Kategorien bilden.«

Und für die treuen Kunden sind sie auch nicht wichtig, denn sie haben sofort verstanden, dass das Paar etwas Anderes anbieten möchte, das keinem genau definierten Konzept folgt. Genau diese Kunden sind auch unsere Stammkunden. Wer noch kein Stammkunde ist, möchte auf jeden Fall wiederkommen, ist verzaubert von der Umgebung und dem Essen, beides erfrischend einfach und raffiniert. Omar und sie beanspruchen nur einen taschentuchgroßen Platz für ihr Geschäft, der aber eine ganz besondere Aura hat. Gekocht wird auf einer höheren Ebene in ungezwungener Umgebung, bedient wird extrem langsam, sodass man sich auf die Mahlzeit und sein Gegenüber konzentrieren muss. Hirayama steht grinsend hinter der Theke und scherzt mit ein paar Kunden, während sie eine Torte anschneidet. Aus der Küche dringt freundliches Geplauder. »Lass uns heute damit etwas machen«, erklärt Koreitem und zeigt auf ein Gewürz oder eine andere obskure Zutat. In Zeiten des überschwemmenden Angebots und rasant schneller Entscheidungen geht das Leben im Mokonuts langsam und bleibt fast stehen. Ganz so, wie wir es eigentlich nur aus dem Urlaub kennen. Die Qual der Wahl gibt es nicht. Das ist das Besondere am Mokonuts und bringt auf unfassbare Weise viel Freude.

Untergebracht in einer alten Metallwerkstatt mit Mosaikfußboden ist es quasi der verlängerte Arm der Wohnung des Paares. Und in diesem Sinne wirkt es auch nicht überladen oder stickig. Die beiden halten ihr Restaurant minimalistisch und transparent, damit die Aufmerksamkeit auf die Zutaten gelenkt wird, die in der offenen Küche in Boxen und eindeutig beschrifteten, transparenten Plastikdosen aufgereiht stehen. Ihr Lieblingskochbuch steht auf dem Regal über der Sitzbank und eine Auswahl an natürlichen Weinen und Konserven ist an der Wand gegenüber zu bewundern. Für viele – Pariser und Auswärtige, die bei jedem Parisbesuch wiederkommen – ist dies ein Rückzugsort. Hirayama kennt die Namen, die Lieblingstische und die Lieblingskekse ihrer Gäste und erinnert sich an wichtige Augenblicke aus früheren Gesprächen. Für viele ihrer Gäste ist das Mokonuts das Café um die Ecke, obwohl viele weit reisen, um es zu besuchen.

Wie oft habe ich nicht schon dort gesessen mit einem Morgenkaffee und einem Labneh-Toast, bei einem ausgiebigen Mittagessen oder einer wohlverdienten Kekspause am Nachmittag? Ich treffe Hirayama an einem Herbsttag, nachdem fast alle Gäste mit Mittagessen bedient wurden. Sie trägt wie immer Crocs, enge Jeans und eine Schürze über einem ausgebleichten T-Shirt. Ihr Haar ist zu einem langen Pferdeschwanz zusammengebunden, der über ihre Schulter fällt, als sie hinter der Theke hervorkommt, um einem Stammkunden einen Teller mit Keksen und eine Tasse Hibiskustee zu servieren. Als ich zur Tür hereinkomme, streckt sie mir ihren Kopf entgegen und begrüßt mich freudig. »Lindsey! *Ça vaaa?*«, singt sie. »Setz' dich; ich komme gleich zu dir. Einen Kaffee?« »*Yep, comme d'hab*«, antworte ich in dem französisch-englischen Mischmasch, in dem wir uns gewöhnlich unterhalten. Koreitem schneidet Gemüse und bereitet die Küche für ein privates Abendessen vor, zu dem er am selben Abend Gäste empfängt. Hirayama schlüpft hinter die Theke, um ihre Hände abzutrocknen, gießt mir einen Kaffee ein und nimmt eilig ihre Schürze ab. »Ich muss noch Aly und Mia abholen. Bin gleich zurück. Bleib einfach!«, sagt sie und stellt die Tasse vor mir ab.

Gegenüberliegende Seite: Die legendären mit Meersalz bestreuten Chocolate-Chip-Kekse von Moko Hirayama.

Blitzartig schwingt die Tür auf und die beiden quirligen Schwestern im Alter von acht und fünf Jahren stürmen in ihr zweites Zuhause, schmeißen ihre Rucksäcke in die Ecke und springen in die Küche, um Koreitem zu begrüßen. Während unseres Gesprächs spielen und malen sie und unterbrechen uns dann und wann, um eine Frage zu stellen oder einen Streit zu schlichten. »Gehen wir jetzt?«, fragt Aly nach einer Weile. »Erst musst du mir mit dem Teig helfen!«, antwortet Hirayama und legt ein Stück Teig auf die Ecke der Theke, damit sie es ausrollen kann. Dann kehrt Hirayama zu mir zurück und flüstert: »Die meisten Mütter hier haben ihre Kinder nach der Schule bei einem Babysitter untergebracht. Aber sie werden so schnell groß und ich glaube, dass es jetzt für sie wichtig ist, dass ich für sie da bin.« Vielleicht geht sie mit diesem Arbeit-Mutter-Gleichgewicht oder -Ungleichgewicht anders um als andere, aber für sie sind die gemeinsamen Momente sehr wertvoll, wie sie zugibt. »Wenn die Mädchen uns hier im Restaurant sehen, verstehen sie, warum wir nicht genauso wie andere Eltern Zeit für sie haben. Und sie können sich mit diesem Ort identifizieren. Manchmal sagen sie sogar ›Wir gehören zur Nuts-Familie‹. Das Restaurant ist auch ein Teil von ihnen.«

Hirayama wurde in Kōbe in Japan geboren, wuchs aber zwischen San Francisco und Tokio auf und hat so eine lebenslustige Persönlichkeit entwickelt, die beide Kulturen in sich trägt. Ihre Eltern ließen sie selbst über ihre Zukunft entscheiden und gaben ihr damit eine für die Kultur ihres Geburtslandes, wo strikte Erwartungen an das Leben und das Verhalten gestellt werden, ungewöhnliche Freiheit. »Ich bin nicht die einzige, die atypisch ist. Meine Eltern haben kein traditionelles japanisches Leben geführt. Sie waren liberaler und weniger konformistisch«, erklärt sie. Nach ihrem Schulabschluss zogen die Eltern zurück in die USA, aber Moko rührte sich nicht vom Fleck. »Ich wollte in Japan zur Universität gehen. Aber das hat mich gelangweilt. Meine Eltern erklärten mich für verrückt (»nuts«) dafür, dass ich unbedingt auf eine Mädchenschule gehen wollte. Das war überhaupt nicht das Richtige für mich. Aber nun musste ich dadurch. Ich war siebzehn, lebte allein und mir war langweilig – Moko, die Verrückte (Moko nuts)!«, scherzt sie. Aber das sollte nur eine von vielen impulsiven Entscheidungen in ihrem Leben sein. Nach einer Weile kam sie in ihre zweite Heimat, dieses Mal nach New York City, zurück und studierte an der NYU (New York University) Urbanistik – eine Herausforderung, an der sie viel Freude hatte.

Nach dem Studienabschluss versuchte sie einen Karrierestart in Tokio, wohin ihre Eltern wieder zurückgekehrt waren. Allerdings stellte sich ihre für Japan atypische Persönlichkeit als Hindernis heraus, das sie nie so richtig überwinden konnte. »Bei den meisten Jobs wurde ich schon beim Vorstellungsgespräch rausgekickt, weil ich nicht passfähig war: Mein Rock war zu kurz, die Farbe meines Anzugs zu hell, meine Absätze zu hoch. Es gab einen Dresscode, den ich nicht einmal kannte. Und die Personalverantwortlichen sagten mir, dass mein Vater mich hätte warnen müssen – kannst du dir das vorstellen?« *Komme nicht nach Japan zurück. Du wirst hier nicht überleben!*, riet ihr ihr Vater.

»Es ist gut, anders zu sein – das musst du deinen Kindern immer wieder sagen.«

Zurück in New York bekam sie eine Stelle als Arbeitsvermittlerin für das New York City Department of Parks and Recreation (Behörde der New Yorker Stadtverwaltung, die für die öffentlichen Parks zuständig ist), wo sie Koreitem traf, den einzigen Ausländer, der in diesem Amt arbeitete. Später machte sie eine Ausbildung zur Finanzanwältin und musste sehr viel arbeiten, während Koreitem in den Nächten eine Kochschule besuchte, um seinen Traum, Koch zu werden, zu verwirklichen.

Als ihre Kanzlei vergaß, sich um die Verlängerung ihrer Greencard zu kümmern, wurde sie in das Londoner Büro abgesandt. Kurze Zeit später folgte ihr Koreitem nach London, wo er einen Job als Chef de Partie im Savoy Grill von Gordon Ramsay fand. Die beiden legten ein hohes Tempo an den Tag. »Ich hatte kein Privatleben. Die Arbeit und meine Tage nahmen kein Ende. Ich hatte die Nase voll und war völlig ausgebrannt.« Aber der nächste Hoffnungsschimmer ließ nicht auf sich warten. Ladurée, die Hochburg der Pariser Backkunst, hatte gerade eine Filiale bei Harrods eröffnet. Hirayama, die vom Backen fasziniert war, rief dort an und fragte, ob sie kommen dürfe, um zu sehen, wie die Produkte hergestellt werden. »Das war wohl sehr spontan, aber ich wollte dazulernen«, lacht sie und rollte noch mehr Teig aus. Eineinhalb Jahre arbeitete sie morgens bei Laudrée und dekorierte Backwaren, bevor sie zu ihrer eigentlichen Arbeit ging.

Insgesamt war das Leben in London für die beiden allerdings recht erbärmlich. Hirayama wurde depressiv und verlor sich im Hamsterrad ihrer Jobs. Als die Probleme unüberwindlich wurden, kündigten beiden ihre Jobs und zogen nach Paris. Es sei das einzig Richtige gewesen: »Hier gibt es sowieso das beste Essen!«

Während Koreitem schnell in der Restaurantwelt eintauchte und in Sternerestaurants kochte, wollte Hirayama die Backkunst von Grund auf erlernen. Sie übersprang Backschulen und sonstige offiziellen Ausbildungsprogramme und wurde von Fabrice le Bourdat unterrichtet, dem früheren Eigentümer der beliebten Bäckerei Blé Sucré. »Er gab mir eine Chance – jeden Morgen um 3:30 Uhr!« Sechs Monate lang lernte sie alle Techniken, mit denen sie die großen Chefs und Restaurants beeindrucken konnte. Ihre Arbeitspapiere bekam sie später vom Restaurant Senderens, die Arbeitsumgebung war hingegen sehr entmutigend. »Ich bekam keine Unterstützung vom Chef, obwohl ich hart arbeitete. Das wurde einfach ausgenutzt. Man fragte nach meinen Ideen, hat sie aber nie umgesetzt.« Als sie bei Adeline Grattard, dem Star und der Chefin von *Chef's Table: France* im Sternerestaurant Yam'Tcha anklopfte, fand sie schließlich einen konstruktiven Ort, um sich fortzubilden. »Ich hatte mein Leben auf den Kopf gestellt und fragte mich, ob das nicht alles ein großer Fehler war. Aber dann zeigte mit Adeline, was alles möglich war. Sie ließ mich die

Backwaren herstellen, die ich wollte«, erklärt Hirayama ihre ungewöhnlichen Produkte, in denen sie mit Kräutern, Gewürzen, Früchten und ungewöhnlichen Verzierungen spielt. Dann wurde sie schwanger und stand damit wieder ganz am Anfang.

Daher erinnerte sie sich wieder an die Dessertrezepte ihrer Mutter und gab sich zunächst mit althergebrachten amerikanischen Backwaren zufrieden. Kekse wurden zu ihrer Leidenschaft. Dann experimentierte sie so lange mit Rezepten, bis das perfekte glücksbringende Gebäck vor ihr lag: außen knusprig, innen weich in Sorten wie zum Beispiel Weizen-Cranberry mit Schokoladenstücken, Tahini-Misosesam-Vollkorn mit dunkler Schokolade und Erdnussbutter-Vollmilchschokolade. Diese Kekse waren sofort ein Erfolg und Hirayama lieferte sie bald an andere Cafés, bis sie und Koreitem Ende 2015 die Türen des Mokonuts öffneten. Heute ist sie für alles verantwortlich, von Sauerteig- und Pitabrot bis zu Halvah-Kuchen, Labneh-Käsekuchen und den überwältigenden Hefekuchen-Babka. Nebenbei spielt sie während der Mittagszeit Barista, Sommelier und Kellnerin. Aber ihre Kekse sind unbestrittener Kult.

Immer wenn ich das Restaurant betrete, lachen sie mich von der Theke aus verführerisch an, und wenn dort mal kein Gebäck liegt, dann wartet Nachschub ganz sicher schon ordentlich aufgereiht auf dem Backblech in Regalen unter dem Ofen. »Ich glaube, ich muss sie bald rationieren!«, lacht Hirayama. Diese unglaubliche Beliebtheit kommt auch vom (mehr als verdienten) Lob von Bestseller-Autoren und Bäckern wie Dorie Greenspan, Melissa Clark und David Lebovitz – Ruhm, über den sie nach wie vor erstaunt ist. Denn schließlich hat sie sich das Backen selbst beigebracht, hat aus einem Hobby einen intensiven Vollzeitberuf gemacht, der zwar sehr anstrengend, aber sehr bereichernd ist.

»Wir kommen hier mit unglaublich vielen Menschen zusammen«, sagt sie und fügt hinzu, dass die Aufmerksamkeit, die den beiden zukommt, ein seltsames, aber glückliches Gefühl hervorruft. Und diese Aufmerksamkeit scheint überhaupt nicht nachzulassen. Sehr erstaunlich, denn das Format ist recht eingeschränkt: Hirayama und Koreitem bieten kein Abendessen an und haben am Wochenende geschlossen, um mehr Zeit mit ihren Mädchen verbringen zu können. Könnten sie mehr verdienen, wenn sie mehr arbeiteten? Sicherlich. Wäre das ein Risiko für die Familie? Das liegt für sie auf der Hand: »Ich möchte in jederlei Hinsicht und in allen Bereichen etwas anders machen. Und ich möchte die Botschaft aussenden, dass es OK ist, eigene Regeln aufzustellen.«

Gegenüberliegende Seite: Im Mokonuts, der Café-Bäckerei von Moko Hirayama, die sie im 11. Arrondissement mit ihrem Ehemann Omar Koreitem eröffnet hat.

Zuhause in Paris

DEIN VON EINER FRAU GEFÜHRTES LIEBLINGSGESCHÄFT?
Yam'Tcha von Chefin Adeline Grattard. Sie ist die menschlichste Chefin, die ich je hatte, und gleichzeitig die produktivste Mutter der Stadt. Außerdem kümmert sie sich wirklich um ihre Mitarbeiter. Ich habe höchsten Respekt vor ihr.

DEIN LIEBLINGSSTADTTEIL?
Die Grenze zwischen dem 11. und dem 12. Arrondissement, wo wir leben und arbeiten. Hier ist das Leben unprätentiös, leicht, es gibt viele Menschen unterschiedlicher Kulturen und unterschiedlicher Altersgruppen und man hört viele Sprachen. Meine Kinder fühlen sich hier nie als etwas Besonders, weil sie mehrere Sprachen sprechen.

WAS TUST DU FÜR DICH SELBST?
Ich habe sehr wenig Zeit für mich selbst, aber wenn es mal klappt, dann gehe ich zum Joggen in den Parc de Vincennes. Das wirkt befreiend!

»VIELLEICHT BEKÄMEN MEHR FRAUEN KINDER, wenn die Mutterschaft nicht als Opfer angesehen würde, wenn uns nicht eingeredet würde, wir verlören unsere Eigenständigkeit, die wir doch so lieben. Ich möchte Mutter und Schriftstellerin und eine ganze Menge mehr sein und mir dabei keine Gedanken über die Reihenfolge aller dieser Rollen machen.«[67] Diesen Abschnitt aus einem Artikel in der *New York Times* habe ich unzählige Male gelesen, bevor mir klar wurde, was mich daran so faszinierte: Die Autorin beschrieb unabsichtlich damit einen Wunsch vieler Pariserinnen, wenn nicht sogar Französinnen.

Seit vierzehn Jahren lebe ich nun in Paris und beobachte, wie meine Freundinnen, deren Freundinnen, Kolleginnen, Nachbarinnen und sogar die Inhaberinnen meiner Lieblingsgeschäfte mit dem Thema Muttersein umgehen: Kinder – die Geburt, die Erziehung oder der Verzicht im Allgemeinen – sind kaum mehr als ein weiterer Punkt auf einer langen Liste von Eigenschaften und Tätigkeiten, über die Frauen sich selbst definieren.

Aus Sicht der Französinnen ist die Fähigkeit, Kinder zu zeugen und aufzuziehen, nicht die größte Errungenschaft im Leben einer Frau. Sie sind nicht toll oder virtuos, weil sie sich der Kindererziehung als höhere Berufung widmen, sondern weil sie das Muttersein im herkömmlichen Sinne als einen Teil einer größeren Lebensvision verstehen, zu der zum Beispiel auch die Karriere, Freunde, Engagement, Reisen und Lernen gehören. Dieses Konzept passt zu einem angepassten kulturellen Wertesystem, in dem Frauen ihr Leben leben dürfen, ohne sich ständig um andere Sorgen zu machen. Pamela Druckerman beschreibt in ihrem beliebten Elternratgeber *Warum französische Kinder keine Nervensägen sind*, dass Eltern ihren Kindern nicht dienen müssen, dass es für Mütter nicht gesund ist, jede wache Minute mit ihren Kindern zu verbringen, und dass Kinder, genauso wie Eltern, ihr eigenes Leben leben müssen.

Genau das wurde mir deutlich, als so viele Frauen, mit denen ich sprach, auf ihre Entscheidung für oder gegen Kinder hinweisen und über ihre Gefühle in Bezug auf das Muttersein erzählten. Dieses Thema wird nicht zwanghaft behandelt, weil es dafür keinen Grund gibt.

Victoire de Taillac (Seite 102) schüttelte sich vor Lachen, als ich sie fragte, wie denn ihre drei Kinder in ihre Geschichte passen, weil sie sie in unserem zweistündigen Gespräch nicht einmal erwähnt hatte. »Es ist nicht sehr französisch, sich selbst über das Muttersein zu definieren«, erklärt sie mir ausdrücklich. »Die Kinder sind ein wichtiger Teil meines Lebens. Aber sie sind nie der Mittelpunkt meiner Unterhaltungen. Ich habe auch ein Leben außerhalb der Kinder. Als ich in den USA lebte, sah ich, wie sich amerikanische Mütter häufig bis ins Extreme bemühten, außergewöhnlich zu sein. Sie leben ihr Muttersein aus und riskieren dabei, sich selbst zu verlieren.« Architektin Aline Asmar d'Amman (Seite 70) scherzt, dass ihre Arbeit wie Urlaub sei, denn Elternsein sei ein harter Job. »Ich fühle mich nicht schuldig. Die Zeit, die ich mit meinem Sohn verbringe, ist sehr intensiv, aber das, was ich mir [mit meinem Unternehmen Culture in Architecture] selbst aufgebaut habe, ist etwas Besonderes und hat für mich die gleiche Bedeutung«, sagt sie. »Jede Frau, die Mutter wird, findet ihren eigenen Weg.«

Natürlich ist es einfacher und weniger beängstigend, wenn eine Frau, die ein Kind bekommt, sicher sein kann, dass sie schnell und problemlos wieder an ihren Arbeitsplatz zurückkehren kann – wenn es das ist, was sie möchte.

Natürlich haben berufstätige Mütter in Paris scheinbar das goldene Los gezogen: Es gibt bezahlten Mutterschutzurlaub, teilweise geförderte Kinderversorgung (Krippen, staatliche Kindergärten, für die die Kosten in Relation zum Familieneinkommen berechnet werden, Kindermädchen oder Tagesmütterprogramme, die kostenlose Vorschule ab dem dritten Lebensjahr wurde von Präsident Macron 2019 als verpflichtend eingerichtet), Steuervergünstigungen und für Bedarfsfälle staatliche Unterstützung. Außerdem ist jeder durch das staatliche Gesundheitssystem versorgt. Natürlich ist dieses System nicht perfekt: Es gibt zu wenig freie Krippenplätze bei hoher Nachfrage und die Kosten für ein Kindermädchen können schnell das monatliche Einkommen der Eltern auffressen oder übersteigen. Dennoch haben Frauen so viele unterschiedliche Möglichkeiten, zu ihrer Arbeit zurückzukehren, wenn dies ihr Wunsch ist.[68] Und nur wenige oder niemand schämt sich dafür, diese Möglichkeiten zu nutzen. Für die Frauen, mit denen ich gesprochen haben, war dieses Unterstützungssystem der Grund dafür, dass sie weiter kreativ sein, ein Geschäft gründen oder ihre Karriere weiter verfolgen können.

Leïla Slimani (Seite 181) erzählt ganz offen über die Bedingungen, unter denen sie kreativ arbeiten kann. »Ich habe großes Glück«, sagt sie über ihr Kindermädchen. »Ohne sie könnte ich diese Arbeit nicht machen.« Als die berühmte Unternehmensanwältin Valérie Lafarge-Sarkozy vor dreißig Jahren ihr erstes Kind bekam, wusste sie schon lange vorher, dass sie ihre Karriere nicht aufgeben würde. Die Frauen vor ihrer Zeit hatten zu hart dafür gekämpft, dass Frauen ohne die Genehmigung ihres Mannes das Recht zu arbeiten haben, als dass sie dieses Geschenk so einfach in den Papierkorb geworfen hätte. »Meine Generation hat von den Vorteilen profitiert, die Frauen wie Simone Veil erkämpft hatten. Als ich heiratete, starb gleichzeitig meine Mutter und ich wählte eine Karriere, mit der ich genug verdienen konnte, um selbstständig zu bleiben«, erzählt sie mir.

»Es ist immer schwerer, als es für einen Mann wäre, aber es ist nicht unmöglich.« Als Valérie ihr zweites Kind bekam, war sie schon Partnerin in ihrem Unternehmen geworden und konnte sich nicht leisten, genauso viel Zeit wie beim ersten Kind zu fehlen. »Nach fünf Tagen war ich wieder bei der Arbeit. Andere Frauen haben mich dafür kritisiert, dass ich meinen Sohn so schnell verlassen hatte, aber ich fühlte mich nicht schuldig. Ich hatte keine andere Wahl!« Derzeit fungiert sie als Mentorin für junge Frauen im Büro und steht ihnen Rede und Antwort für alle Fragen rund um Arbeit und Mutterschaft. Aber es soll hier auch nicht verschwiegen werden, dass der Weg zum Muttersein nicht immer über eine Blütenteppich führt.

»Die ›schlechte Mutter‹, also die Mutter, die ihre Schwangerschaft nicht genießt, nicht stillt und schnell wieder arbeiten möchte, verkauft sich in Frankreich gut«, schimpft Laura Bastide (Seite 35). »Ich wollte sofort wieder die Frau sein, die ich vor der Schwangerschaft war. Ich liebe meine Kinder, aber meine Erfüllung finde ich in meiner Arbeit und in den Menschen, mit denen ich zu tun habe.« Das ist im Großen und Ganzen auch der Grund, warum Benedicte Reizel-Nielsen, Direktorin einer nicht staatlichen Organisation in Dänemark und Mitbegründerin der Online-Reise-Community #SeeMyParis (Seite 298) sehr froh ist, ihre drei Kinder in Paris bekommen zu haben. »Das Problem der Amerikanerinnen und Skandinavierinnen ist, dass sie Schwangerschaft und Mutterschaft glorifizieren«, erklärt Reizel-Nielsen, die in den USA, in Dänemark und in Frankreich gelebt hat und diese unterschiedlichen Verhaltensweisen am eigenen Leibe gespürt hat. Zwar gibt sie zu, dass es in Dänemark und Schweden viel Unterstützung und viele Vorteile gibt, aufgrund derer sowohl Männer als auch Frauen so flexibel sind, dass sie Zeit mit ihren Neugeborenen verbringen können. Aber die frühen Erwartungen, denen Mütter unterliegen, fördern eine ungesunde Grundeinstellung. »Die Frau steht unter dem Druck, sechs bis zwölf Monate zu stillen, egal ob sie es kann oder möchte. Tut man es nicht, gilt man als Rabenmutter. Damit entsteht ein riesiger Druck für Frauen. Sie sollen sich selbst opfern und so tun, als seien sie glücklich – selbst in den Phasen, die gar nicht schön sind.«

Was Frauen wie Rebecca Amsellem (Seite 55) und Christelle Delarue (Seite 117) von Schweden übernehmen würden, ist das Modell des geschlechterunabhängigen Erziehungsurlaubs. In Frankreich wurde zwar versucht, beiden Eltern die gleichen Möglichkeiten für Erziehungsurlaub zu gewähren. Dabei muss dann ein Partner für drei Jahre nach der Geburt des Kindes seine berufliche Tätigkeit reduzieren oder ganz aufhören zu arbeiten (unbezahlt). Aber diese Option nehmen immer weniger Frauen in Frankreich in Anspruch, da die Männer im Durchschnitt mehr verdienen und sich eine so lange Pause im Beruf nicht leisten können, ohne dass (neben dem sozialen Druck, den Männer im Erziehungsurlaub erfahren) ein finanzielles Ungleichgewicht in der Familie entsteht. Andererseits können in Schweden beide Eltern innerhalb der ersten acht Jahre nach der Geburt ihres Kindes 480 Tage bezahlten Urlaub nehmen. In den ersten dreizehn Monaten erhalten sie 80 Prozent ihres Gehalts (und auch Arbeitslose erhalten bezahlten Urlaub). Seit 2016 sind Väter verpflichtet, die ihnen zustehenden 90 Tage Urlaub zu nehmen, womit man für mehr

Gleichberechtigung in der Kindererziehung sorgen möchte.[69] Im Bereich der künstlichen Befruchtung hinkt Frankreich jedoch weit hinterher.

Laut Gesetz haben lesbische Paare und alleinstehende Frauen derzeit kein Recht auf Behandlungen wie eine In-vitro-Fertilisation, um schwanger zu werden.

Sie müssen ins Ausland gehen, nach Spanien, in die Niederlande, nach Portugal oder in die meisten skandinavischen Länder[70],[71] und für eine IVF bezahlen. 2018 äußerten sich die höchstrangigen Bioethiker für die künstliche Befruchtung für alle Frauen mit Kinderwunsch (wobei eine Leihmutterschaft immer noch als unethisch gilt). Dies hielten viele Frauen für einen ersten Schritt in Richtung zur Legalität – ein wahrer Paradigmenwechsel der sowohl von Präsident Macron als auch von Marlène Shiappa, Juniorministerin für Gleichberechtigung der Geschlechter, versprochen wurde. Doch die entsprechende Wahl wurde mehrmals verzögert – in den Augen von Aktivistinnen nur ein weiteres Beispiel für die Trägheit und Gleichgültigkeit der Regierung gegenüber den Frauenrechten. Es sei angemerkt, dass zum Zeitpunkt der Veröffentlichung dieses Buches immer noch keine Entscheidung zu diesem Thema gefällt wurde.

Die heißen Debatten über künstliche Befruchtung, die nach der Legalisierung der gleichgeschlechtlichen Ehe im Jahr 2013 entfacht wurde, geht derweil unvermindert weiter. »Menschen aus dem konservativen Bürgertum, also Intellektuelle, Politiker oder die Wirtschaftseliten, weigern sich gegen jede Veränderung und halten standhaft am ungerechten Status quo fest«,[72] schreibt Pauline Delage in ihrem Buch *Droits des femmes, tout peut disparaître* (*Die Rechte der Frauen können verschwinden*). Und genau diese Menschen dominieren die Opposition. Fakt ist, dass Frankreich ein konservatives Land bleibt, obwohl die katholische Kirche an Bedeutung verliert. Und die Medien haben ihre eigenen Methoden, diese destruktive Debatte weiter anzufachen, indem sie Bischöfen und Vertretern religiöser Organisationen mehr Sendezeit einräumen als den Frauen, um deren Rechte es eigentlich geht. »Es ist zum Verrücktwerden: Wir sind ein weit weniger religiöses Land als Spanien, aber dort bekommen viel mehr Frauen eine künstliche Befruchtung«, erklärt Julie Mathieu (Seite 221), deren Frau, Muriel Tallandier (Seite 214) einen Arzt in Paris gefunden hat, der ihr heimlich mit einer IVF geholfen hat. Dabei dreht sich alles um die Frage der Repräsentation. Wenn lesbische Frauen unsichtbar sind, dann ist es einfacher, ihnen ihre Rechte zu verweigern.

Kein Staat der Erde findet zum Thema Mutterschaft und in den unzähligen Diskussionen darum das richtige Gleichgewicht. Es geht nicht um eine Utopie, da sind sich die Frauen auf diesen Buchseiten einig, sondern einfach darum, die Wahl zu haben, Kinder zu bekommen oder nicht. Und damit wäre das Recht der Frauen auf Entscheidungsfreiheit schon einen guten Schritt weiter.

»Denn dem Ideal der weißen, verführerischen, aber nicht nuttigen, gut verheirateten, aber nicht unsichtbaren Frau, berufstätig, aber nicht zu erfolgreich, um ihren Mann nicht zu erdrücken, schlank, aber ohne Essstörung, undefinierbar jung bleibend, ohne sich von den Schönheitschirurgen entstellen zu lassen, glückliche Mutter, aber nicht aufgefressen von Windeln und Schulaufgaben, gute Hausfrau, aber kein altmodisches Muttchen, gebildet, aber weniger als ein Mann, dieser weißen glücklichen Frau, die man uns ständig vor die Nase hält, der ähnlich zu sein wir uns bemühen sollen – abgesehen davon, dass sie aussieht, als würde sie sich über jede Kleinigkeit aufregen –, der jedenfalls bin ich noch nie begegnet. Ich glaube, die gibt es gar nicht.«

—VIRGINIE DESPENTES IN *KING KONG THEORIE*

Visionärinnen

Frischer Wind für die Stadt von morgen

ALICE CABARET

STADTENTWICKLERIN UND GRÜNDERIN VON STREET SOCIETY

WIE WIRD DAS PARIS DER ZUKUNFT AUSSEHEN? Für Alice Cabaret müssten die einzigartigen urbanen Räume so umgestaltet und erneuert werden, dass die Stadt dynamisch, offen, integrativ wird. Nachdem sie einige Jahre an Sanierungsprojekten in Johannesburg gearbeitet hatte, kehrte sie nach Paris zurück und gründete The Street Society, ihre Agenturgemeinschaft, die Innovationen für nachhaltige Immobilienentwicklung und urbane Transformation mit Sitz in Paris entwickelt.

Auf ihren Vorschlag hin treffen wir uns im Les Grands Voisins im 14. Arrondissement (weitere Informationen zu diesem Lokal finden sich unter »Zuhause in Paris« auf Seite 261), um über die Stadtentwicklungsprojekte und Innovationen zu sprechen, auf die sie sehr stolz ist und die die Hauptstadt langfristig verbessern sollen.

Du gehörst zu den wenigen Menschen, die wirklich in Paris geboren und aufgewachsen sind. Hast du immer in der gleichen Wohnung gewohnt?
Ich habe immer im 9. Arrondissement gewohnt! Ich wurde dort geboren, bin in den Kindergarten gegangen, habe meine gesamte Schulzeit dort verbracht und bin nach fünf Jahren Studium und fünf Jahren Johannesburg genau dorthin wieder zurückgekehrt. Es ist höchst interessant, eine ganze Lebensphase im gleichen Stadtteil zu verbringen. Ich habe seine Entwicklung beobachtet und habe deshalb so ein großes Interesse an der Stadt.

Das 9. Arrondissement wird sehr gern als Beispiel für die ungeheuerliche Gentrifizierung angeführt. Wie siehst du die Veränderungen in diesem Stadtteil?
Ich stehe weder auf der Seite der Befürworter noch auf der Seite der vehementen Gegner der Gentrifizierung. Meiner Meinung nach liegt die Wahrheit irgendwo in der Mitte. Die Stadt muss sich entwickeln und dabei darf man keiner idealistischen Vision einer bestimmten *Art* von Paris folgen. Mit siebzehn bin ich immer zum Place de Clichy gegangen, wo mein damaliger Freund lebte. Das

war unglaublich gefährlich. Und daher beschwere ich mich nicht darüber, dass einige Plätze saniert wurden. In den Straßen rund um die Pigalle – dem für Prostitution bekannten Platz – haben sich zum Beispiel viele Bars angesiedelt. Grund dafür ist, dass sich die nahegelegenen Hauptplätze der Prostitution aufgrund des Internets wirtschaftlich entwickelt haben; damit entstanden Vakanzen, die für andere Zwecke verwendet wurden. Dabei geht es nicht immer nur um den Zusammenprall unterschiedlicher Klassen. Die Lösung gegen eine vollständige Gentrifizierung des Stadtteils wäre die kurzfristige Förderung von kleinen Unternehmen durch bezahlbare Mieten, damit junge Unternehmer die Möglichkeit haben, schnell ein Geschäft aufzubauen.

Diese Idee setzt du in den Projekten um, an denen du derzeit als Stadtentwicklerin arbeitest. Wie bist du dazu gekommen?
Über mein Studium der Geografie. Seit meiner Kindheit gehe ich gern durch die Straßen von Paris spazieren – häufig ganz allein. Dabei galt mein Interesse immer den Menschen dieser Stadt, wie sie bestimmten Orten oder einem Stadtteil eine bestimmte Identität zuschreiben und wie ein Stadtteil in den nächsten übergeht. Während meiner *Classes préparatoires* (Vorbereitungskurse) hatte ich einen unglaublichen Geografieprofessor, der darüber sprach, wie Städte gestaltet werden. Dabei ist der Funke übergesprungen. Ich habe dann meinen Master in Stadtentwicklung an der Sciences Po-Universität gemacht und wurde Stadtentwicklerin.

Hat dich eine bestimmte Person aus diesem Bereich inspiriert?
Ich habe schon sehr früh Jane Jacobs gelesen und mich mit ihrem natürlichen, sehr auf die Menschen konzentrierten Ansatz für die Stadtgestaltung identifiziert. Sie hat bahnbrechende Ideen für die Stadtplanung eingeführt und ihr Ansatz wurzelte tief in ihrer Überzeugung, dass die Gemeinde ein wichtiges Umfeld ist. Sie berücksichtigte die lokalen Bewohnern eines Stadtteils bei der Planung und entwickelte kreative Antworten auf dringende soziale und wirtschaftliche Probleme. Ich habe einige ihrer Methoden in meinen Arbeitsalltag übernommen: Gesunder Menschenverstand (meist ist die einfachste Lösung die beste – kleine Veränderungen können Großes bewirken), Vor-Ort-Beobachtungen (ich besuche die Orte, an denen ich arbeite, wenn möglich zu unterschiedlichen Tageszeiten und zu unterschiedlichen Zeiten in der Woche und im Jahr und notiere das jeweilige Verhalten der Menschen) und die Konzentration auf die menschliche Erfahrung (die Bedeutung von Wahrnehmungen und Emotionen in der urbanen Erfahrung).

Du hast fünf Jahre in Johannesburg gelebt und gearbeitet. Welchen Einfluss hat diese Erfahrung auf deine Arbeit?
Johannesburg ist das komplette Gegenteil von Paris. Die Stadt ist in puncto beruflicher Möglichkeiten wesentlich dynamischer und Altersgrenzen spielen keine Rolle. Man kann wirklich etwas bewegen. Die alternative Kultur ist unvergleichlich. Man fühlt sich freier und kann sich selbst über

»Die Pariserin definiert sich über ihren Intellekt, ihre Kultur, ihre Selbstkritik, ihren Zynismus und ihren intellektuellen Stil. Sie hat das besondere Etwas, das über das bekannte Klischee hinaus geht.«

die Mode und die Musik ausdrücken. In Paris sind wir deutlich kritischer und das kann Kreativität behindern. Glücklicherweise bin ich auf Menschen gestoßen, die mir sehr schnell eine Chance gegeben haben, obwohl ich jung war. Dafür werde ich immer dankbar sein. Heute versuche ich, in Paris genauso mit Menschen umzugehen, unabhängig von ihrem Alter oder Abschluss. In Johannesburg war die Sciences Po völlig unbekannt, was wirklich befreiend war. In Paris spielen der Abschluss und die Abstammung immer noch eine besonders große Rolle und das ist ungerecht für Menschen, die keinen Zugang zu diesen Netzwerken haben.

Dein Bruder war in der Nacht der Attacken vom 13. November 2015 im Bataclan und hat überlebt. Wahrscheinlich hat dieses Trauma deine Rückkehr nach Paris beschleunigt. Hat diese Tragödie deine Blick auf die Stadt verändert?
Absolut. Seitdem denke ich im Kontext der Stadtplanung über das Thema Sicherheit nach. Meine Erfahrungen in Johannesburg, das nach strengen Sicherheitsprinzipien gebaut ist, spielen dabei eine große Rolle. An allen Plätzen der Stadt ist Kriminalität ein großes Thema. Überall gibt es Wände, und viele Gemeinden sind mit Stacheldrahtzäunen und Toren gesichert. Als nach den Attentaten in Paris Soldaten durch die Straßen patrouillierten und öffentliche Plätze aus Sicherheitsgründen verändert oder gesperrt wurden, wurden die direkten Auswirkungen von Terrorismus im öffentlichen Raum sehr deutlich. Heute müssen wir bei Projekten völlig neue Sicherheitsanforderungen berücksichtigen und das wirkt sich natürlich auf die Entwicklung der Stadt aus. Aber Paris darf nicht von Sicherheitsmaßnahmen bestimmt werden. Aus diesem Grund habe ich 2016 gemeinsam mit Wissenschaftlern und Studienkollegen das Unternehmen [S]CITY gegründet. Hier erforschen wir den Zusammenhang zwischen den Kognitionswissenschaften, der Architektur und der Stadtplanung. Wir untersuchen, wie das Gehirn funktioniert, wie es Wahrnehmungen und Emotionen innerhalb der Stadt verarbeitet, um aufgrund dieser Erkenntnisse die am besten geeignete Stadtumgebung zu erschaffen.

Wie hat sich die Stadt deiner Meinung nach in den letzten zehn Jahren aus der Sicht der Frauen verändert?
Die Pariser Frauen sind hier freier als an vielen anderen Orten. Wir können uns überall frei bewegen. In einigen Städten ist diese Bewegungsfreiheit für Frauen sehr eingeschränkt. Aber es

gibt immer noch viel Belästigungen. Ich habe noch keine Frau getroffen, die auf der Straße oder im öffentlichen Nahverkehr noch nicht von Männern behelligt oder belästigt wurde – ich habe das selbst unzählige Male erfahren. Und das macht mich sehr ärgerlich, weil es sich darauf auswirkt, wie frei und sicher wir Frauen uns auf unseren Wegen durch die Stadt fühlen.

Die Frage der Sicherheit von Frauen im öffentlichen Raum ist eng mit dem Zugang und der Sicherheit alle Stadtnutzer verbunden, also auch von Kindern, Behinderten, Obdachlosen und älteren Menschen. Die Stadtgestaltung spielt eine wichtige Rolle für die Sicherheit aller Menschen – effiziente Beleuchtung, Orte mit gemischtem Publikum und sehr belebte Plätze gehören zum Beispiel dazu. Spielplätze, Nahverkehr und Grünflächen müssen so gestaltet sein, dass auch sehr junge Frauen und Mädchen sicher sind. Das Gefühl, als Frau in der Stadt akzeptiert und unterstützt zu werden, kann auch durch zielgerichtete Aktionen gefördert werden: Street Art von Frauen, Straßenbeschilderungen, auf denen Frauen dargestellt sind, Straßen oder Infrastrukturen, die nach beeindruckenden Frauen benannt werden. Aber Stadtplanung kann noch sehr viel mehr Probleme lösen: Wir benötigen eine starke Polizei und auch die Bürger müssen sich dieser Probleme bewusst sein. In den letzten Jahren hat die Stadt Kampagnen gestartet, mit denen auf Belästigungen im öffentlichen Raum aufmerksam gemacht und dagegen gekämpft werden sollte. Das ist ein erster Schritt, aber es muss noch sehr viel mehr geschehen.

Welche Schwachstelle gehört zu den kritischsten der Stadt?
Das eigentliche Problem ist die Zugänglichkeit zu Wohnungen und Geschäften für behinderte Menschen. Die Regierung tut nichts, um Systeme zu entwickeln, die an ihre Anforderungen angepasst sind. Der gesetzliche Rahmen ist die eine Seite, aber die Umsetzung ist noch viel wichtiger. In meinen Projekten berücksichtige ich diese Frage grundlegend. Ich frage mich immer, wie Frauen und Kinder, behindert oder nicht behindert, sich an einem bestimmten Ort fühlen. Damit schaffe ich Umgebungen, die rund um die Uhr für alle Menschen zugänglich sind.

Und was muss sich im Kontext der Stadtplanung ändern?
Die Entscheidungen müssen von Menschen mit sehr viel diverseren Hintergründen getroffen werden. Wenn wir von Beginn eines Projekts an unterschiedliche Perspektiven mit einbeziehen, dann werden die Ergebnisse erst richtig interessant. Aber natürlich müssen wir dafür bereit sein, Kollisionen zu akzeptieren, verschiedene Visionen und Blickwinkel, die aufeinanderprallen. Und es muss klar sein, dass der Ausgleich dieser Blickwinkel Zeit braucht.

Gegenüberliegende Seite: Les Grands Voisins, ein ehemaliges Krankenhaus, das in einen hybriden Raum mit Wohnungen, Werkstätten, Arbeitsplätzen, Veranstaltungsräumen usw. umgestaltet wurde. Alice Cabaret wünscht sich mehr solcher Räume in der ganzen Stadt.

Gibt es Städte, die bessere Lösungen gefunden haben?
Das ist eine gute Frage. Ja, vielleicht. Aber in Paris muss noch viel auf den Kopf gestellt werden. Entscheidungen werden häufig von älteren Menschen mit bestimmten Abschlüssen getroffen. Meist sind es ältere, weiße Männer.

Du kannst die Dinge offenbar ziemlich gut auf den Kopf stellen, kopfüber in Probleme eintauchen und deine Meinung klar vorbringen.
Ich sage mir immer selbst: Wir haben nur das eine Leben. Wenn du nicht willst, dass andere dein Schicksal in die Hand nehmen, sorge selbst dafür. Ich mag keine Ungerechtigkeit. Man darf nicht einfach abwarten und selbst zum Opfer werden. Du musst immer nach vorn gehen. Dabei musst du manchmal ein Risiko eingehen oder mit dem Kopf gegen die Wand laufen. Doch Risiko ist bei den Franzosen nicht sehr beliebt. Marseille und Nantes sind derzeit Beispiele für eine wirklich interessante Stadtentwicklung. Manche Menschen sagen, das Erbe der Stadt Paris sei schwer und stelle ein Hindernis für Innovationen dar. Aber ich glaube, wir müssen uns den Rucksack der Vergangenheit aufschnallen und damit in die Zukunft gehen. Unser Bildungssystem macht uns nicht sehr experimentierfreudig und anders als in den USA ist Risiko für uns nicht wertvoll. Wir lernen das von Kindesbeinen an und das hat einen Einfluss auf alles, was wir erschaffen. Es gibt brillante Köpfe, die aus diesem Grund auswandern.

Welchen Beitrag leistest du zur Zukunft der Stadt?
Stadtentwickler sind nie Vorreiter, weil sie nur ein Verbindungsglied im Netzwerk aus Investoren und Entscheidungsträgern sind. Ich möchte aber Projekte bearbeiten, die Paris möglichst vorteilhaft verändern. Die Frage der Zugänglichkeit von öffentlichem Raum – besonders im Nahverkehr – ist sehr dringlich: Mehr als dreihundert Métro-Stationen sind nicht zugänglich (für behinderte Menschen, Menschen mit Kinderwagen oder Gepäck usw.). Bei diesem Problem gibt es offenbar technische Hürden zu überwinden, aber es muss trotzdem mit der höchsten Priorität gelöst werden. In allen Projekten, an denen wir arbeiten, geht es um Gestaltungslösungen, mit denen diese Räume vollständig zugänglich gemacht werden sollen.

Auf welche deiner Projekte, die du in und außerhalb von Paris bearbeitet hast, bis du am meisten stolz?
Das Maboneng Precinct – ein kreatives und integratives Viertel in Johannesburg – liegt mir sehr am Herzen. Ich bin zum Projektstart in das Entwicklungsteam gekommen und habe gemeinsam mit Architekten, Straßenkünstlern, Unternehmern, Landschaftsgärtnern und den Einwohnern ein verlassenes Industrieviertel in einen lebhaften Ort verwandelt. Und in Paris gehören wir zum Architektenteam um Dominique Perrault, das den unbenutzten Gare des Invalides in ein Museum für französische Handwerkskunst mit Speisegaststätte und einem Experimentierraum für Kinder umbaut. Eine aufregende Zeit – für uns und für Paris.

Zuhause in Paris

DEIN VON EINER FRAU GEFÜHRTES LIEBLINGSGESCHÄFT?
A l'Étoile d'Or, der Süßigkeitenladen von Denise Acabo. Sie weiß alles über Konfekt und man sieht das leidenschaftliche Funkeln in ihren Augen. Mit ihrem Pferdeschwanz und dem Kilt hat sie einen ganz eigenen Look. Ich bewundere sie.

WOHIN GEHST DU, UM DICH ZU ENTSPANNEN?
Das Palais Royal und seine Gärten (siehe oben). Mein absoluter Lieblingsplatz. Aus Sicht der Kognitionswissenschaft ist es eine Frage der Größe; die Weite hier ist perfekt. Selbst von der anderen Seite des Gartens aus kannst du den Gesichtsausdruck eines Menschen erkennen. Es gibt keine Autos, die Architektur ist einmalig und man fühlt das Gewicht der Geschichte. Ich fühle mich dort wie zuhause.

WO FÜHRST DU GÄSTE GERNE HIN?
Auf jeden Fall zum Les Grands Voisins im 14. Arrondissement. Ein wundervolles Beispiel für Stadterneuerung. Dieses ehemalige Krankenhaus ist jetzt ein hybrider Raum mit Wohnungen, Werkstätten, Arbeitsplätzen, Veranstaltungsräumen und vielem mehr.

*Wie beeinflussen neue Technologien und
digitale Kultur das Leben im Alltag?*

RAHAF HARFOUSH

DIGITAL-ANTHROPOLOGIN UND BESTSELLER-AUTORIN

IN SYRIEN WAR RAHAF HARFOUSH nur in ihren ersten sechs Lebensjahren zuhause, aber diese Kindheitserinnerungen sind heute so lebendig, als seien sie gestern geschehen. Sie erinnert sich an den stechenden Geruch des Gewürzes Za'atar, der aus den *Man'Oushe*-Imbisslokalen wehte, an denen sie jeden Tag auf dem Weg zur Schule vorbeigehen musste. Sie schließt ihre Augen und sieht mehrere Sommer im Garten des Großvaters, in dem sie im kalten Wasser schwimmt, auf Bäume klettert und mit der Familie Aprikosen für Marmelade pflückt. Der fast greifbare Duft nach feuchter Erde am frühen Morgen stammt aus der Zeit, als sie gemeinsam mit ihrem Großvater die Pflanzen im Garten bewässerte. Sie sieht sich selbst im Gras liegen, den Nachthimmel beobachten und zusammen mit den Cousins zur Feier des Eid-Festes mit Wunderkerzen in der Hand herumtollen.

Diese Mischung aus Gerüchen, Tönen und Bildern versetzt sie sofort zurück in die Zeit, lange bevor Syrien zu einem Ort wurde, aus dem man nur fliehen konnte. »Es bricht mir das Herz, dass Syrien von der Revolution teilweise zerstört wurde«, erzählt sie mir. Wir sitzen auf ihrem Sofa und Pixel, ihre Langhaar-Chihuahua, leckt zärtlich an ihrer Hand. »Ein Teil meiner Kindheit existiert jetzt nur noch in meinen Erinnerungen.«

Die Zukunft der Familie in Syrien war aus vielerlei komplexen geopolitischen Gründen sehr eingeschränkt, daher verließ sie das Land recht schnell. Die Familie landete während eines Schneesturms mit ihren mageren Ersparnissen und nur drei Koffern für fünf Leute in Toronto. Sie hatten ihre Berufe und eine große Familie zurückgelassen und wussten, dass sie sie nie wieder sehen würden. Die Probleme, die es nun zu meistern galt, kamen nicht unerwartet. Ihre Mutter, eine geschätzte Architektin in Syrien, fühlte sich ohne ihren Beruf und ihr Umfeld verloren. Harfoush und ihre Schwestern wurden in das kalte Wasser einer neuen Sprache geworfen, von deren Existenz sie zuvor noch nicht einmal wussten.

Im Laufe der Zeit zogen sie von einer Wohnung in ein Stadthaus in einem Vorort von Toronto und Harfoush sah, wie ihr Vater im Keller des Hauses ein Unternehmen im Bereich der Informatik aufzog. Schritt für Schritt zog das kanadische Äquivalent des amerikanischen Traumes in ihr Leben ein und sorgte für deutliche Verbesserungen. »Ich sah, wie viel meine Eltern opferten, damit wir besser leben konnten. Das hat mich stark beeinflusst. Ich versprach, die Chancen, die sie uns eröffneten, nie zu vergeuden.« Sie beschreibt ihre persönliche Entwicklung in allen Details – ihren exzellenten Abschluss und alle Möglichkeiten, die der Staat bot, wie zum Beispiel das kostenlose French-Immersion-Programm, das in einigen Schulen des Landes angeboten wurde und das sie nutzte. Frankreich war weniger als eine Leuchtmarke auf den Radar ihres Lebens. Doch im Rückblick war das beste Geschenk, das sie von ihren Eltern erhalten hat, eine breite globale Sichtweise. Diese Erziehung und das System, in dem Multikulturalität so stark gefördert wurde, haben sie auf das Leben in der Welt vorbereitet. »Kein Land ist perfekt, aber Kanada hat mir alles mit offenen Händen gegeben. Eine bezahlbare Ausbildung und soziale Gesundheitsversorgung sind der beste Grundstein für den Start ins Erwachsenenleben,« fasst sie zusammen. »Damit war ein Aufstieg auf jeden Fall möglich.«

Für Harfoush war Toronto als Ausgangspunkt ein wahrer Glücksgriff. Glück ist ohnehin ein Wort, das sie häufig verwendet. Dennoch entgegne ich, dass ihr gütiges Schicksal und der berufliche Erfolg später in ihrem Leben nicht nur Glücksache gewesen, sondern auch ihrem Instinkt zu verdanken seien, gute Gelegenheiten beim Schopfe zu packen. Sie ist bei Freunden und Kunden gleichermaßen für ihre scharfe Klugheit bekannt, mit der sie im Leben eine Vielzahl von Entscheidungen getroffen hat, die sie schließlich nach Paris führten.

Alles begann mit einer flüchtigen, jugendlichen Neugier in den frühen Zeiten des Internet. Wie viele Jugendliche ihrer Generation war sie in einigen AOL-Chatrooms aktiv und erkannte die Möglichkeit, hiermit ein über die ganze Welt verteiltes Netzwerk aufzubauen. »Ich gehörte zu etwas, das viel größer war als mein Vorort-Zuhause«, erinnert sie sich. Während ihres Studiums im Bereich Wirtschaft, Strategie und Kommunikation stieß sie auf verschiedene Blogs, von denen sie viele las. Schließlich schrieb sie einen eigenen Blog (*A Sense of Something Coming* – eine Remineszenz an das Rilke-Gedicht *Vorgefühl*). Darüber hinaus las sie viel über das Internet, verfolgte den Einzug von Facebook in das Leben ihrer Generation und schrieb Artikel über Technologien für Websites, um sich ein Zubrot zu verdienen. »Ich war fasziniert davon, wie Technologie nicht nur die Art und Weise verändert, wie Menschen in Kontakt treten, sondern auch, wie sie Dinge erschaffen.«

Ihre weitere Entwicklung lässt sich als eine Reihe von wichtigen Begegnungen beschreiben, die Harfoush zu der Frau gemacht haben, die sie heute ist. Sie hatte das Glück, den Vater eines befreundeten Kollegen, den visionären Technologen, Autor und Geschäftsberater Don Tapscott zu treffen und sich mit ihm über Technologie zu unterhalten. Und dann wurde sie zur ersten Mitarbeiterin seines Thinktanks New Paradigm, wo sie die Recherchen für eines seiner Bücher

»Paris ist Teil meiner Kreativität. Hier habe ich mich mit dem Leben ausgesöhnt. Viele finden die Stadt überladen und aufgeregt, aber das ist nur die Oberfläche. Unter mehreren Schichten findest du eine Leidenschaft für das Einfache, die ich sehr attraktiv finde.«

übernahm und ein konsortionales Forschungsprojekt verwaltete, in dem untersucht wurde, wie Millenials Technologie nutzen. »Er nahm mich unter seine Fittiche, zeigte mir, dass eine Karriere in diesem Bereich möglich war, und erklärte mir, wie man ein Buch schreibt und sich selbst vermarktet. Noch heute ist er ein sehr wichtiger Mentor für mich«, erinnert sie sich. Zunächst arbeitete sie als Forschungsanalystin, um alles über Daten und Analysen zu lernen. Danach gründete sie ihr erstes Beratungsunternehmen und landete schließlich in einem weiteren Forschungsprojekt für Tapscott, das zu einem Wendepunkt in ihrem Leben werden sollte.

Im Jahr 2008 hatte sie Chris Huhes, einen der Mitbegründer von Facebook, für Tapscotts Buch *Growing Up Digital* interviewt und dabei viel über seine Arbeit als Leiter des internen Organisationsteams für die Obama-Wahlkampagne gelernt. »Er war für alle sozialen Netzwerke und Werkzeuge zuständig, über die das Team die Menschen mobilisierte. Ich habe die Kampagne aufmerksam verfolgt und wollte ein Teil davon werden«, gibt sie zu. Innerhalb kürzester Zeit nahm sie wieder Kontakt zu Tapscott auf, packte ihre Koffer, um nach Chicago umzuziehen und dort mithilfe ihrer Ersparnisse sechs Monate lang freiwillig im digitalen Team mitzuarbeiten. Aufgrund dieser praktischen Erfahrung mit dem Nutzen der neuen Technologie schrieb sie ihr erstes Buch *Yes We Did! An Insider's Look at How Social Media Built the Obama Brand* (*Ein Insiderblick darauf, wie die Marke Obama mithilfe sozialer Medien aufgebaut wurde*).

Und dann folgten weitere glückliche Fügungen: Zurück in Toronto wurde Harfoush gebeten, ihr Buch an der Rotman School of Management vorzustellen. Sie ging davon aus, dass es eine Präsentation vor einem kleinen Publikum werden würde. »Am Ende saßen fünfhundert Menschen im Hörsaal und zwei davon gaben mir gleich einen Vertrag für ihr Speakers Bureau«, erzählt sie und kann all diese glücklichen Zufälle bis heute nicht fassen. Fortan wurde sie dafür bezahlt, auf der ganzen Welt über Technologie, Medien, Big Data und deren Auswirkungen auf die Gesellschaft zu sprechen. Einer dieser Vorträge fand beim World Economic Forum in Genf statt. »Nach der Präsentation wurde ich zur Seite genommen und man bot mir kurzerhand einen Job an. Und ich sagte zu. Ich kann dir sagen, da war viel Glück im Spiel!« Da hat sie sicher recht, aber auch die ständige Unterstützung von einflussreichen Frauen, die ihre Erfahrungen großzügig und offen geteilt und Harfoush unschätzbare Tipps zum Networking und zum Aufbau eines Geschäfts gegeben haben, hat eine Rolle gespielt. »Im Grunde habe ich meine Erwartungen an das Leben an eine meiner Mentorinnen, Mary Jane Braide, angelehnt, die ein Design- und Brandingunternehmen in Toronto führt. Sie hat mir als Erste gezeigt, dass ich ein Leben führen kann, das zu meinem eigenen Arbeitsstil passt«, führt sie aus. Mit diesem Rat verließ sie das World Economic Forum nach einigen Jahren als stellvertretende Direktorin für das Technology Pioneer Program, in dem sie innovative Start-ups unterstützen sollte. Sie ging nach Paris, um dort wieder zu beraten, zu schreiben und Vorträge zu halten. »Das war immer mein Traum. Während meines Semesters an der HEC hatte ich den Film *Sabrina* mit Audrey Hepburn gesehen und die Schönheit der Stadt Paris hat mich tief in meiner Seele berührt. Das war sehr viel mehr als ein flüchtiges oder unbedeutendes Gefühl«, erinnert sie sich. Als sie nach Paris zog, passten die Puzzleteile ihrer Identität, die sich bislang nirgendwo so recht eingefügt hatten, wie von selbst in das Gesamtbild.

Seit acht Jahren ist sie Pariserin und hat den Einfluss der digitalen Kultur auf das menschliche Verhalten am Arbeitsplatz und im Privaten in Bestseller-Büchern,[73] in bezahlten Vorträgen und für Organisationen, die ihre Erfahrung suchen, ausführlich dokumentiert. Es geht um die Auswirkungen von Big Data, die Entwicklung und den Einfluss künstlicher Intelligenz im Geschäftsbereich, die Diskussion um Netzneutralität und den Produktivitätskult. Sie ist eine Referenz, eine wirkliche Vordenkerin in der Masse der selbsternannten Meinungsführer. Sie verfügt über fundierte Kenntnisse über Technologie und kann die Regeln von Kultur und Macht höchst zuverlässig, umfassend und präzise erklären.

Auf Reisen sieht sie sich selbst als Brücke, als Vertreterin des Pariser Ökosystems. Wieder zu Hause dient sie als Quelle für die Erfahrungen, mit denen sie die globale Sichtweise lokaler Start-ups und Unternehmen erweitert. »Ich bringe das Stückchen Anderssein mit – Ideen, die aufeinanderprallen und Innovation auslösen«, lacht sie.

Mit Blick auf ihren Weg von Damaskus nach Paris ist Harfoush klar, dass ihr Leben unter nur wenig anderen Umständen anders verlaufen wäre, zum Beispiel mit anderen Eltern oder einer anderen Erziehung. Mit ihrer Forschung, ihren visionären Ideen und ihren Ratschlägen trägt sie zur Verbesserung der Welt bei – eine Möglichkeit für sie, ihrer Dankbarkeit für die glücklichen Fügungen Ausdruck zu verleihen. »Syrien wird immer meine leibliche Mutter sein. Kanada ist meine Adoptivmutter, denn das Land hat mir alle Werkzeuge an die Hand gegeben«, sagt sie voller Empathie. »Aber Paris ist meine Heimat. Hier wurde ich geschaffen.«

Zuhause in Paris

DEIN VON EINER FRAU GEFÜHRTES LIEBLINGSGESCHÄFT?
Ich liebe Holybelly, dessen Miteigentümerin Sarah Mouchot ist. Sie ist ein Genie in der Küche und hier bekommt man das beste Frühstück. Immer wenn ich einen Meilenstein in einem Projekt erreicht habe, belohne ich mich mit einer ihrer legendären herzhaften Spezialitäten.

WO GEHST DU HIN, WENN DU PROBLEME MIT DER ARBEIT HAST?
Ich gehe in meinem Viertel, dem 2. Arrondissement spazieren. Dabei bleibt mein Telefon zu Hause. Wenn ich durch die Straßen laufe, erinnere ich mich an all die anderen Kreativen aus der langen Geschichte von Paris, die mit Rückschlägen zu kämpfen hatten. Diese Verbindung mit der kreativen Vergangenheit erfrischt mich, wenn ich zur Arbeit zurückkehre, als ob die Stadt mir sagen will: »Jahrhunderte lang habe ich alle möglichen Menschen inspiriert. Sie alle haben Antworten gefunden. Also wirst auch du deine Antwort finden.

WAS TUST DU FÜR DICH SELBST?
Ich praktiziere gern Mixed Martial Arts, vor allem Krav Maga, im Maccabi Paris. Mithilfe von Krav kann ich das Feuer in mir in Kraftstoff umwandeln. Die aggressive Körperlichkeit bringt Ruhe in das Chaos in meinem Gehirn.

Licht für eine Welt ohne Strom

SANDRA REY

GRÜNDERIN UND GESCHÄFTSFÜHRERIN VON GLOWEE

KANN DIE STADT DES LICHTS zur Stadt der Biolumineszenz werden? So lautet das ehrgeizige Ziel von Sandra Reys prämiertem Start-up Glowee. Das 2014 gegründete Unternehmen entwirft und entwickelt biologische Lichtquellen aus den gleichen chemischen Reaktionen, die das Glitzern von Unterwasserfischen auslösen (Biolumineszenz ist die Produktion und Emission von Licht durch einen lebenden Organismus). Zwar ist der Weg dorthin noch lang, aber Rey hat bereits für sehr viel Aufmerksamkeit gesorgt. 2016 wurde sie von der Zeitschrift *MIT Technologie Review* zum »Innovator Under 35« ernannt und die Biolumineszenz-Technologie von Glowee findet sich bereits in Installationen für Unternehmen wie LVMH, Air France und Adidas.

Wir treffen uns zum Frühstück im Hexagone Café im 14. Arrondissement und sprechen über den Aufbau eines Unternehmens, über die Hindernisse, die es zu überwinden gilt, und über die Veränderungen, die Glowee auslösen kann.

Wie bist du von deinem Studium in Industriedesign zur Biolumineszenz gekommen?
Design ist eine Brücke zwischen mehreren Disziplinen. Der Designer ist selbst kein Experte, kann sich aber den Schuh der Vermarkter, der Ingenieure und der Kunden anziehen, um deren Anforderungen zu verstehen und eine Verbindung herzustellen. Mit meiner Masterarbeit über die Umstrukturierung des medizinischen Systems in Frankreich habe ich mich auf Systemdesign spezialisiert, denn hierzu musste ich mich mit Lösungen im Bereich von Produkt, Schnittstelle und Prozessoptimierung beschäftigen. Ich habe verschiedene Praktika in zukunftsweisenden Branchen absolviert: So habe ich im Bereich von Innovation und Design bei Microsoft, bei einem KI-Start-up mit dem Namen Sensory und dann für die Trendprognosenagentur Peclers in Paris gearbeitet. Hier war es meine Aufgabe, auf der Grundlage der vom Unternehmen identifizierten gesellschaftlichen Trends Konzepte zu erarbeiten. Der Übergang in einen etwas wissenschaftlicheren Bereich war damit eine ganz natürliche Entwicklung. Aber diese spezielle Idee hat sich aus einem Gruppenwettbewerb ergeben, an dem ich in meinem letzten Studienjahr an der Strate École de Design in

Sèvres teilgenommen habe. Es handelte sich um ein Studentenprojekt, unternehmerisches Denken war also weniger gefragt. Mein Team und ich haben den Wettbewerb 2013 gewonnen und daraus haben sich viele Dinge ergeben, wie zum Beispiel Glowee. Aber wir alle mussten lernen, wie wir daraus mehr machen konnten als nur eine intelligente Idee.

Gab es Biolumineszenz bereits als Designschwerpunkt in Frankreich, als du dein Unternehmen gegründet hast?
Nein, gar nicht. Biolumineszenz war bereits seit etwa dreißig Jahren als Phänomen bekannt und heute ist es ein Werkzeug zur genetischen Markierung. Wir wissen, dass Tiere, darunter etwa 80 Prozent der Meereslebewesen, Licht produzieren. Aber wir mussten eine Verbindung zwischen einem Bedarf, einer vorhandenen Technologie und einer scheinbar offensichtlichen, aber nicht einfach zu findenden Lösung herstellen. Biolumineszenz existiert im Genom bestimmter Spezies, wie zum Beispiel bei Glühwürmchen oder auf der Ebene der Bakterien. Uns interessiert jedoch die bakterielle Biolumineszenz, weil sie vervielfältigt werden kann – das ist der Vorteil.

Zwar sind die Gründung und der Betrieb eine Start-ups in Frankreich einfacher geworden, aber für Unternehmer ist es immer noch eine Herausforderung. Die derzeitige Verwaltung betont, dass Innovationen gefördert werden. Hast du vor diesem Hintergrund ausreichend Unterstützung bekommen, um dein Geschäft auszubauen?
In dieser Hinsicht ist Frankreich wunderbar. Natürlich gibt es behördliche oder verwaltungstechnische Aspekte für Unternehmen, die kompliziert sein können. Aber in puncto Finanzierung haben wir hier vor allem mit den Forschungskrediten und -stipendien von der BPI (Banque Publique d'Investissement) ein tolles Ökosystem. Auch das kleinere Pariser Netzwerk ist hilfreich: Die Wege zu den Ministern der Regierung sind relativ kurz und wir können offen über unsere Probleme als junge Unternehmen diskutieren. Die Regierung hat verstanden, dass innovative Start-ups die wirtschaftliche Kraft von morgen sind. Dieses Wachstumspotenzial ist in großen Unternehmen meist nicht zu finden.

Damit besteht also ein Teil deines Jobs aus Lobbyarbeit.
Absolut, denn wir haben mit einigen rechtlichen Beschränkungen zu kämpfen. Wir arbeiten mit modifizierten Mikroorganismen und diese fallen unter die Kategorie GMM [genetisch modifizierte Mikroorganismen], für die die Vorschriften strenger sind als für GMO [genetisch modifizierte Organismen]. Und das alles unterscheidet sich wiederum von genetisch modifizierten Lebensmitteln – das ist alles sehr kompliziert. In puncto Finanzierung haben wir Mittel für ein Team aus siebzehn Mitarbeitern (die wir auch bezahlen können!) und für unsere Forschung beschafft. Aber derzeit [2018] arbeiten wir noch nicht gewinnbringend, unsere Umsätze stammen hauptsächlich aus Veranstaltungen. Daher müssen wir noch mehr Mittel beschaffen und andere Optionen finden, wie zum Beispiel den Wellness-Markt mit Entspannungsbereichen unter dem Namen »Glowee Rooms«.

»Berge versetzen ist viel leichter, wenn man von außerhalb kommt.«

Deine Technologie wurde in Installationen großer Unternehmen wie zum Beispiel LVMH eingesetzt. Sind Unternehmensveranstaltungen ein wichtiges Geschäftsfeld?

Zu Beginn dachte ich, dass wir innerhalb von drei Monaten ein Produkt hätten, mit dem wir Außenbereiche illuminieren können. Aber für die Lichtintensität war eine enorme Leistung erforderlich und das dauerte. Nach einem Jahr hatten wir ein Produkt, das einige Stunden stabil Licht brachte. Dabei wurden mir drei Dinge klar: Wir mussten diese Forschung und Entwicklung zu Geld machen, nicht nur im Labor, sondern unter echten Bedingungen experimentieren und kurzfristige Meilensteine festlegen, um die Teams weiter zu motivieren. Aus diesem Grund haben wir das Produkt schließlich bei Veranstaltungen angeboten, vor allem, um seinen Wert zu zeigen. Der gesamte Gewinn aus diesen Veranstaltungen fließt zurück in die Forschung und Entwicklung; daher sind die Events extrem wichtig für unser Wachstum. Die Lichtquelle hat nun in ihrer primären Form eine Dauer von sechs Tagen (in flüssiger Form ist sie endlos, aber die Anwendungsgebiete sind eingeschränkt) und wir haben die Kosten pro Einheit über die Art der Kontrolle (wir benötigen jetzt weniger Bakterien für ein besseres Ergebnis) extrem gesenkt.

Wenn du über den Tellerrand deiner Arbeit hinausschaust, welchen Nutzen kann Biolumineszenz der Welt bringen?

Zunächst muss hinterfragt werden, wie die Produkte selbst produziert werden. Wir gehen davon aus, dass LED-Leuchten wenig Energie verbrauchen, aber dabei denken wir nicht daran, wie sie produziert werden. Die meisten Beleuchtungssysteme werden in China aus LEDs aus Schwarzmetallen produziert, die durch Zerstörung von chinesischem Land gewonnen werden. Eine unglaubliche Umweltverschmutzung, von der niemand spricht. Einige Metalle verschwinden bereits wenige Jahre nach Beginn des Abbaus. Als nächstes werden die Meeresböden auf der Suche nach seltenen Metallen verwüstet. Heute können wir bereits biomimetische Verfahren nutzen und eine Produktionskette planen, die die Umwelt weniger zerstört. Mit Biolumineszenz haben wir eine biologische Energiequelle, die endlos wachsen kann und 100 Prozent organisches Rohmaterial produziert. Das ist wirklich nachhaltige Energie.

Bist du optimistisch, dass diese Technologie die Welt verändern kann?

Ich denke, es ist eine Mischung aus Optimismus und Naivität. Manche Dinge liegen für mich so sehr auf der Hand, dass ich mir sage, dass sie bald für alle anderen Menschen ebenfalls klar sein müssen. Vielleicht werden wir in fünfzig Jahren die Grenzen der Biolumineszenz erkennen. Die einzige perfekte Lösung liegt in der Natur und wir werden Milliarden in Forschung und Entwicklung investieren, um diese Lösung zu finden.

Würde ein durch Biolumineszenz beleuchtetes Paris die Stadt radikal verändern?
Auf jeden Fall und auf positive Art und Weise. Dabei geht es nicht darum, eine Leuchtbirne durch eine andere zu ersetzen. Wir müssen überdenken, wie wir Beleuchtung im Allgemeinen gestalten. Der heutige Ansatz entspricht unserem aktuellen Lebensstil und unseren täglichen Sorgen. Aber da die Innenstädte in ganz Frankreich immer mehr zu Fußgängerzonen werden, können wir auch das Thema Beleuchtung anders angehen. Natürlich wäre es einfacher, die Technologie in einer völlig neuen Stadt einzusetzen und damit sozusagen bei Null anzufangen, ohne Vorhandenes ersetzen zu müssen. In Paris würden solche Veränderungen vor allem die Stadtmöblierung, Gebäudefassaden, die U-Bahn, Gärten betreffen. Und im Laufe der Zeit würden Straßenlampen vollständig verschwinden. Wir konzentrieren uns darauf, die städtische Landschaft insgesamt neu zu gestalten.

Inwieweit hat es in deiner Laufbahn eine Rolle gespielt, dass du eine Frau bist?
Wenn ich ehrlich sein soll, glaube ich nicht, dass ich es soweit geschafft hätte, wenn ich keine Frau wäre. Es gibt so wenig Frauen in der Branche, dass es ganz leicht ist, Aufmerksamkeit zu bekommen. Allerdings kam gegen mich häufig der Einwand, ich sei zu jung für diese Aufgabe, und in gewisser Weise ist das auch richtig. Ich war eine junge Designerin, die ohne wirkliche Berufserfahrung ein Biotechnologieunternehmen aufgebaut hat. Aber meine Glaubwürdigkeit habe ich mir verdient, weil ich gezeigt habe, was ich kann. Ich habe ein Team aufgebaut, Produkte auf den Markt gebracht und das MIT zeigt Interesse an mir. Berge versetzen ist viel leichter, wenn man von außerhalb kommt. Ich sehe viel weniger Hindernisse als die Experten und diese Unkenntnis hilft mir sehr. Aber ich weiß, wo ich stehe und wohin ich gehe.

Ist der gleiche Anteil an Männern und Frauen im Unternehmen für dich wichtig?
Im Moment haben wir je 50 Prozent Frauen und Männer im Unternehmen und ich möchte nicht, dass sich das Team vor allem aus Frauen zusammensetzt. Männer und Frauen ergänzen sich und Meinungsvielfalt ist ein wichtiger Aspekt.

Hat es in deiner Laufbahn Frauen gegeben, die dich angeleitet oder inspiriert haben?
Ich tendiere dazu, alles infrage zu stellen. Deshalb kann ich mich auch nur schwer auf ein Vorbild oder eine Mentorin festlegen, aber ich weiß, wen ich um Hilfe bitten kann. Das Wichtigste für mich ist, mich mit den richtigen Leuten zu umgeben.

Zuhause in Paris

DEIN VON EINER FRAU GEFÜHRTES LIEBLINGSGESCHÄFT?
Mûre, ein Restaurant im 2. Arrondissement mit exzellenten Produkten und einem vorrangig weiblichen Personal. Ein gemütliches Lokal für ein Frühstück, zum Arbeiten, Mittagessen oder einfach nur für eine Tasse Tee.

WELCHEN DESIGN-ORT EMPFIEHLST DU BESUCHERN?
L'Atelier des Lumières (siehe oben), ein digitales Museum für bildende Kunst in einer ehemaligen Gießerei. Man kann hier richtig in die Kunst eintauchen. Eine fantastische Kunsterfahrung!

WO TRIFFST DU DICH MIT FREUNDEN?
Im La Colonie im 10. Arrondissement, einer Art modernen Agora, die täglich geöffnet ist und wo es immer Neues zu entdecken gibt. Mal ist es eine Bar, mal ein Kulturraum mit Kunstausstellungen, Debatten und Konzerten.

Bizarre Lebenserfahrung für das
Technologie- und Start-up-Netzwerk

KAT BORLONGAN

DIREKTORIN VON LA FRENCH TECH

DÉBROUILLARDE – KLUG UND EINFALTSREICH, mit der Cleverness, Dinge herauszufinden, unüberwindliche Probleme zu meistern und Lösungen zu finden – so lassen sich Kat Borlongan und ihr atypischer Karriereverlauf am besten beschreiben. Dieses französische Wort kommt mir in den Sinn, als wir unser etwa zweistündiges Gespräch an einem Sommernachmittag im Station F-Campus für Technologie-Start-ups beenden, wo sich ihr Büro befindet. Und doch werde ich damit der Direktorin von La French Tech, einer Arbeitsgruppe unter Leitung der französischen Regierung zur Förderung des Technologie-Netzwerks in Frankreich, und der Bedeutung dieser hochkarätigen Rolle nur zum Teil gerecht. Um das Bild von ihr zu vervollständigen, muss ich ihre unglaubliche Anpassungsfähigkeit und die Vision hinzufügen, die sie als Außenstehende mit einer eindeutig globalen Perspektive an den Tag legt.

Borlongan wurde auf den Philippinen geboren und verbrachte dort ihre Kindheit. Die High School absolvierte sie in Japan, den ersten Teil ihres Studiums verbrachte sie in Bordeaux an der Universität Sciences Po und den Studienabschluss machte sie an der McGill University in Montreal. Anschließend zog sie nach Paris und gründete mit anderen eine Innovationsagentur. Doch der Weg nach Paris verlief nicht gerade und war gespickt mit persönlichen Turbulenzen. Auch ihr bereits in der Kindheit aufkeimendes Interesse an Technologie ist eher das Resultat ihrer Lebensumstände.

Ihr Vater, der Unternehmer war, wurde mit fünfunddreißig Jahren Geschäftsführer einer jungen Bank und übernahm damit eine sehr sichtbare, hochkarätige Position, die viel Aufmerksamkeit auf sich zog – nicht immer im positiven Sinne. Unglaublich, aber wahr: »Mein Vater wurde gekidnappt als ich vierzehn war«, erzählt sie. Als sie meine vor Schreck geweiteten Augen sieht, fügt sie schnell hinzu, dass er achtundvierzig Stunden später wieder freikam. »Danach wurde er sehr technikaffin. Er war besessen von der neuesten IoT-Hardware im Bereich Sicherheit und Überwachung – Bewegungsmelder, Kameras und Sensoren. Außerdem wurden alle unsere

Fahrzeuge mit Tracking-Geräten versehen. Heute ist das alles schon Standard, aber in den Neunzigern waren es absolute Neuheiten.«

Auch sie und ihre Geschwister trugen Tracking-Geräte. Ihr Vater konnte damit jederzeit abfragen, wo sich die Kinder befanden, und erhielt die genauen Koordinaten. »Das war für uns nichts Besonderes. An der katholischen Mädchenschule, die ich besuchte, lernten wir programmieren. Die Philippinen sind ein Land, in dem Technologie eine große Rolle spielt und allseits akzeptiert ist. Bis heute werden pro Kopf die meisten sozialen Netzwerke genutzt«, erklärt sie. Ihr eigentliches Interesse galt dabei weniger der Technologie als dem Zugriff auf Informationen, was sich wiederum durch einen Unglücksfall des Vaters als ihr direkter Weg in die Technologiebranche erwies. »1998 wurde er der Wirtschaftssabotage angeklagt. Mein Onkel, der den Fall für meinen Vater übernahm, bedauert bis heute, dass sie damals keine Leute eingestellt haben, die sie bei der Verwaltung der Informationen unterstützten konnten. Es wurden so viele Unwahrheiten veröffentlicht und außerdem wurden Journalisten zur damaligen Zeit sehr zensiert«, beschreibt sie die Situation, die sich doch sehr nach einem Kriminalroman anhört. An bestimmten Stellen in ihrer Erzählung betont sie, dass diese Geschichte, so unglaublich sie ist, wirklich wahr sei. »Mein Vater konnte sich in den Medien nicht selbst verteidigen. Er hatte den Nachweis, dass die Anklage unrechtmäßig war, aber die Medien weigerten sich, dies zu veröffentlichen. Damals wurde mir klar, wie schwer der Zugang zu Informationen ist und dass die Philippinen die höchste Dunkelziffer für Morde an Journalisten verzeichnet.

Dieses neue Bewusstsein für die Bedeutung von Informationen und Transparenz brachten Borlongan zu ihrem ersten Job bei Reporter ohne Grenzen in Kanada, wo sie an Richtlinien- und Sicherheitsproblemen für Journalisten in Konfliktzonen arbeitete. Durch das Trauma mit ihrem Vater hatte sie eine unerwartete, aber höchst nützliche Eigenschaft entwickelt: Gelassenheit auch in Krisensituationen. »Ich erinnere mich daran, wie ein Journalist im Iran festgehalten wurde und ich den Fall managen musste, weil unser Direktor im Urlaub war. Gleichzeitig gab es einen anderen Fall, bei dem ein Häftling getötet wurde. Ich war damals dreiundzwanzig Jahre alt, war aber die Einzige, die nicht durchgedreht ist«, erzählt sie ruhig.

Das Martyrium ihrer Familie hat sie zwar nicht stressresistent gemacht, aber sie hat gelernt, mit Stress anders umzugehen. »Meine Toleranz ist ganz anders. In diesem Job hast du es mit Menschen zu tun, die erschossen werden oder in höchster Gefahr sind – wir sprechen da nicht über ein Start-up, dass Probleme mit seiner Weiterfinanzierung hat«, rückt sie ihre Rolle in ein anderes Licht. »Ich bekam mitten in der Nacht einen Anruf, dass jemand erschossen wurde. Ich musste die Familie dieser Person aus Kabul wegschaffen und übergangsweise in Mumbai unterbringen, damit sie dort auf ihr Visum nach Kanada warten konnte. Das alles musste innerhalb von vierundzwanzig Stunden passieren.«

Sie kämpfte sich durch und stieg schnell zur Direktorin von Reporter ohne Grenzen auf. Sie ist in der Lage, über den Tellerrand zu schauen, womit sie sich ihrer Meinung nach das Vertrauen der

»Ich habe als Frau in unterschiedlichen Ländern gelebt. Die Identität ist nirgendwo die gleiche, genauso wie die Diskriminierung. Ich wusste in Frankreich nie, ob ich als Frau oder als Einwanderin gelte. Was sehen die Menschen? Welcher Nachteil springt ihnen am meisten ins Auge? Behandeln mich die Menschen auf eine bestimmte Weise, weil ich sehr jung bin? Weil ich eine Frau bin? Oder weil ich Einwanderin bin? Ich weiß es nicht.«

Menschen verdient, mit denen sie arbeitet. Aber der Grund dafür ist hauptsächlich, dass ich nie gelernt habe, was auf dem Teller liegt. »Ich war vierundzwanzig und wusste eigentlich nicht, was man von mir erwartete. Ich habe einfach für jedes Problem eine Lösung gefunden. Und ich habe gelernt, andere schnell um Hilfe zu bitten, bevor es zu spät ist.«

Diese natürliche Flexibilität führte sie zu einem Job im Kommunikationsbereich der ICAO (Internationale Zivilluftfahrt-Organisation) bei den Vereinten Nationen, bei dem sie für die Transparenz jeglicher Richtlinien zuständig war. Als sie danach wieder nach Paris kam, rutschte sie über Open Data in die Technologiebranche. »Viele Monate habe ich nach einem Job im Bereich der [Technologie-]Politik gesucht, habe aber nichts gefunden, das zu mir und zu meinem verrückten Hintergrund passte.« Also suchte sie sich eine eigene Nische. Bis 2018 war sie Mitgeschäftsführerin von Five by Five, einem Beratungsunternehmen, das sie zusammen mit der Open-Data-Pionierin Chloé Bonnet gegründet hatte und das Innovationsteams für große Organisationen und Start-ups zusammenstellte oder ausbaute. Gleichzeitig wurde sie zur Expertin für Marketing- und Produktstrategie bei Google ernannt, leitete das Open Data Institute in Paris und fungierte als Open-Data-Beraterin für die französische Regierung. Alle diese Rollen waren in einem Netzwerk verankert, das sich schnell als Start-up-Hub in Europa entwickelte.

Und dann ermutigte sie Mounir Mahjoubit, ehemaliger Staatssekretär für digitale Angelegenheiten in der Macron-Regierung, sich auf den Direktorenposten von La French Tech zu bewerben. In dieser Position sollte sie Frankreich vertreten und sicherstellen, dass die Regierung ein besserer Partner für wachsende Start-ups ist. Sie bewarb sich, bekam den Job und nahm die Herausforderung an – teilweise auch wegen der Symbolik dieser großartigen Chance. »Ich wollte den Job annehmen, weil es für mich ein sehr deutliches Zeichen war, dass Frankreich sich verändert hat. Denn das Frankreich, in das ich 2003 zum ersten Mal zog, hätte mich niemals als Direktorin für eine französische Institution eingestellt.« Mahjoubi schätzte ihre offenbar widersprüchlichen Erfahrungen und ihre atypischen Fähigkeiten.

Zwar ist dieses Querdenken in einem Land, das auf Tradition und Bewährtes setzt, eher ein rotes Tuch. Aber für die Zukunft des französischen Technologienetzwerkes benötigte man frischen Wind, eine Person, die sich am Schnittpunkt mehrerer Welten – Geschäft, Regierung, Start-ups, Risikokapital – wohlfühlt und alle diese Welten vertreten kann. »Ich bin die Geschäftsführerin, die ihren Auftritt hat, wenn nichts anderes mehr geht. Das hat es vorher noch nicht gegeben und einen Leitfaden habe ich dafür auch nicht bekommen«, lacht sie.

Vor allem muss sie in dieser Rolle als Allround-Hilfsmittel ein wirtschaftliches Problem lösen. Zwar haben Start-ups in Frankreich genauso viel, wenn nicht mehr Mittel eingeworben als in allen anderen europäischen Ländern, aber es sind weniger global tätige Unternehmen daraus hervorgegangen. 2018 wurden in Frankreich sage und schreibe 3,6 Milliarden Euro investiert, damit verzeichnet das Land das schnellste Investitionswachstum in Europa. Und doch hat Frankreich bisher nur sechs Leuchtturmunternehmen hervorgebracht, private Unternehmen mit einem Schätzwert von über 1 Milliarde US-Dollar. In Deutschland sind es dagegen neun, im Vereinigten Königreich achtzehn und in den Vereinigten Staaten 147. »Das Problem liegt nicht bei den Gründern oder den Ideen. Die Herausforderung entsteht in der Wachstumsphase«, erklärt sie. »Aus Gesprächen mit Gründern weiß ich, dass das größte Hindernis der Mangel an talentierten Führungskräften ist. Leute, die bereits Unternehmen von zwanzig zu zweihundert oder zweitausend Mitarbeitern entwickelt haben. Die französische Tech-Szene ist sehr jung und hat einfach noch nicht ausreichend Talente für diesen Bereich großgezogen oder aus dem Ausland geholt. Auch gibt es nicht genug Giganten,[74] deren Abgänge in das Netzwerk eingebracht werden könnten.«

Der Job verlangt viel Verantwortung und der Druck, die Zukunft der französischen Techbranche zu gestalten, ist groß. Doch Borlongan sieht sich selbst als die Kraft im Hintergrund, so wie es ihre Mutter für ihren Vater war – die Frau hinter der Bühne, die aber ungeheuerlichen Einfluss hat. »Ich muss keine Berge versetzen, tolle Reden halten oder dem Land eine Vision geben. Meine Aufgabe ist es, die Dinge ins Rollen zu bringen«, erklärt sie mir. Und dazu muss sie dafür sorgen, dass Paris trotz aller Wachstumsschmerzen zu dem Start-up-Knotenpunkt wird, zu dem es Präsident Macron erklärt hat.

»Die Wahrheit ist«, Borlongan lehnt sich vor, als wollte sie mir ein Branchengeheimnis verraten, »es gibt nicht nur *eine* Zukunft für die Technologiebranche, sondern viele. Und alle konkurrieren miteinander. Nimm doch mal die USA, das Silicon Valley und schau, was Technologie zu Zeiten von Cambridge Analytica bewirkt hat. Du kannst auch nach China gehen, dort sind die großen Märkte wichtig. Und in der Vision Frankreichs bauen wir wichtige Unternehmen auf. Wenn du ein Start-up gründen möchtest, das eine Lösung für die Probleme seiner Kunden gefunden hat, dann ist das hier möglich und du wirst von vielen Menschen dabei unterstützt.« Und mit ein bisschen Glück, wird man von Borlongan unterstützt.

Zuhause in Paris

DEIN VON EINER FRAU GEFÜHRTES LIEBLINGSGESCHÄFT?
Frichti, ein Lieferservice für hausgemachte Mahlzeiten, die über eine App bestellt werden. Das Unternehmen wird von einer der engagiertesten Unternehmerinnen geleitet, die ich kenne: Julia Bijaoui. Es spiegelt genau ihre Persönlichkeit und ihre Leidenschaft für Essen wider.

WAS TUST DU, WENN DU ALLEIN SEIN MÖCHTEST?
Wenn möglich, verabrede ich mich mit mir selbst in einem Restaurant oder einem Bistro wie Tannat, das ich sehr mag. Meistens gehe ich in ein Lokal, dessen Besitzer oder Mitarbeiter ich kenne. Ich setze mich dann mit meinem Notebook oder einem Buch an die Bar.

WO GEHST DU GERN AM WOCHENENDE HIN?
Wenn wir nicht Lebensmittel bei einem Einzelhändler, also dem Käsemacher, dem Metzger, dem Bäcker, kaufen, gehen mein Mann und ich meist ohne ein bestimmtes Ziel spazieren oder wandern, um Fotos zu machen.

Oben: Café und Treffpunkt im Station F, wo sich die Büros von La French Tech befinden.

Geschlechtervielfalt als Geschäftspriorität

NIDA JANUSKIS

STELLVERTRETENDE DEKANIN FÜR FORTSCHRITT
AN DER INSEAD BUSINESS SCHOOL

ENGE FREUNDE VON NIDA JANUSKIS sagen, sie habe transformierende Kräfte. Damit meinen sie die Art und Weise, wie sie ihr eigenes Leben und das Leben anderer bereichert, aber auch die Energie, die sie ausstrahlt und mit der sie sich selbst antreibt und ihre Mitmenschen motiviert. Als stellvertretende Dekanin der INSEAD, einer privaten Wirtschaftshochschule, die dauerhaft auf einem der ersten Rangplätze der Welt steht, und als eine von nur drei Frauen im Vorstand, macht sie mit ihrer Energie und ihrer übernatürlichen Führungsfähigkeit den Weg für Frauen als Führungskräfte frei und arbeitet damit an einem umfassenden Perspektivwechsel in ihrer Institution. Veränderung wird nicht nur im Tagesgeschäft geboren, wie sie mir bei unserem Gespräch in ihrer Wohnung im 7. Arrondissement an einem Nachmittag erklärt, sondern beginnt mit der Erziehung.

Du bist eine litauische Amerikanerin, die in Paris lebt, und hast einen Reiseplan, bei dem du jeden Monat die ganze Welt durchquerst. Warst du schon immer eine Weltenbürgerin?
Nicht unbedingt. Ich wurde in einer litauischen Familie in Chicago geboren und die litauische Gemeinde war so stark (die größte Diaspora außerhalb von Litauen!), dass ich erst Englisch lernte, als ich in den Kindergarten kam. Ich ging auf eine litauische Samstagsschule und besuchte litauische Volkstanzkurse – das war mein Leben. Grund dafür war, dass meine Großeltern und Eltern nach dem Zweiten Weltkrieg in die USA einwanderten. Aufgrund der Besetzung Litauens durch die Sowjetunion fühlte sich die Diaspora dafür verantwortlich, die Sprache und die Kultur Litauens zu pflegen. Meine Großeltern dachten immer, sie würden eines Tages in ihre Heimat zurückkehren. Tatsächlich geschah das nie. Und daher war ich eine Litauerin, die in Amerika lebte. Ich bin erst 1993 dorthin gekommen (und habe auch dort gearbeitet) und doch fühle ich mich auch heute noch eher als Litauerin. Dieses Traditionsbewusstsein habe ich auch nach Frankreich mitgebracht.

»Den besten Rat, den ich von einer Frau erhalten habe? ›Du gehörst hierher. Und lass dich darin nie von deiner inneren Stimme beirren.‹«

Du hast in den USA und in Frankreich gearbeitet (wenn auch immer mit einer globalen Sichtweise). Worin siehst du den größten Unterschied zwischen diesen Ländern in Bezug auf die Entwicklung von Frauen im Geschäftsumfeld?

Ich denke, in den USA erhalten Frauen als Führungskräfte sehr viel Anerkennung. Da gibt es auch einige gute Rollenvorbilder, wie Mary Barras und Indra Nooyis. Doch Amerika hat zwei Linsen, durch die es Frauen betrachten kann: Zum einen die sehr positive, durch die weibliche Führungskräfte als Berühmtheiten gefeiert werden, zum anderen eine extrem negative, durch die Frauen mehr als jeder Mann auf den Prüfstand gestellt werden. Ich denke, in Frankreich und Europa sind wir vernünftiger. Wir unterziehen unsere weiblichen Führungskräfte nicht einer solch intensiven Überprüfung, aber das kann sich auch zum Negativen wenden, nämlich wenn wir sie nicht fördern und ihnen den Zugang zu Führungspositionen versperren. Ich denke dabei an zwei außergewöhnliche weibliche Führungskräfte: Anne Richards und Isabelle Kocher. Sie sollten viel berühmter sein, nicht nur zum Nutzen anderer Frauen, sondern auch, um Kindern und Männern zu zeigen, dass Frauen solche Führungspositionen besetzen können und sollen. Derzeit ist Isabelle Kocher eine von nur zwei geschäftsführenden Frauen in den führenden französische Aktiengesellschaften des Leitindex CAC40 der Pariser Börse (die zweite ist Anne Rigail, Geschäftsführerin von Air France).[75] Der Anteil der Frauen in Führungspositionen wächst auf der ganzen Welt sehr langsam und bei diesem Tempo werden wir bis 2060 noch keine Parität erzielen. Es gibt also noch viel zu tun. Dabei ist Sichtbarkeit das Schlüsselwort: Kinder, Studierende, die Führungskräfte von morgen müssen wissen, dass es möglich ist, und die Unternehmen müssen sich viel stärker dafür einsetzen.

Vor dem Hintergrund, dass der Anteil an weiblichen Führungskräften weltweit sehr langsam wächst, ist deine Arbeit als Fürsprecherin für Frauen innerhalb der Institution noch viel wichtiger. Welches Ziel verfolgst du?

Wir müssen den Weg für Frauen in Führungspositionen stärker ebnen. Dafür sind Wirtschaftshochschulen die perfekte Pipeline und im Moment gehört ISEAD zu den drei Hochschulen in der Welt, an denen pro Jahr am meisten Frauen ihren Abschluss machen. Dennoch gibt es immer noch eine große Diskrepanz zwischen der Bevölkerung und der Anzahl an Frauen in Führungspositionen. Das möchte ich ändern. Unsere weltweite Reichweite ist sehr groß: Wir haben fünfundfünfzigtausend Alumni in 174 Ländern. Unser Slogan lautet: ›Wir sind die Wirtschaftshochschule für die Welt‹. Und wir dürfen auf keinen Fall die Wirtschaftshochschule nur für die halbe Welt sein.

Auf jeden Fall ist das Thema der Gleichberechtigung in Führungsrollen nicht nur ein Problem der Frauen, sondern ein gesellschaftliches Problem. Wir wissen, dass Vielfalt und insbesondere Geschlechtervielfalt, gut für das Geschäft ist. Aber als Wirtschaftshochschule müssen wir als Motor für Veränderung arbeiten, damit Vielfalt nach innen und außen sichtbar ist. Wir dürfen nicht nur die Erfolge vor unserer Türe feiern, sondern müssen uns selbst verändern.

Wie wird das durch die Genderinitiative vorangetrieben?
Bei dieser Initiative geht es darum, unseren Ruf bei unseren Studierenden, dem Personal und dem Vorstand zu bessern, Männer in unsere Aktivitäten mit einzubeziehen, Stipendien für weibliche Studierende zu finanzieren und hoch aktuelle, datenorientierte Forschungsarbeit zu leisten. Wir wollen ein Sprungbrett für zukünftige Führungskräfte sein, die motiviert und gut ausgerüstet sind, um die Geschlechtergleichheit in ihren Organisationen umzusetzen. Damit können wir die Geschäftswelt und die Gesellschaft positiv beeinflussen. Ich hoffe, dass Geschlechtervielfalt eines Tages dank unserer gemeinsamen Anstrengungen keine Grund für Diskussionen mehr bietet.

Was für ein Gefühl war es, eine so hochrangige Führungsposition zu besetzen, in der du eine wichtige Rolle im kulturellen Wandel spielen musst?
Für eine leitende Position auf globaler Ebene muss man flexibel, anpassungsfähig und proaktiv sein. Frauen, die, wie ich selbst auch, in den verschiedensten Situationen alle Bälle sicher jonglieren können, blühen in einem solchen Kontext förmlich auf. Wir können sehr schnell umschalten und viele von uns haben das auch im Privatleben gelernt; wir kennen das aus dem ständigen Wechsel zwischen Familie und Beruf. Ich kam als Ehefrau mit drei Kindern nach Paris und heute leite ich eine Abteilung der INSEAD. Für diesen Wechsel musste ich eine gewisse Balance lernen, aber ich versuche sowohl meinem Team als auch meinen Kindern beizubringen, dass diese Work-Life-Balance gleichermaßen ein Problem für eine Frau wie für einen Mann ist.

Häufig hört man, dass sich Frauen, die wieder arbeiten gehen und vor allem solche, die eine Führungsposition übernehmen, gegenüber ihren Kindern schuldig fühlen. In Frankreich kommt das allerdings eher selten vor. Was ist deine Erfahrung?
Eine solche Entscheidung ist eine Herausforderung, aber ich schäme mich nicht und fühle mich auch nicht schuldig, ein Gefühl, dass definitiv eher in der US-amerikanischen Kultur mit dem Muttersein verbunden ist. In Frankreich gehen wir davon aus, dass dein Leben als Individuum nicht aufhört, weil du Kinder hast. Das Land hat ein Umfeld geschaffen, in dem Frauen ziemlich einfach und schnell wieder ins Arbeitsleben zurückkehren können. Aber wie so viele Frauen überall auf der Welt werden wir mit den Annahmen konfrontiert, die viele Menschen über berufstätige Frauen haben, selbst im Jahr 2019. Als ich bei der INSEAD angefangen haben, bin ich mit meinem männlichen Kollegen zu einigen Veranstaltungen gegangen. Aber ich war die Einzige, die

gefragt wurde, wie ich das alles unter einen Hut bringe – den verantwortungsvollen Job mit zahlreichen Reisen und die Familie. Meinem Kollegen wurde diese Frage nie gestellt (was auch nicht überrascht, denn er wurde nicht einmal gefragt, ob er Kinder habe!). Die Grundannahme lautet: Frau, hochgestellte Position, Familie, Opfer. Ich möchte Vorbild sein und hoffe, dass ich ein Rollenvorbild für meine Kinder bin, damit sie wissen, dass sie alles schaffen können, was sie wollen.

Ist das das Rollenmodell, dass du als Kind zuhause vorgelebt bekamst?
Meine Mutter war ein absolut exzellentes Rollenvorbild für eine zukünftige berufstätige Frau. Obwohl sie als Einwanderin in die USA kam, hat sie zwei Jahre später einen Universitätsabschluss in Französisch abgelegt und dann als Französischlehrerin an einer weiterführenden Schule gearbeitet. Später hat sie noch einen ganz anderen Beruf gewählt: Sie gehörte zur ersten Klasse weiblicher Polizeioffiziere in Chicago. Dann hat sie den Hebel nochmals umgelegt und ein Geschäft als Immobilienunternehmerin eröffnet. Meine Geschwister und ich lernten dabei, dass es keine Grenzen gibt. Sie war und ist immer noch eine strenge Matriarchin, passt sich an ihre Umgebung an und überwindet soziale Normen und Grenzen. Ich ginge selbst gern mit gleichem Beispiel voran.

Zuhause in Paris

DEIN VON EINER FRAU GEFÜHRTES LIEBLINGSGESCHÄFT?
Brand Bazar, ein Bekleidungsgeschäft, das viele Marken im Angebot hat, gegenüber von Le Bon Marché, wo ich seit vielen Jahren hingehe. Die Verkäuferinnen sind fantastisch und bieten dir immer das Richtige an. Definitiv mein Lieblingsgeschäft.

WO GEHST DU AM LIEBSTEN MIT DER FAMILIE HIN?
Ich gehe gern mit den Kindern ins Rodin-Museum (gegenüberliegende Seite). Dort mag ich besonders den Garten mit dem zauberhaften Café. Ein guter Ort, um aus dem Gewühle der Stadt zu fliehen. Unser Lieblingslokal ist La Javelle, eine *guinguette* (Ausflugslokal) am Flussufer in der Nähe des Parc André Citroën (siehe oben). Hier gibt es Food Trucks und Live-Bands – herrlich! Und häufig fahren wir mit dem Fahrrad über die Promenade Les Berges de Seine, machen ein Picknick oder einen Stopp im Lokal Rosa Bonheur sur Seine.

WAS TUST DU, WENN DU ALLEIN SEIN MÖCHTEST?
CrossFit! Obwohl ich das in der Regel allein mache, bringe ich auch manchmal meine Kinder mit. Sie können mitmachen oder auch nicht, aber ich möchte, dass sie sehen, wie wichtig Fitness ist.

Mentorin und Kreditberaterin für
Unternehmerinnen auf der ganzen Welt

ANNE RAVANONA

GRÜNDERIN UND GESCHÄFTSFÜHRERIN VON GLOBAL INVEST HER

DIE KURZVERSION der Karriere von Anne Ravanona zwischen Dublin und Paris lautet wie folgt: Als frühreife, mehrsprachige junge Frau baute sie direkt nach ihrem Studium die französische Tochtergesellschaft eines irischen Unternehmens für pharmazeutische Etikettierungen auf und leitete diese Firma. Ihre scharfer Geschäftssinn und ihre unerschütterliche Beharrlichkeit führten sie auf eine zwanzigjährige Karriere, in der sie für Start-ups und Unternehmen der Fortune-500-Liste mehrere Millionen mit neuen Geschäften generierte, betriebliche Abläufe überwachte und kulturelle Transformationen begleitete. 2013 gründete sie Global Invest Her, die erste Online-Plattform und Community, die exklusiv junge Unternehmerinnen in der Startphase dabei unterstützt, Finanzierungen zu finden und mit Investoren zu verhandeln.

Bei unserem Treffen erzählt sie mir die lange Fassung ihrer Entwicklung und erklärt, warum sie sich dafür einsetzt, Finanzierungslücken zu schließen.

Du hast erfolgreiche Jobs mit großer Verantwortung aufgegeben, um dein eigenes Geschäft zu gründen. Welcher Stein hat diese Idee ins Rollen gebracht?
Ich war sechs Jahre lang stellvertretende Direktorin für globale Geschäftsentwicklung bei The Oxford Group, einem Schulungsunternehmen für Manager, und habe ein sechsstelliges Gehalt verdient. Das hat mir viel Spaß gemacht. Aber in dieser Zeit ist mein Bruder unter ziemlich dramatischen Bedingungen verstorben und ich habe mir eine Auszeit genommen. Kurz nachdem ich ins Büro zurückgekommen war, hatte ich einen schweren Unfall und konnte wieder acht Monate nicht arbeiten. So hatte ich wirklich viel Zeit, darüber nachzudenken, ob ich das tue, was ich wirklich möchte. Ich fing an, zu bloggen und neue Fähigkeiten zu erwerben. Schließlich verhandelte ich meinen Ausstieg aus der Firma und hatte so das Startgeld für mein eigenes Unternehmen zusammen. Ich wollte für ein wichtiges Problem eine Lösung finden und wusste, dass ich international tätig sein wollte und dass es mit Frauen und Führungspositionen zu tun haben sollte. In einem Vortrag einer Unternehmerin aus London hörte ich, dass ihre größte Herausforderung in der Finanzierung lag. Soll das etwa heißen, dass es für Frauen schwerer ist, Geld für ihr Unternehmen aufzutreiben? Ich untersuchte den Unterschied in den Finanzierungsmöglichkeiten für Männer und Frauen, den die IFC (ein Tochterunternehmen des Weltbank-Konzerns) weltweit auf etwa

300 Milliarden US-Dollar schätzt. Nur 2 Prozent des Risikokapitals gehen an Frauen, vor ein paar Jahren waren es noch 5 Prozent. Damit hatte ich ein Problem, für das ich eine Lösung finden wollte.

Welchen Grund hat dieser Unterschied in den Finanzierungsmöglichkeiten?
Der Hauptgrund ist ein unbewusstes Vorurteil männlicher Investoren, das auf den bekannten Geschlechterstereotypen basiert: Frauen können keine Verpflichtungen eingehen, wenn sie heiraten und Kinder haben möchten. Diese Männer denken, dass Frauen eine Risikoinvestition sind, vielleicht auch, weil es so wenige Unternehmerinnen gibt, die Erfolg haben. Viele Investoren sind gewöhnt, in das Bekannte zu investieren: weiße, männliche Unternehmer mit einem ähnlichen Hintergrund wie sie selbst. Und damit entsteht ein ewig wiederkehrender Kreislauf. Diese Denkweise wird schon von Kindesbeinen an gelernt und daher greifen sowohl Männer als auch Frauen darauf zurück, ohne es zu bemerken. Tatsächlich erwirtschaften laut Forschungsergebnissen weibliche Gründer mit einem Drittel weniger Kapital eine höhere Kapitalrendite als männliche Gründer, weil sie ihr Unternehmen besser verwalten.

Ist das auch eine Frage des Selbstverständnisses von Frauen?
Definitiv. Es gibt das Vorurteil in den Köpfen der Investoren und in den Köpfen der weiblichen Gründer selbst. Sie sind kaum davon zu überzeugen, dass sie um das Geld bitten könnten, das ihnen zusteht. Häufig unterschätzen Frauen ihren Finanzierungsbedarf und ihre finanziellen Prognosen um mindestens 50 Prozent, während Männer sie tendenziell überschätzen.

Das hört sich nach dem gleichen Szenario an, bei dem Frauen um eine Gehaltserhöhung bitten oder um ihr Anfangsgehalt verhandeln.
Richtig. Ich möchte, dass Firmengründerinnen wissen, dass es Werkzeuge und Tricks gibt, und wir können ihr Selbstvertrauen stärken, indem wir sie wissen lassen, dass sie nicht allein sind. Es gibt eine Community von Frauen, die mit diesem Thema Erfahrung haben.

Bevor du deine Plattform Global Invest Her mit Werkzeugen, Finanzierungs-Roadmaps und maßgeschneiderten Mentorenprogrammen gestartet hast, hast du mehr als einhundert Frauen interviewt. Was war der Grund dafür? Wie haben diese Gespräche deine Vision beeinflusst?
Seit ich mit acht Jahren ein Buch über Jeanne d'Arc gelesen haben, bin ich gierig nach Geschichten von weiblichen Führungskräften. Hier sah ich die Möglichkeit, selbst Geschichten zu sammeln, und zwar nicht wegen der Geschichten selbst, sondern um praktische Quellen für andere Frauen zusammenzutragen. Ich habe nach den Finanzierungserfahrungen der Frauen gefragt, die bisher noch nie erfasst worden sind. Es waren Frauen, die zwischen 500.000 und 200 Millionen US-Dollar aufgenommen haben und für mich war die Frage nach dem Wie wichtig: Wie ist es ihnen gelungen? Welche Herausforderungen mussten sie bewältigen? Wenn ich mich an

einige der ersten Interviewpartnerinnen erinnere, habe ich einige Gewinnerinnen erkannt, bevor sie richtig aufgeblüht waren. Einige davon haben zwischen 50 und 100 Millionen US-Dollar oder mehr eingeworben. Aber fast alle hätten sich gewünscht, die Vorstellungen der Investoren besser zu kennen. Daher ist meine Plattform teilweise von dem Feedback dieser Frauen inspiriert und hat das Ziel, Gründerinnen Werkzeuge an die Hand zu geben und den Zugang zu vorbildlichen Investoren zu ermöglichen, damit sie sich selbstbewusst vorbereiten können.

Lobbyarbeit macht einen großen Teil deiner Arbeit aus – du hältst auf der ganzen Welt Vorträge. Welche Schlüsselbotschaften bringst du von diesen Reisen mit?
Ich halte Vorträge auf der ganzen Welt, um das Bewusstsein der Investoren für die Herausforderungen von weiblichen Firmengründern zu wecken. Ich möchte auf die bestehenden Vorurteile und die großen, oft verpassten Investitionschancen aufmerksam machen. Das alles untermauere ich mit Daten. Aber mit diesen Vorträgen möchte ich auch mehr Frauen ermutigen, Investoren zu werden, denn dieser Aspekt ist ein weiterer Teil im Gesamtpuzzle. Viel zu viele Frauen denken, sie können keine Investorinnen sein, aber das ist falsch! Wir können investieren und zwar durch die Macht unseres Geldes und sei es nur, indem wir bestimmte Produkte oder Dienstleistungen kaufen, die von weiblichen Gründern produziert werden. Wir benötigen mehr Investorinnen sowohl auf Verbraucherebene als auch auf professioneller Ebene, die sozusagen als Geschäftsengel fungieren. Derzeit sind nur 8 Prozent der Risikokapitalgeber Frauen – ein unbewusstes Vorurteil, dass nur über Bildung und mehr involvierte Frauen abgebaut werden kann.

Es hört sich so an, als ob wir für die Lösung dieses Problems viele Anne Ravanovas brauchen!
Meine Mission wird für den Rest meines Lebens sein, diese Lücke in den Finanzierungsmöglichkeiten zu schließen. Aber es stimmt: Ich allein kann nur wenig bewegen. Wir müssen die Grundeinstellung der Menschen ändern und das ist eine langfristige Aufgabe, die mehrere Generationen überdauern wird. Wir müssen Vorbilder, mehr Investorinnen und erfolgreiche Gründerinnen sichtbarer machen, damit Investoren auf sie aufmerksam werden. Ich plane, eine neue Form der Finanzierung für Gründerinnen zu entwickeln. So wie der bengalische Wirtschaftswissenschaftler Muhammad Yunus Mikrokredite für Frauen in Entwicklungsländern und aufsteigenden Märkten vergibt, damit diese ein eigenes Geschäft aufbauen können, möchte ich ein neues Verfahren für das derzeit sehr gestörte Finanzierungssystem entwickeln. Die Regeln dieses System wurden vor fünfzig Jahren von einem Club alter Männer im Silicon Valley festgelegt. Wenn man bedenkt, dass die weltweite Bevölkerung zu 51 Prozent aus Frauen besteht, ist es wirklich Zeit für neue Regeln. Wir haben die Macht, das Zepter in die Hand zu nehmen.

Deine Karriere in Paris als Start-up-Knotenpunkt hat sich perfekt entwickelt. Würdest du sagen, dass die Stadt ein Treffpunkt sein könnte, an dem alle diese Ideen zusammengeführt werden?

Ich denke, Paris kann zur führenden Innovationsstadt für alle Bereiche werden. Seitdem ich mein Unternehmen gegründet habe, hat die Stadt zum Beispiel Station F aufgebaut und wir haben einen Präsidenten, der Reformen durchgesetzt hat, mit denen mehr unternehmerische Aktivitäten gefördert werden, es gibt eine Menge Coworking-Spaces, und wir haben besseren Zugang zu Stipendien und anderen finanziellen Quellen. Es gibt einen Pool an internationalen Forschern, Ingenieuren und Entwicklern und ein unvergleichliches Kulturangebot, das junge Menschen und intelligente Köpfe nährt. Paris ist attraktiver geworden. In Frankreich werden jedes Jahr ungefähr 30 Prozent der neuen Start-ups von Frauen gegründet, damit liegen wir an der Spitze.

Gibt es Unterschiede darin, wie französische Unternehmerinnen ihr Geschäft führen?
Für den Erfolg als Unternehmerin braucht man Durchhaltevermögen, eine Vision, Führungsqualitäten, Organisationstalent und Motivation. Alle erfolgreichen Firmengründerinnen müssen über diese Eigenschaften verfügen – in Frankreich und anderswo. Amerikanische Gründerinnen haben oft mehr Selbstvertrauen, weil sie es von Kindesbeinen an beigebracht bekommen. Die Kinder müssen in den USA zum Beispiel öfter Vorträge vor der ganzen Klasse halten. So bekommen schon kleine Mädchen diesen Pioniergeist eingeimpft, der ihnen als Firmengründerin dann zugute kommt. Die französischen Gründerinnen haben dieses (gelernte) Selbstvertrauen zwar auch, aber sie haben Angst, ihr Geschäft in Englisch zu führen, obwohl sie für ein gutes Wachstum global denken müssten. Selbstvertrauen und gute Englischkenntnisse sind zwei große Hindernisse, die französische Unternehmerinnen überwinden müssen.

Du bezeichnest dich selbst als Feministin und erziehst deinen Sohn und deine Tochter zu den gleichen Werten. Wie bringst du ihnen nahe, worum es in diesem Kampf geht?
Ich versuche ihnen zu vermitteln, dass es um Chancengleichheit und Respekt geht. Es geht nicht darum, dass Frauen weniger Gehalt bekommen oder bei einer Beförderung in den Hintergrund gedrängt werden. Viele der negativen Erfahrungen, die ich in meiner Berufslaufbahn erlebt habe – sexuelle Belästigung, Unterbezahlung, unrechtmäßige Kündigung, weil ich schwanger war, männliche Vorgesetzte, die sich mir unterlegen fühlten, haben mich bei einer Beförderung einfach übersehen –, sind geschehen, weil ich eine Frau bin. Ich nehme so etwas nicht mehr hin, und meine Kinder sollten das auch nicht tun. Auch aus diesem Grund möchte ich die Veränderungen mitgestalten. Deshalb halte ich Vorträge, begleite Mädchen und Frauen und berate von Frauen geführte Start-ups. Ich stelle eine Armee für eine friedliche Revolution, die aber enorm wichtig ist. Und ich weiß, dass meine Kinder mitmachen werden.

Zuhause in Paris

DEIN VON EINER FRAU GEFÜHRTES LIEBLINGSGESCHÄFT?
MH Coiffure, meine Lieblingsfriseurin ist Tan, sie färbt erstklassig. Niemand bekommt mein Blond besser hin! Und natürlich Station F (siehe oben), das größte Start-up-Zentrum der Welt unter der Leitung von Roxanne Varza.

AN WELCHEM ORT BIST DU GLÜCKLICH?
Neben der Statue der Jeanne d'Arc am Pont Neuf. Als ich neunzehn war, hat mich mein damaliger Freund zum ersten Mal zu dieser Brücke gebracht. Als wir die Métro verließen, musste ich meine Augen schließen und ich konnte hören, wie ein Musiker »La Vie en Rose« auf seinem Akkordeon spielte. Ein echtes Klischee, aber in diesem Moment war ich total hin und weg. Ich wusste, dass es keine Alternative gab – ich musste in Paris leben.

WO GEHST DU GERN MIT DEINER FAMILIE HIN?
Ich mag die Cité des Sciences de l'Industrie, das größte Wissenschaftsmuseum in Europa. Hier gibt es immer wechselnde Ausstellungen und interaktive Exponate.

Ein Tag im Leben einer Pariserin

In diesem Kapitel lernen Sie fünf weitere Frauen kennen und erfahren, wie diese einen perfekten Tag (oder einfach einen wundervollen freien Tag) in Paris verbringen. Im Anschluss habe ich alle Lieblingsorte der Frauen in diesem Buch zusammengetragen und durch einige meiner Lieblingsorte ergänzt. Eine noch umfassendere Liste finden Sie unter thenewparisbook.com.

Mitbegründerin von Colette und der Beratungsfirma Just an Idea

SARAH ANDELMAN

Nach zwanzig Jahren hat sie Colette aufgegeben, aber der Einfluss von Sarah Andelman in der Modebranche, in Kunst und Design lebt in ihrem Beratungsunternehmen Just an Idea weiter. Wenn sie nicht beruflich auf Reisen in die USA oder nach Japan ist, verläuft ihr Tag in der von ihr selbst ernannten Heimatstadt in etwa so.

8:00 BIS 9:00 UHR. DU FINDEST MICH IM WILD & THE MOON. Wenn ich meinen Sohn zur Schule gebracht habe, schaue ich im Café Wild & the Moon am Place du Marché Saint-Honoré vorbei, trinke einen wunderbaren Latte Macchiato und schaue dann auf ein Croissant (und einen Plausch!) im Mar'co vorbei.

11:00 UHR. MASSAGE MIT AUSSICHT. An einem perfekten Tag buche ich mir manchmal einen Massagetermin im Ladda Paris, einem wunderbaren Institut im 10. Arrondissement. Hier hat man vom Balkon aus einen unglaublichen Blick auf die Stadt.

13:00 UHR. MITTAGESSEN. Meist gehe ich zu einem schnellen Mittagessen ins Bistro Kunitoraya, wo ich gern Chirashizushi esse. Wenn ich Zeit für ein *laaanges* Mittagessen habe, gehe ich ins Yam'Tcha, das mit einem Michelin-Stern ausgezeichnete Restaurant von Adeline Grattard. Das Essen und der passende Tee sind hier immer hervorragend.

15:00 UHR. TEE UND KULTUR. Ich mache eine Pause und trinke einen Matcha-Tee im Toraya (aber im Sommer nehme ich hier das erfrischendste Eis-Dessert der Welt). Danach gehe ich ein wenig im Tuileriengarten spazieren. Und wenn ich schon einmal dort bin, schaue ich mir auch gelegentlich eine Ausstellung im Jeu de Paume an.

18:00 UHR. APÉRO IM RITZ. In der klassischen Bar Hemingway trinke ich einen vom legendären Barkeeper Colin Field gemischten Cocktail.

20:30 UHR. ABENDESSEN IM VERJUS. Für besondere Gelegenheiten reserviere ich den Nebenraum in der ersten Etage. Ich bin eine großer Fan von Bradens Kochkunst, seine Speisen sind immer voller Ideen.

SPÄTER ABEND. SPAZIERGANG ENTLANG DER ÎLE SAINT-LOUIS. Paris bei Nacht ist wunderschön.

Illustratorin und Autorin

ELIANE CHEUNG

Mit ihrem Kochbuch À *la table d'une famille chinoise: Recettes de mes parents* (Zu Tisch bei einer chinesischen Familie: die Rezepte meiner Eltern) brachte die Autorin und Illustratorin Eliane Cheung ihren Lesern und Hobbyköchen ihr eigenes Leben als »Drittkulturkind« nahe, das zwischen den Töpfen, Pfannen und Gewürzen im chinesischen Restaurant seiner Eltern in Paris aufgewachsen ist. Der perfekte Tag in Paris ist im Grunde jeder Tag – voller Kreativität, Freizeit und bemerkenswerter Mahlzeiten.

7:30 BIS 8:30 UHR. SCHWIMMEN AM MORGEN. Ich gehe fast jeden Morgen recht früh schwimmen. Das ist nicht nur wichtig, um gut in den Tag zu kommen und gute Laune zu bekommen, es ist auch meine Lieblingszeit. Normalerweise gehe ich in die Piscine Pontoise, aber wenn dort geschlossen ist, gehe ich in die Schwimmhallen auf der anderen Flussseite.

9:00 UHR. ARBEITSFRÜHSTÜCK. Ich trinke noch im Badeanzug einen ersten Kaffee, gehe dann aber meist an einen ruhigen Ort, an dem ich beim Essen lesen oder zeichnen kann. Oft esse ich im Hexagone Café ein Müsli und trinke einen Kaffee. Oder ich gehe auf ein Labneh auf Toast ins Mokonuts.

12:30 UHR. MITTAGESSEN IM SEPTIME. Etwa einmal im Monat belohne ich mich ganz allein mit einem Mittagessen im Septime. Das ist mein ganz privater Luxus. Die Gerichte sind jedes Mal eine Überraschung und das Personal ist sehr aufmerksam.

15:00 UHR. NACHMITTAG IM KINO. Ich gehe sehr gern am Vormittag ins Kino, aber da ich meist sehr viel zu tun habe, verschiebe ich es auf den Nachmittag. Ich liebe kleine Programmkinos wie das Le Champo im Quartier Latin. Aber ich mag auch das Louxor und das L'Escurial. Danach mache ich einen Spaziergang durch den Jardin du Luxembourg, den ich schon seit meiner Kindheit gut kenne.

16:00/17:00 UHR. GOÛTER (BROTZEIT) IM LA GAMBETTE À PAIN. Eine meiner absoluten Lieblingsbäckereien. Hier bekommt man immer eine verführerische Leckerei – *Chouquettes*, andere Backwaren und Kuchen. Du musst dort unbedingt das Pain Préféré probieren (ein Geheimnis: Der Bäcker Jean-Paul Mathon hat den Star-Bäcker Christophe Vasseur ausgebildet, der sich bei seinem beliebten *Pain des amis* im Du Pain et des Idées vom Pain Préféré inspirieren ließ).

20:30/21:00 UHR. ABENDESSEN MIT DEM BUCHCLUB. An Abenden mit meinem Buchclub treffen wir uns an einem kultigen Ort, an dem wir gemeinsam essen und über Bücher diskutieren: Im Café des Musées, im Bonvivant oder im Lao Siam.

Mitbegründerin der Reisecommunity #SeeMyParis

BENEDICTE REITZEL-NIELSEN

Wenn Benedicte Reitzel-Nielsen nicht gerade im Nonprofit-Bereich arbeitet, füttert sie die Online-Reisecommunity, die sie gegründet hat, mit Informationen. Die Plattform #SeeMyParis wirft einen nicht idealisierten Blick auf Paris. Die teils romantischen, teils realistischen Fotos spiegeln die ganz normalen Augenblicke in der Stadt wider.

9:00 UHR. TEE UND TARTINES IM MÛRE. Dieses kleine Café bietet eine exzellente Auswahl verschiedener Teesorten und serviert köstliche, hausgemachte Marmeladen. Das Lokal ist gemütlich, das Personal ist freundlich und fast alle Produkte sind fair-trade, lokal oder bio.

11:00 UHR. EINKAUFEN AUF DEM MARKT. Ich gehe gern auf der Rue du Nil einkaufen, wo es zahlreiche Lebensmittelhändler gibt. Das Terroirs d'Avenir hat eine herrliche Auswahl an Obst, Gemüse und Käse. Ein paar Türen weiter gibt es ein Fisch- und Fleischgeschäft und eine Bäckerei. Alle Geschäfte verkaufen ausschließlich hochwertige Produkte von sorgfältig ausgewählten Produzenten – außerdem ist es ein Fest für die Augen.

13:00 UHR. MITTAGSPAUSE. Entweder koche ich ein Essen aus den Produkten, die ich am Morgen gekauft habe, oder ich gehe zum Mittagessen in eines meiner Lieblingslokale: Ins Élémentaire, wenn es ein leichtes Mittagessen sein soll, ins Blend, wenn ich die Kinder mitnehme, denn hier werden die Burger mit hochwertigem Fleisch und Brot gemacht (und die Süßkartoffel-Pommes sind klasse) oder ins Coinstot Vino in der Passage de Panoramas, wenn ich eine ausgiebige Mahlzeit mit einem Glas Wein zu mir nehmen möchte.

15:00 UHR. EIN SCHÖNER SPAZIERGANG. Ich gehe zum Spaß spazieren (was ich am Wochenende nur selten tue), manchmal in ein bestimmtes Viertel oder auf einen bestimmten Markt. Dabei achte ich auf Fassaden, Alleen und alle Details, die mir sonst nicht auffallen. Ich drücke auf Türklingeln, um zu sehen, ob man mir öffnet, schaue in verborgene Hinterhöfe (und stoße dabei häufig auf eine grummelige Concierge). Manchmal kehre ich auf dem Weg irgendwo ein, aber meistens beobachte ich nur einfach die Menschen und Orte.

18:00 UHR. ZEIT FÜR EINEN SPÄTEN APÉRO AM WASSER. An warmen Sommerabenden ist die Seine der beste Ort für einen Apéritif. Jeder bringt etwas zu trinken und einen Snack mit und wir genießen den Sonnenuntergang.

Chefin auf Wanderschaft und Mitbegründerin von Tontine

CÉLINE PHAM

Was tut Céline Pham, Frankreichs gefragteste Küchennomadin, wenn sie keine Chef in Residence ist, keine Restaurants übernimmt und nicht im Tontine arbeitet, einem angesagten Restaurant, das sie mit ihrem Bruder Julien betreibt? Sie lernt von Bäckern, Käseherstellern, Metzgern und Floristen und natürlich kennt sie die Restaurantszene von Paris wie ihre Westentasche.

10:00 BIS 11:00 UHR. LES COURSES (EINKAUFEN!) Ich bin froh, dass ich so nah an all meinen Lieblingsgeschäften für die Grundzutaten meiner eigenen Mahlzeiten und Gerichte lebe, die ich zubereiten soll. Entweder gehe ich zu Fuß oder fahre mit dem Fahrrad, um dort einzukaufen. Zuerst gehe ich zu Taka & Vermo, einer wundervollen Käserei mit handgemachten Produkten, wo ich Käse, Jogurt, Milch und Eier kaufe. In der Passage Brady kaufe ich meine Gewürze und dann gehe ich zu Terroirs d'Avenir, wo ich Fisch und Brot kaufe.

11:30 BIS 13:15 UHR. KAFFEEPAUSE UND SPORT. Eine meiner besten Freundinnen ist Yoga-Lehrerin und Fitness-Coach und gibt Spinning-Kurse im Dynamo, wo ich regelmäßig hingehe. Kurz vor dem 12:15-Uhr-Kurs von Clotide gehe ich auf einen Kaffee ins Telescope, unterhalte mich ein bisschen und gehe dann wieder ins Fitnessstudio, um mich beim Spinning richtig auszupowern.

13:30/14:00 UHR. ZEIT FÜR EIN KLEINES MITTAGESSEN. Nach dem Spinning bin ich hungrig wie ein Löwe und gehe gleich ins Kunitoraya, um Udon-Nudeln zu essen. Und da ich schon einmal im Viertel bin, muss ich unbedingt im Aki Boulanger Onigris, Soba-Salat und Laqué aus Auberginen kaufen (das ich sofort esse oder für später aufbewahre).

15:00 UHR. KULTURELLER ZWISCHENSTOPP. Ich schaue mir etwas an, an dem ich interessiert bin oder das ich verpasst habe, weil ich in der Küche stand. Das muss nicht in der Nähe liegen. Ich fahre auch dorthin, wie zum Beispiel in die Galerie Nationale du Jeu de Paume, die ich sehr mag.

18:00 BIS 20:00 UHR. APÉRO IM LOUXOR. Ein Drink auf dem Balkon des Kinos Louxor bei Sonnenuntergang ist ein Muss (im Frühling und Herbst); ein Film ist optional!

21:00 UHR. LE RIGMAROLE. Ein spätes Abendessen in diesem Meistertempel für Yakitori (es gibt auch frische Pasta, Tempura und Desserts).

SPÄTER ABEND. Es ist Zeit, den Tag bei einem Film ausklingen zu lassen, den ich bei einem Videoverleih (ja, ein paar wenige gibt es noch) wie JM Video auf der Avenue Parmentier ausleihe.

Lebensmittelfotografin und Kochbuchautorin

EMILIE FRANZO

Wenn sie nicht in ihrer eigenen Küche steht, um Rezepte für eines ihrer Kochbücher zu kreieren, oder in einer fremden Küche, um den Kochvorgang zu dokumentieren, ist Emilie Franzo für gewöhnlich auf der Suche nach den besten Lokalen in der Stadt unterwegs. So verbringt sie einen Tag in Paris.

8:00/9:00 UHR. FRÜHSTÜCK IM TEN BELLES BREAD. Der perfekte Ort für einen tollen Kaffee am Morgen zusammen mit exzellenten Backwaren und Broten. Das Lokal wird von Alice Quillet und Anna Trattles geführt, zwei großartigen Frauen, die ich bereits für meine Arbeit interviewen durfte. Alles vom Sauerteig bis zum Brot ist selbstgemacht. Und ich liebe es, den Bäckerinnen bei der Arbeit zuzuschauen, das ist wie eine tolle Aufführung.

11:00 UHR. ZWISCHENSTOPP BEI MAKE MY LEMONADE. Ich bin ein riesiger Fan der Kollektion von Lisa Gachet, deshalb schaue ich mich gern in ihrem Geschäft um. Ihre Mode ist farbenfroh, originell und eignet sich für alle Frauentypen, auch für solche mit größeren Größen.

13:00 UHR. MITTAGESSEN IM MOKONUTS. Das ist ganz einfach mein Lieblingsrestaurant in Paris. Für das Labneh und das Gericht des Tages von Omar und die unvergesslichen Kekse von Moko würde ich durch die ganze Stadt fahren.

15:00 UHR. BOXKURS BEI CHEZ SIMONE. Ich mag dieses vielseitige Studio, das Yoga, Pilates, Tanz und Boxen mit einer gesunden Küche, tollen Veranstaltungen und sogar einem Coworking-Space vereint.

18:00 UHR. APÉRO IM BISOU. Hier gibt es die originellsten Cocktails, wahrscheinlich, weil es keine Getränkekarte gibt! Die Barkeeper mixen Drinks nach deinem Geschmack, deinen Interessen und deinen geschmacklichen Vorlieben zusammen. Damit ist jeder Cocktail einzigartig.

20:30 UHR. ABENDESSEN IM DOUBLE DRAGON. Ich bin ein großer Fan der Levha-Schwestern. In diesem asiatischen Restaurant (ihr zweites) erfährt man ganz genau, mit welchen Gerüchen, Aromen und Einflüssen die beiden auf den Philippinen und in Thailand aufgewachsen sind. Hier geht man auf eine Reise in die Vergangenheit mit Neonlicht und der Musik der Achtziger. Das macht viel Spaß, aber die eigentliche Attraktion ist das Essen: frittierter Tofu mit XO-Sauce, scharfem, gegrilltem Mais und vieles mehr. Da läuft dir das Wasser im Mund zusammen.

PARIS: ADRESSEN VON UND FÜR FRAUEN ♡ LINDSEYS TIPPS

Kaffee, Backwaren und Leckereien

A L'ETOILE D'OR
30 Rue Pierre Fontaine, 75009

AKI BOUL ANGER
16 Rue Saint-Anne, 75001

BELLEVILLE BRÛLERIE
14 Rue Lally-Tollendal, 75019

BONESHAKER DOUGHNUTS
77 Rue d'Aboukir, 75002

BOUL ANGERIE MAMICHE
45 Rue Condorcet, 75009
32 Rue de Château d'Eau 75010

BROKEN BISCUITS
13 Avenue Parmentier, 75011

CAFÉ MÉRICOURT ♡
22 Rue de la Folie Méricourt, 75011

CONFITURE PARISIENNE ♡
17 Avenue Daumesnil, 75012

FOU DE PÂTISSERIE
45 Rue Montorgueil, 75002
36 Rue des Martyrs, 75009

HEXAGONE CAFÉ
121 Rue du Château, 75014

LA CAFÉOTHÈQUE
52 Rue de l'Hôtel-de-Ville, 75004

LA GAMBETTE À PAIN
86 Avenue Gambetta, 75020

MAISON ALEPH
20 Rue de la Verrerie, 75004

POILÂNE ♡
Mehrere Standorte; poilane.com

RÉPUBLIQUE OF COFFEE
2 Boulevard Saint-Martin, 75010

SECCO
31 Rue de Varenne, 75007

TÉLESCOPE CAFÉ
5 Rue Villedo, 75002

TEN BELLES BREAD
17–19 Rue Breguet, 75011

TORAYA
10 Rue Saint-Florentin, 75001

USED BOOK CAFÉ IM MERCI
111 Boulevard Beaumarchais, 75003

Mittag und Abendessen

BLEND HAMBURGER
Mehrere Standorte; blendhamburger.com

BONVIVANT
7 Rue des Écoles, 75005

CAFÉ DES MUSÉES
49 Rue de Turenne, 75003

CAFÉ LAI'TCHA
7 Rue du Jour, 75001

CAFÉ MARLY
93 Rue de Rivoli, 75001

COINSTOT VINO
26 bis Passage des Panoramas, 75002

DOUBLE DRAGON
52 Rue Saint-Maur, 75011

ÉLÉMENTAIRE
38 Rue Léopold Bellan, 75002

HOLYBELLY
5 und 19 Rue Lucien Sampaix, 75010

KUNITORAYA
1 Rue Villédo, 75002

Vorherige Seite: Der zauberhafte Blick aus dem Fenster der Wohnung von Ajiri Aki auf das 11. Arrondissement. *Gegenüberliegende Seite:* Illustratorin Eliane Cheung füllte Skizzenbücher randvoll mit interessanten Orten und empfehlenswerten Lokalen.

LA DAME DE PIC
20 Rue du Louvre, 75001

LA MARINA
8 Rue du Château Landon, 75010

LAO SIAM
49 Rue de Belleville, 75019

LE BARATIN
3 Rue Jouye-Rouve, 75020

LE CHATEAUBRIAND
129 Avenue Parmentier, 75011

LE RIGMAROLE
10 Rue du Grand Prieuré, 75011

LE SERVAN
32 Rue Saint-Maur, 75011

LES GRANDS VERRES
13 Avenue du Président Wilson, 75016

LIZA
14 Rue de la Banque, 75002

MA COCOTTE
106 Rue des Rosiers, 93400

MAR'CO
4 Rue de la Sourdière, 75001

MARTIN
24 Boulevard du Temple, 75011

MOKONUTS
5 Rue Saint-Bernard, 75011

MÛRE
6 Rue Saint-Marc, 75002

MUSCOVADO
1 Rue Sedaine, 75011

PEONIES
81 Rue du Faubourg-Saint-Denis, 75010

RACINES PARIS ♡
8 Passage des Panoramas, 75002

SEPTIME
80 Rue de Charonne, 75011

TANNAT
119 Avenue Parmentier, 75011

TAVLINE
25 Rue du Roi de Sicile, 75004

VERJUS
52 Rue de Richelieu, 75001

(V)IVRE
3 Rue de la Michodière, 75002
60 Rue de Lancry, 75010

WILD & THE MOON
19 Place du Marché Saint-Honoré, 75001

YAM'TCHA
121 Rue Saint-Honoré, 75001

Bars, Cafés und Cocktails

AUX DEUX AMIS
45 Rue Oberkampf, 75011

BAR HEMINGWAY (HÔTEL RITZ PARIS)
15 Place Vendôme, 75001

BISOU
15 Boulevard du Temple, 75003

CANDELARIA
52 Rue de Saintonge, 75003

COMBAT
63 Rue de Belleville, 75019

LA CAVE À MICHEL
6 Rue Sainte-Marthe, 75010

LA COLONIE
128 Rue Lafayette, 75010

LA FONTAINE DE BELLEVILLE
31–33 Rue Juliette Dodu, 75010

LE MARY CELESTE
1 Rue Commines, 75003

LE PAVILLON PUEBLA
39 Avenue Simon Bolivar, 75019

LE PETIT FER À CHEVAL
30 Rue Vieille du Temple, 75004

LE PICK CLOPS
16 Rue Vieille du Temple, 75004

LE ROYAL MONCEAU
37 Avenue Hoche, 75008

ROSA BONHEUR SUR SEINE
Port des Invalides, 75007

VERJUS BAR À VINS
47 Rue de Montpensier, 75001

Buchhandlungen

7L
7 Rue de Lille, 75007

ARTAZART ♡
83 Quai de Valmy, 75010

BERKELEY BOOKS OF PARIS
8 Rue Casimir Delavigne, 75006

CHANTELIVRE
13 Rue de Sèvres, 75006

ESPACE DES FEMMES
35 Rue Jacob, 75006

ICI LIBRAIRIE ♡
25 Boulevard Poissonnière, 75002

LA PROCURE
3 Rue de Mézières, 75006

L'ECUME DES PAGES
174 Boulevard Saint-Germain, 75006

SHAKESPEARE AND COMPANY
37 Rue de la Bûcherie, 75005

VIOLETTE AND CO
102 Rue de Charonne, 75011

Blumenläden

DÉSIRÉE ♡
5 Rue de la Folie Méricourt, 75011

RACINE
198 Boulevard Voltaire, 75011

VERTUMNE
12 Rue de la Sourdière, 75001

Kinos

L'ESCURIAL
11 Boulevard de Port-Royal, 75013

LE CHAMPO
51 Rue des Écoles, 75005

LOUXOR
170 Boulevard de Magenta, 75010

MK2 QUAI DE SEINE & QUAI DE LOIRE
14 Quai de la Seine, 75019
7 Quai de la Loire, 75019

Märkte, Lebensmittelgeschäfte und Käsereien

BARTHÉLÉMY ♡
51 Rue de Grenelle, 75007

MAISON PLISSON
93 Boulevard Beaumarchais, 75003
35 Place du Marché Saint-Honoré, 75001

MARCHÉ D'ALIGRE
Place d'Aligre, 75012

PASSAGE BRADY
46 Rue du Faubourg Saint-Denis, 75010

TAKA & VERMO
61 bis Rue du Faubourg-Saint-Denis, 75010

TANG FRÈRES
48 Avenue d'Ivry, 75013 (ursprünglicher Standort)

TERROIRS D'AVENIR
3, 6, 7, 8 Rue du Nil, 75002

VT CASH & CARRY
11–13 Rue Cail, 75010

Shopping

BRAND BAZAAR
33 Rue de Sèvres, 75006

EMMANUELLE ZYSMAN
81 Rue des Martyrs, 75018

FAUBOURG 43
43 Rue du Faubourg-Saint-Martin, 75010

GALERIES LAFAYETTE
40 Boulevard Haussmann, 75009

JAMINI ♡
10 Rue Notre Dame de Lorette, 75009
10 Rue du Château d'Eau, 75010

LE BON MARCHÉ
24 Rue de Sèvres, 75007

L'OFFICINE UNIVERSELLE BULY
6 Rue Bonaparte, 75006
45 Rue de Saintonge, 75003

MAKE MY LEMONADE
61 Quai de Valmy, 75010

MAMZ'ELLE SWING
35 bis Rue du Roi de Sicile, 75004

MANSAYA
49 Rue Léon Frot, 75011

MARCHÉ AUX PUCES
93400 Saint-Ouen

NELLY WANDJI
93 Rue du Faubourg-Saint-Honoré, 75008

SÉZANE ♡
1 Rue Saint-Fiacre, 75002

YUME STORE ♡
50 Rue Jean-Pierre Timbaud, 75011

Wellness und Fitness

BAN SABAÏ
12 Rue de Grenelle, 75004

BOXER INSIDE
81 Boulevard Masséna, 75013

CALMA PARIS
15 Rue Dauphine, 75006

CENTRE DE DANSE DU MARAIS
41 Rue du Temple, 75004

CHEZ SIMONE
226 Rue Saint-Denis, 75002

CLUB POPULAIRE ET SPORTIF (CPS 10)
www.cps10.fr

DYNAMO
Mehrere Standorte; dynamo-cycling.com

LADDA
32 Rue de Paradis, 75010

MACCABI PARIS
70 Rue René Boulanger, 75010

MH COIFFURE
15 Rue Boissy d'Anglas, 75008

MOLITOR
8 Avenue de la Porte Molitor, 75016

PISCINE GEORGES HERMANT (STÄDTISCHES SCHWIMMBAD)
8–10 Rue David d'Angers, 75019

PISCINE PONTOISE (STÄDTISCHES SCHWIMMBAD)
19 Rue de Pontoise, 75005

REFORMATION PILATES ♡
175 Rue du Temple, 75003

STELLA CENTRE DE BEAUTÉ INDIEN
27 Rue Philippe de Girard, 75010

Kunst und Kultur

APPARTEMENT
appartement-27bis.com

ARTS FACTORY
27 Rue de Charonne, 75011

BIBLIOTHÈQUE DE LA SORBONNE
17 Rue de la Sorbonne, 75005

BIBLIOTHÈQUE FRANÇOIS MITTERAND
Quai François Mauriac, 75013

BIBLIOTHÈQUE MARGUERITE DURAND
79 Rue Nationale, 75013

CARREAU DU TEMPLE
2 Rue Perrée, 75003

FOLIES BERGÈRES
32 Rue Richer, 75009

FONDATION CARTIER
261 Boulevard Raspail, 75014

GALERIE MIRANDA
21 Rue du Château d'Eau, 75010

JEU DE PAUME
1 Place de la Concorde, 75008

JM VIDEO
121 Avenue Parmentier, 75011

L'ATELIER DES LUMIÈRES
38 Rue Saint-Maur, 75011

LA CIGALE
120 Boulevard de Rochechouart, 75018

L'OPÉRA PALAIS GARNIER
8 Rue Scribe, 75009

LE CITÉ DES SCIENCES ET DE L'INDUSTRIE
30 Avenue Corentin-Cariou, 75019

LE LOUVRE
Rue de Rivoli, 75001

MUSÉE DE LA VIE ROMANTIQUE ♡
16 Rue Chaptal, 75009

MUSÉE D'ORSAY
1 Rue de la Légion d'Honneur, 75007

MUSÉE DES ARTS DÉCORATIFS
107 Rue de Rivoli, 75001

MUSÉE DES ARTS ET MÉTIERS
60 Rue Réamur, 75003

MUSÉE DU QUAI BRANLY
37 Quai Branly, 75007

MUSÉE JACQUEMART-ANDRÉ
158 Boulevard Haussmann, 75008

MUSÉE RODIN
77 Rue de Varenne, 75007

PALAIS DE LA DÉCOUVERTE (GRAND PALAIS)
Avenue Franklin Delano Roosevelt, 75008

PALAIS DE TOKYO
13 Avenue du Président Wilson, 75016

SLOW GALERIE ♡
5 Rue Jean-Pierre Timbaud, 75011

THÉÂTRE DE POCHE-MONTPARNASSE
75 Boulevard du Montparnasse, 75006

THÉÂTRE DU CHÂTELET
2 Rue Edouard Colonne, 75001

Spaziergänge

BOIS DE VINCENNES
46 Route de la Pyramide, 75012

COUR DES PETITES ÉCURIES, 75010

DOMAINE NATIONAL DU PALAIS-ROYAL
8 Rue Montpensier, 75001

LES BERGES DE SEINE
Rechtes Ufer: vom Pont Neuf zum Pont de Sully; Bassin de l'Arsenal
Linkes Ufer: vom Pont de l'Alma zum Pont Royal

THE BRIDGES OF PARIS
Pont Neuf
Pont des Arts
Pont Alexandre III

JARDIN DU LUXEMBOURG
Place Edmond Rostand, 75006

PARC ANDRÉ-CITROËN
2 Rue Cauchy, 75015

PARC DES BUTTES-CHAUMONT
1 Rue Botzaris, 75019

PARC MONCEAU
35 Boulevard de Courcelles, 75008

PLACE DU TROCADÉRO, 75016

PORTE DE CHOISY, 75013

TUILERIENGÄRTEN
113 Rue de Rivoli, 75001

Mehrzweckräume und Zentren

GROUND CONTROL ♡
81 Rue du Charolais, 75012

GUINGUETTE LA JAVELLE (FRÜHJAHR/SOMMER)
Port Javel Bas, 75015

LES CANAUX
6 Quai de la Seine, 75019

LES GRANDS VOISINS
74 Avenue Denfert-Rochereau, 75014

PALAIS DE LA FEMME
94 Rue de Charonne, 75011

STATION F
55 Boulevard Vincent Auriol, 75013

SUPER CAFÉ
16 Rue de Fontarabie, 75020

DANKSAGUNG

EINE EMOTIONALE UND ERLEUCHTENDE REISE — so lassen sich die Recherche und das Schreiben dieses Buches am besten beschreiben. Ich bin allen Frauen, die mir ihre wertvolle Zeit geschenkt und das Werk damit ermöglicht haben, ewig dankbar. Vielen Dank an meine Agentin Judy Linden von Stonesong. Du hast seit unserem ersten Gespräch an dieses Projekt geglaubt und immer verstanden, was ich erreichen wollte. Danke an Laura Dozier, meine Verlegerin, die mich immer mit aufschlussreichen Kommentaren unterstützt, immer das Ziel vor Augen behalten und mich bei jedem Schritt unterstützt hat. Es ist ein Traum, mit dir zu arbeiten! Und an Joann Pai, *ma meuf,* dass du mich auf diesem Abenteuer begleitet hast. Deine außergewöhnlichen Fotos erwecken dieses Buch zum Leben! Ich danke dir für deine Geduld, deinen Humor und deine Freundschaft. *Un grand merci* an Agathe Singer, deren Illustrationen die Botschaft des Buches herausheben und mich jedes Mal zum Lachen bringen, und an die Designerin Sarah Gifford, die wusste, wie ich mir meinen Traum vom Buch vorstellte. An meine beste Freundin Lauren Degeorge: Ohne deine Klugheit, deine unermüdliche Unterstützung, deine Liebe und deine Tipps wäre ich heute nicht da, wo ich bin. Du rufst mich an, wenn ich es brauche, und holst immer das Beste aus mir heraus. Dieses Buch ist für dich!

Danke an meine Tramuta-Familie und meine Freunde, nahe und ferne, alte und neue. Ihr besucht mich, beratet mich und lasst mich meine Ideen verwirklichen: Lisa Higgins, Sara Lieberman, Amy Feezor, Guy Griffin, Alice Cavanagh, Frank Barron, James Rose, Jane Bertch, Lauren Collins, Elle McClelland, Benoît Santiard, Bryan Pirolli, Jesse Morgan, Nichole Robertson, Amy Verner, Charli James, Jackie Kai Ellis, Roxy Matiz, Jeremy Schuster, Amy Thomas, David Santori, Jamie Varon, Elizabeth Mazz Hanna, Rebekah Peppler, Yasmine Khatib, Emily Petrone, Amber Cooper, Charissa Fay, Pat Fay, Cody Delistraty, Will Taylor, Marisa Lenger, Jake Cigainero, Anne Ditmeyer, Marisa Williams, Sophie Peyrard und Julie Bloom.

Mein besonderer Dank gilt Lauren Collins, Erin Alweiss, Shelly Porges, Ariel Pasternak, Sophie Peyrard, Amy Serafin, Clémence Pène und Katinka Sarkozy dafür, dass sie mich den Frauen in diesem Buch so offenherzig vorgestellt haben.

Und ich danke Cédric, Leo únd Charlie, *ma petite famille*: Danke für alle Gespräche, die Küsse und Umarmungen, das entspannende Schnurren und das endlose Mutmachen. Ich liebe euch.

Gegenüberliegende Seite: C'est moi, wie ich zur Vorbereitung dieses Buches mit der Fotografin Joan Pai durch das 2. Arrondissement spaziere.

FUSSNOTEN

EINLEITUNG

1. Eliza Brooke, »How to Sell a Billion-Dollar Myth Like a French Girl«, *Vox*, 5. Juli 2017, letzter Zugriff am 3. Januar 2018, https://www.vox.com/2017/7/5/15880176/ how-to-french-girl-style-beauty.
2. Emmanuelle Retaillaud-Bajac, »Entre chic et chien: les séductions de la Parisienne, de Jean-Jacques Rousseau à Yves Saint-Laurent«, *Genre, sexualité et sociétés*, Nr. 10 (Herbst 2013), http://gss.revues.org.
3. Anne Vermes, »Aristide et Marguerite Boucicaut, Fondateurs du Bon Marché: Ils ont Invente le Commerce Moderne«, Capital, 1. Juni 2018, letzter Zugriff am 5. Dezember 2018, https://www.capital.fr/votre-carriere/aristide-et-marguerite-boucicaut-fondateurs-du-bon-marche-ils-ont-invente-le-commerce-moderne-1290738.
4. Emmanuelle Retaillaud-Bajac, »Entre chic et chien: les séductions de la Parisienne, de Jean-Jacques Rousseau à Yves Saint-Laurent,« *Genre, sexualité et sociétés*, Nr. 10 (Herbst 2013), http://gss.revues.org.
5. Chimamanda Ngozi Adichie, »The Danger of a Single Story«, Ted.com, 2009, letzter Zugriff am 6. Februar 2019, https:// www.ted.com/talks/chimamanda_ adichie_the_danger_of_a_single_ story/ transcript?language=en.
6. Ein Verweis auf die Umbruchphase der Bürgerunruhen in Frankreich im Mai 1968. Es gab Straßenschlachten, Massenproteste und landesweite Streiks, an denen Studierende der Universitäten, Arbeiter, Intellektuelle und die Feministinnen der nächsten Generation teilnahmen.

VORBEMERKUNG: EIN KULTURELLER LEITFADEN

7. Joan Wallach Scott, *The Politics of the Veil* (Princeton, NJ: Princeton University Press, 2007), 98.
8. Idem, 88.
9. Adrien Favell, *Philosophies of Integration* (Basingstoke, UK: Palgrave Macmillan, 2001), 42.
10. Joan Wallach Scott, *The Politics of the Veil* (Princeton, NJ: Princeton University Press, 2007), 11.
11. Rachel Donadio, »The Meaning of France's March Against Anti-Semitism,« *The Atlantic*, 29. März 2018, letzter Zugriff am 2. Februar 2019, https://www.theatlantic.com/international/ archive/2018/03/the-murder-of-mireille- knoll-in-france-might-be-the-last-straw-for- french-jews/556796.
12. Celestine Bohlen, »France Fears Becoming Too ›Anglo-Saxon‹ in its Treatment of Minorities,« *New York Times*, 19. September 2016, letzter Zugriff am 2. August 2018, https://www.nytimes.com/2016/09/20/world/europe/ france-minorities-assimilation.html.
13. Elizabeth Zerofsky, »Can a New Generation in the Banlieues Change French Politics?« *New York Times Magazine*, 7. Juni 2017, letzter Zugriff am 22. Mai 2019, https://www.nytimes.com/2017/06/07/magazine/can-a-new-generation-in-the-banlieues-change-french-politics.html.
14. Ausgenommen der gesetzmäßig durch Wissenschafter und Statistiker durchgeführten Studien mit anonymen Teilnehmern (gemäß CNI, *Commission nationale de l'informatique et des libertés*).

Gegenüberliegende Seite: Retro-Stimmmung beim Pavillon Puebla im Buttes-Chaumont Park.

15   Zack Beauchamp, »Trevor Noah's Feud with France Over Race, Identity and Africa, Explained«, *Vox*, 19. Juli 2018, letzter Zugriff am 25. Januar 2019, https://www.vox.com/policy-and-politics/2018/7/19/17590302/trevor-noah-france-french-ambassador-araud-world-cup.

16   Joan Wallach Scott, *The Politics of the Veil* (Princeton, NJ: Princeton University Press, 2007), 13.

17   Alana Lentin and Valerie Amiraux, »François Hollande's Misguided Move: Taking ›Race‹ out of the Constitution«, *The Guardian*, 12. Februar, 2013, letzter Zugriff am 10. Januar 2019, https://www.theguardian.com/commentisfree/2013/feb/12/francois-hollande-race-french-constitution.

18   Rokhaya Diallo, »France's Dangerous Move to Remove ›Race‹ from Its Constitution«, *Washington Post*, 13. Juli 2018, letzter Zugriff am 10. Januar 2019.

19   Siehe Fußnote 15.

20   Grégory Pierrot, »Fear of a Black France«, *Africa Is a Country*, 8. Juli 2018, letzter Zugriff am 10. August 2018, https://africasacountry.com/2018/07/fear-of-a-black-france.

21   Crystal M. Fleming, *How to Be Less Stupid About Race: On Racism, White Supremacy, and the Racial Divide* (Boston: Beacon Press), 14.

22   Catherine Millet et al., »Nous défendons une liberté d'importuner, indispensable à la liberté sexuelle«, *Le Monde*, 9. Januar 2018.

23   Serene J. Khader, *Decolonizing Universalism: A Transnational Feminist Ethic* (New York: Oxford University Press, 2019), 79.

24   Jane Kramer, »Against Nature«, *The New Yorker*, 25. Juli 2011.

25   Rebecca Amsellem, *Les Glorieuses: Chroniques d'une Feministe* (Paris: Editions Hoebeke, 2018), 98.

Aktivistinnen

ELISA ROJAS

26   «Hausse du taux du chômage des personnes handicapées«, Sénat.fr, 11. Januar 2018, https://www.senat.fr/questions/base/2017/qSEQ171102160.html.

27   Andrew Grim, »Sitting-In for Disability Rights: The Section 504 Protests of the 1970s«, *Smithsonian*, 8. Juli 2015, letzter Zugriff am 10. November 2018, http://americanhistory.si.edu/blog/sitting-disability-rights-section-504-protests-1970s.

28   Romaric Godin, »Stéphane Peu: ›La loi ELAN est une régression totale pour les personnes handicapées‹«, *Mediapart*, 26. Oktober 2018, letzter Zugriff am 9. November 2018, https://www.mediapart.fr/journal/france/261018/stephane-peu-la-loi-elan-est-une-regression-totale-pour-les-personnes-handicapees?onglet=full.

29   «Observations préliminaires de la Rapporteuse spéciale sur les droits des personnes handicapées, Mme Catalina Devandas-Aguilar au cours de sa visite en France, du 3 au 13 octobre 2017,« Nations Unies Droits de l'Homme, letzter Zugriff am 16. Juni 2019, https://www.ohchr.org/FR/NewsEvents/Pages/DisplayNews.aspx?NewsID=22245&LangID=F.

ROKHAYA DIALLO

30   Quinn Slobodian, »Trump, Populists and the Rise of Right-Wing Globalization«, *New York Times*, 22. Oktober 2018, letzter Zugriff am 6. April 2019, https://www.nytimes.com/2018/10/22/opinion/trump-far-right-populists-globalization.html.

31   »Enquête sur l'accès aux droits, Volume I: Relations Police / Population; le cas des contrôles d'identité«, *Défenseur des Droits*, Januar 2017, letzter Zugriff am 1. Februar 2019, https://www.defenseurdesdroits.fr/sites/default/files/atoms/files/rapport-enquete_relations_police_population-20170111_1.pdf.

32 Rokhaya Diallo, »A student leader is the latest victim of France's obsession with the hijab«, *The Guardian*, 28. Mai 2018, letzter Zugriff am 28. Dezember 2018, https://www.theguardian.com/commentisfree/2018/may/28/union-leader-maryam-pougetoux-france-hijab.

CLÉMENCE ZAMORA CRUZ

33 «Trans Day of Remembrance 2018 Press Release: 369 reported murders of trans and gender-diverse people in the last year«, TMM, 12. November 2018, letzter Zugriff am 5. April 2019, https://transrespect.org/en/tmm-update-trans-day-of-remembrance-2018.

34 Zamora Cruz weist zudem darauf hin, dass es heute zwar immer mehr Kinderpsychiater gibt, die sich auf Transsexualitätsprobleme spezialisiert haben, aber die Wartezeiten für einen Termin können immer noch bis zu einem Jahr dauern. Das ist für einen Menschen oder eine Familie in der Krise einfach zu lang.

35 Die Zahlen stammen von der National Coalition for the Homeless, http://nationalhomeless.org/issues/lgbt.

36 Deborah Schembri, »Discrimination Against Transgender People in Europe«, *Council of Europe Report from the Committee on Equality and Non-Discrimination*, 2. April 2015, https://www.refworld.org/pdfid/55b241e24.pdf.

37 Alexis Patri, »La Souffrances des Ados Trans en France«, *Slate*, 10. Januar 2017, letzter Zugriff am 26. Januar 2019, http://www.slate.fr/story/133997/enfants-trans-integration-france.

38 Amar Toor, »Transgender people no longer required to undergo sterilization in France«, *The Verge*, 14. Oktober 2016, letzter Zugriff am 26. Januar 2019, https://www.theverge.com/2016/10/14/13283086/transgender-law-france-sterilization-gender-change.

39 Siehe Fußnote 38.

Kunstschaffende

ELENA ROSSINI

40 Dr. Stacy L. Smith et al., »Inclusion in the Director's Chair: Gender, Age & Race of Directors Across 1,200 Top Films from 2007 to 2018«, USC Annenberg Inclusion Initiative, Januar 2019, http://assets.uscannenberg.org/docs/inclusion-in-the-directors-chair-2019.pdf, 9–15.

INNA MODJA

41 Aboubacar Dicko, »Mali: l'excision, un business lucratif … pour les féticheurs aussi«, *Jeune Afrique*, 5. Oktober 5 2017, letzter Zugriff am 5. April 2019, https://www.jeuneafrique.com/480695/societe/mali-lexcision-un-business-lucratif-pour-les-feticheurs-aussi.

Innovatorinnen

ANNE HIDALGO

42 Climate 100: The World's Most Influential People in Climate Policy, *Apolitical*, 2019 Ranking, https://apolitical.co/lists/most-influential-climate-100.

43 Michael J. Coren, »Nine countries say they'll ban internal combustion engines. So far, it's just words«, *Quartz*, 7. August 2018, letzter Zugriff am 20. Mai 2019, https://qz.com/1341155/nine-countries-say-they-will-ban-internal-combustion-engines-none-have-a-law-to-do-so.

44 Laura Bliss, »The Automotive Liberation of Paris«, *CityLab*, 19. Januar 2018, letzter Zugriff am 22. Mai 2019, https://www.citylab.com/transportation/2018/01/the-automotive-liberation-of-paris/550718.

45 Solène Cordier and Isabelle Rey-Lefebvre, »Face à la mendicité des enfants roms, les ›échecs‹ et les ›belles réussites‹ de la Mairie de Paris«, *Le Monde*, 29. April 2019.

46 Lauren Bastide, interview with Anne Hidalgo, *La Poudre*, November 1, 2018, https://www.nouvellesecoutes.fr/la-poudre.

47 Marianne Mairesse, »Anne Hidalgo, femme forteresse«, *Marie Claire*, Juli 2018, 111.

48 Alexander M. Toledano, »Sharing Paris: The Use and Ownership of a Neighborhood, Its Streets and Public Spaces, 1950–2012« (PhD diss., University of California, Berkeley, 2012).

49 «Le Vrai du Faux: idées reçues sur la voiture à Paris», *Paris.fr*, 7. September 2017, https://www.paris.fr/actualites/a-paris-seuls-22-des-conducteurs-ont-reellement-besoin-d-un-vehicule-3876.

CHRISTELLE DEL ARUE

50 Ekaterina Walter, »The top 30 statistics you need to know when marketing to women«, *The Next Web*, 24. Januar 2012, letzter Zugriff am 9. April 2019, https://thenextweb.com/socialmedia/2012/01/24/the-top-30-stats-you-need-to-know-when-marketing-to-women.

51 The 3% Movement, https://www.3percentmovement.com/mission.

52 «Image des femmes dans la publicité télévisée: les décalages et stéréotypes persistent», Conseil Supérieur de l'Audiovisuel (CSA), 31. Oktober 2017, letzter Zugriff am 9. April 2019, https://www.csa.fr/Proteger/Droits-des-femmes/ Mediatiser-le-sport-feminin/Image-des- femmes-dans-la-publicite-televisee-les-decalages-et-stereotypes-persistent.

53 Gender Equality Measure™ (GEM™), https://seeher.com/gender-equality-measure.

SARAH ZOUAK

54 «Rapport 2019 Du CCIF,« CCIF – *Collectif contre l'islamophobie en France*, 15. März 2019, www.islamophobie.net/en/2019/03/15/ rapport-2019-du-ccif.

Das Bild der Pariserin

55 Seit 2013 heißt die Gruppe Kering.

56 Mona Chollet, *Beauté Fatale: les Nouveaux Visages d'une Alienation Feminine* (Paris: Éditions La Découverte, 2012) 13–14.

57 Idem, 14.

58 Idem, 221.

59 Anne Sogno, »Baromètre de la diversité du CSA: les chaines peuvent mieux faire«, *TéléObs*, 10. Januar 2019, letzter Zugriff am 28. Januar 2019, https://www.nouvelobs.com/tv/20190110.OBS10362/ barometre-de-la-diversite-du-csa-la-representation-de-la-population-a-la-television-reste-assez-eloignee-de-la-realite.html.

60 Aïssa Maïga, *Noire n'est pas mon métier* (Paris: Éditions du Seuil, 2018), 9.

61 Idem, 21.

62 Hua Hsu, »*Crazy Rich Asians* and the End Point of Representation«, *The New Yorker*, 20. August 2018.

63 Grace Ly, »Pourquoi *Crazy Rich Asians* Ne Changera Rien en France«, *La Petite Banane*, 21. August 2018, letzter Zugriff am 22. Mai 2019, http://lapetitebanane.com/index.php/2018/08/21/pourquoi-crazy-rich- asians-ne-changera-rien-en-france.

64 Jennifer Padjemi, Les Lesbiennes, *Femmes Invisibles?*, interview with Marie Kirschen, *Miroir Miroir*, podcast audio, 25. Dezember 2018 https://www.binge.audio/ les-lesbiennes-femmes-invisibles.

65 «Les 1000 de la Presse Francaise 2018 (6eme Edition)«, *Press'Edd*, 20. Dezember 2018, letzter Zugriff am 9. April 2019, https://www.edd.fr/ les-1000-de-la-presse-francaise-2018-6eme-edition.

66 Les Expertes, https://expertes.fr/le-projet.

Muttersein

67 Diksha Basu, »Rebranding Motherhood«, *New York Times*, 10. August 2018, letzter Zugriff am 5. Februar 2019, https://www.nytimes.com/2018/08/10/well/rebranding-motherhood.html.

68 Im Vergleich dazu ist die sogenannte Elternzeit in den USA noch nicht obligatorisch und es gibt für diese Art der staatlichen Unterstützung für junge Mütter keinen weiteren Vergleich.

69 Lynda Gratton, »It's Time to Make Paternity Leave Work«, *MIT Sloan Management Review*, 8. Januar 2019, letzter Zugriff am 5. Februar 2019, https://sloanreview.mit.edu/article/its-time-to-make-paternity-leave-work/

70 Die USA sind auch Vorreiter im Zugang zu IVF für die LGBTQ-Gemeinschaft und zudem »Pionier im Einfrieren von Eizellen«.

71 Charis Thompson, »IVF Global Histories, USA: Between Rock and a Marketplace«, *Reproductive Biomedicine & Society Online 2* (Juni 2016): 128–35, https://www.sciencedirect.com/science/article/pii/S2405661816300235.

72 Pauline Delage, *Droits des Femmes, Tout Peut Disparaître* (Paris: Editions Hoebeke, 2018), 98.

Visionärinnen

RAHAF HARFOUSH

73 Harfoush ist außerdem Autorin des *New Times*-Bestsellers *The Decoded Company*, sowie von *Hustle & Float: Reclaim Your Creativity and Thrive in a World Obsessed with Work*, das 2019 veröffentlicht wurde.

KAT BORLONGAN

74 »Abgänge« steht hier für erfahrene Mitarbeiter, die aufgrund eine Unternehmensveräußerung oder eines Verkaufs der Anteile von Gründern oder Investoren ausscheiden.

NIDA JANUSKIS

75 Ania Nussbaum, »Air France to Name Its First Female Chief Executive Officer«, *Bloomberg*, 12. December 2018, letzter Zugriff am 7. April 2019, https://www.bloomberg.com/news/articles/2018-12-12/air-france-is-said-to-name-its-first-female-chief-executive.

2. Auflage 2021

ISBN 978-3-03876-170-9
© 2020 Midas Collection

Herausgeber: Gregory C. Zäch
Übersetzung: Martina Panzer
Lektorat/Korrektorat: Friederike Römhild
Layout: Ulrich Borstelmann
Cover: Stefan Hilden

Midas Verlag AG
Dunantstrasse 3
CH 8044 Zürich
www.midas.ch

Text © 2020 Lindsey Tramuta
Fotos © 2020 Joann Pai (Foto von Anne Hidalgo © Henri Garat)
Illustrationen © 2020 Agathe Singer

Die englische Originalausgabe wurde 2020 unter dem Titel »The New Parisienne« bei Abrams, New York veröffentlicht. Dieses Werk wurde vermittelt durch die Literarische Agentur Thomas Schlück GmbH.

Die deutsche Nationalbibliothek verzeichnet diese Publikation in der Deutschen Nationalbibliografie; detaillierte bibliografische Daten sind im Internet abrufbar unter: http://www.dnb.de

All rights reserved. Printed in Europe.